LIAOJIE NI DE XUESHENG

了解你的学生

——教师如何做学生调查研究

涂元玲◎著

教育科学出版社

·北京·

出 版 人　李　东
责任编辑　何　薇
版式设计　宗沉书装　杨玲玲
责任校对　白　媛
责任印制　叶小峰

图书在版编目（CIP）数据

了解你的学生：教师如何做学生调查研究 / 涂元玲
著 . — 北京：教育科学出版社，2020.12
ISBN 978-7-5191-2385-7

Ⅰ.①了… Ⅱ.①涂… Ⅲ.①学生－调查研究－调查
方法－师资培训－教材 Ⅳ.① G45

中国版本图书馆 CIP 数据核字 (2020) 第 235173 号

了解你的学生——教师如何做学生调查研究
LIAOJIE NI DE XUESHENG——JIAOSHI RUHE ZUO XUESHENG DIAOCHA YANJIU

出 版 发 行	教育科学出版社			
社　　　址	北京·朝阳区安慧北里安园甲 9 号	邮　　编	100101
总编室电话	010-64981290	编辑部电话	010-64989179
出版部电话	010-64989487	市场部电话	010-64989572
传　　　真	010-64891796	网　　址	http://www.esph.com.cn
经　　　销	各地新华书店			
制　　　作	宗沉书装			
印　　　刷	保定市中画美凯印刷有限公司			
开　　　本	720 毫米×1020 毫米　1/16	版　　次	2020 年 12 月第 1 版
印　　　张	16.75	印　　次	2020 年 12 月第 1 次印刷
字　　　数	215 千	定　　价	49.80 元

图书出现印装质量问题，本社负责调换。

Contents   目 录

导　言

一

本书讲的是教师[①]如何通过开展学生调查研究来了解自己的学生。[②] 无论在教育理论界，还是在教育实践中，"调查研究"可谓众所周知。所以，本书的主题并不新，甚至还有点"旧"。但是，本书却想从这个"旧题"中谈出一些新意来。

为什么要"旧题新谈"，提出教师要对学生进行调查研究呢？这主要缘于我在教育实践和教育研究工作中一些比较深的感触。

在我的工作中，教师培训是一项重要内容。在做教师培训时，我曾有过如下经历。

接受培训的教师有两周时间赴北京市史家胡同小学、黄城根小学等优质学校挂职学习。我在随同老师们挂职时发现，他们很乐于学习：在学校里听课，访谈学校领导和优秀教师，参加学校行政会议，观摩学生活动；收集了大量学校规章制度、课程教学改革、学生活动等方面的资料，有些资料当时没有现成的，他们还苦等着坚持要到。他们努力汲取这些优秀的经验，期待回去后用到自己的工作中。

培训结束后，他们带着这些资料回自己学校了。一段时间后，我在回访时发现，他们中只有少数人在借鉴这些经验时有效果，更多人感叹这些经验"没

[①] 在本书中，除特别说明外，"教师"是广义而言的教师，除了一线普通教师，还包括校长等学校管理者。

[②] 在本书中，"学生调查研究"指的是以学生为研究对象的调查研究。

用""没有办法用"作用不明显"。

类似情况在教育实践中比较普遍。有些教师在培训中努力学习他人经验，并索要相关资料，但回校后发现经验适用性很有限，就认为是别人条件好或生源好。这类情况屡见不鲜的原因是有些教师在没有了解自己学校学生的情况下，就"搬用"了别人的经验。

"你了解你的学生吗？"在教育实践中，我经常和教师交流这个话题。不少教师惊讶地说："我当然了解我的学生啊！""我天天和学生打交道，还不了解学生吗？""我已经工作很多年了，怎么会不了解学生呢？"但是，如果就学生发展的具体情况追问教师，就会发现有些教师并不了解自己的学生。例如，就课堂上有些学生不专心听课的状况和教师交流如下问题：

究竟哪些学生不专心听课？

学生 A 在哪些情况下不专心听课？学生 B 在哪些情况下不专心听课？

他们各自因为什么原因不专心听课？

您知道他们自己对不专心听课的解释吗？

当就这些问题和教师交流并针对教师的回答进行追问时，我发现不少教师并不清楚一些学生为什么不专心听课。相应地，在帮助学生改进方面，他们也难以找到有效的措施。

又如，课外班是当前影响学生在校学习状态及发展的一个重要因素。但是，如果和教师交流下面一些问题，就会发现他们并不太了解相关情况。

哪些学生在上课外班？他们分别上了什么课外班？

他们为什么上这些课外班？他们自己愿意上吗？

学生每天、每周花在课外班上的时间有多少？

有多少学生在上你所教学科的课外班？

课外班对这些学生有什么影响？

如果教师对学生上自己所教学科课外班的情况了解不够的话，他就不知道作为他教育教学对象的学生是带着什么样的知识基础、思维方式和学习习惯来到课堂上的。这种情况下,他开展课堂教学的针对性又会如何呢?

因此,深入、全面地了解学生对于教师有效地改进教育教学、促进学生发展是很有必要的。

二

说到教师对学生的了解,涉及的是教师对学生的认知情况,对应的教师专业素养是教师关于学生的知识。关于学生的知识是教师知识的一部分。有关教师知识的研究源于 20 世纪 60 年代关于教学效能的研究。最开始,受行为主义影响,教学效能研究重视教师行为对教学结果的影响,而忽略了教师的认知。70 年代中期,受认知心理学发展的影响,研究者们从对教学效能的研究转向对教师认知和思维的研究,提出教师的认知与思维影响着教师的行为,发现教师的知识掌握情况是区分教师水平的一个重要因素。到 80 年代,教师专业化运动兴起,引发了关于教师知识的研究,其中以舒尔曼等人的理论为代表。

舒尔曼提出,教师的知识包括七个方面,除了在国内大家熟知的关于学科教学内容的知识之外,还包括关于学生的知识等其他六个方面。他在《哈佛教育评论》上撰文提出,关于学生的知识是教师专业素养中一个独立的部分。受他的影响,三十多年来,美国有影响力的几大教师专业标准中都将教师对学生的了解作为教师专业素养的重要组成部分。

此外,从教育学基本理论来说,学生是教育教学的对象,教师对学生的了解是保证教育教学有效的一个基本条件。苏霍姆林斯基在《要了解儿童》一文中提出:"没有对儿童的了解,就没有学校,就没有教育,就没有真正的教师和教师集体。"① 最近几年,"以学生为中心"的提法遍及教育理论和实践界,也反

---

① 苏霍姆林斯基. 和青年校长的谈话 [M]. 赵玮,等译 // 苏霍姆林斯基. 苏霍姆林斯基选集(五卷本):第 4 卷. 北京:教育科学出版社,2001:642.

映了我国教育理论研究者和实践者对学生在教育教学中地位的重视。切实落实以学生为中心，需要以了解学生为前提。一线的教育工作者面对的是具体的学生，需要根据学生的具体情况开展有针对性的教育教学。关于学生的知识应该成为教师专业素养的基础部分。

但是，在当下，教育实践领域关于学生的研究并不多。例如，教师培训和学校教研主要是以"学科"来划分的，如语文学科教师培训、语文学科教研，聚焦于学科教学内容，以学生发展为主题的培训和教研较少。单就学生的认知方面来说，现有的探讨总体上也主要是关于学生整体的认知情况，关于每一个学生具体认知情况的探讨也是缺乏的。在实践中，由于不了解学生而出现的低效甚或无效的教育教学还普遍存在。

开展学生调查研究是教师获取关于学生的知识的一个重要途径。从学生发展需要出发来审视整个教学过程，有关学生发展需要的调研应该是教师一切教育教学行为的依据，也是教师自我发展的基本依据，自然也是教学基本功之基本。[1] 对学生开展调查研究，有助于教师了解一个个学生的具体情况，提升教师对学生的认知，改善教师与学生之间的关系。针对学生具体情况改进教育教学，也是推进教育文明[2] 的一个重要基础。

三

我提出开展学生调查研究还有另外两个直接原因。一是自己多年来对学生研究的兴趣。自读研开始，我撰写的多篇论文都是围绕学生问题展开的；参加工作后，我在教师培训工作中也开展了很多相关工作，收集了大量案例。二是

---

[1] 季苹. "学生调研"是教师教学基本功之基本 [J]. 基础教育参考，2005（5）：14.

[2] 关于"教育文明"这个概念，可参见：季苹，崔艳丽，涂元玲. 理解自我：教育文明的基础 [M]. 北京：教育科学出版社，2014.

我在参与北京市第二期名校长工作室的活动及开展北京市协同创新学校项目"基于学生调研的学校学生发展目标的具体化及其实施策略"（以下简称"'学生调研与学生发展目标'项目"）时我发现，一些学校提出了以学生发展为本的学生发展目标，很有教育意义，也给学校工作提供了新的指引，但是，要落实学生发展目标，需要在实践中真正地了解学生的具体情况，这样才能有效地促进学生的发展。例如，我们要促进学生兴趣的发展，前提是要了解学生的兴趣是什么，而要了解学生的兴趣，可以学习有关学生兴趣的知识，也可以借鉴其他教育实践工作者的经验，但要想知道自己学生的兴趣是怎样的，调查研究是一个有效的途径。

在上述项目的实施过程中，我们对项目学校的学生进行了深入的调查研究，在此基础上分析了学校学生发展目标的具体化和实施策略。实践证明，关于学生的调查研究对学生发展目标的具体化和落实具有重要的作用。

该项目也促进了教师的专业发展。参与项目的教师中，无论是学校领导还是一线教师，都有很大成长。有学校领导被评为北京市首批特级校长；有几位教师在北京市"紫禁杯"优秀班主任评选中分别荣获特等奖、二等奖；有的教师所带的班级被评为北京市优秀班集体；有的教师申请的关于学生研究的课题获得了北京市教育科学规划办课题立项；还有几位工作时间很短的年轻教师，他们所带班级学生的成绩跃升到年级前列，有的甚至达到全区第一，班级学生整体素质变化明显。其他多位教师在工作中也取得了明显进步。项目组的老师们共获得20余项市区级教育教学奖项，并在校区级教研活动及与外省市来京学习教师的交流座谈活动中，分享了他们参与项目的收获。

自项目实施以来，我越发感到了解学生是学校教育教学工作的重要基础，而开展学生调查研究是了解学生的一条重要途径。尤其是在学生的成长环境和学生自身都不断发展变化的情况下，开展学生调查研究显得更加必要。因此，我撰写了本书。

四

最后，需要说明几点。

首先，撰写本书的目的是与一线教师、学校管理者、相关教师教育研究者分享自己对通过开展学生调查研究来了解学生的思考，因此，在行文方面没有过多关于概念和理论的阐述。为了更具体地呈现本书观点，书中列举了大量案例，力求将理论分析和实践操作结合起来。

其次，本书强调教师要去了解学生，是针对当下教师对学生了解不够的情况提出的，并不是指教师了解学科内容等不重要，否则将走向绝对的学生中心主义。强调教师通过调查研究去了解学生，并不是指调查研究是了解学生的唯一途径，也不是指教师不需要通过学习相关教育理论与优秀教育经验等途径来了解学生，各种途径在实践中可以有机地结合在一起。强调教师了解学生，是希望当下的教育实践能够更有针对性，更加契合学生发展的实际需求，以促进学生更好地发展。

再次，本书不是关于学生调查研究的概述，不是教材，而是围绕教师为什么要开展学生调查研究以及如何开展进行的学术性探讨。因此，本书没有追求大而全的论述。期望本书能够为教师开展学生调查研究、了解学生提供切实的帮助。

第一章
教师开展学生调查研究的概念与意义

学生调查研究对教师了解学生具有重要的作用。为了能充分发挥学生调查研究的这些作用，先来分析几个基本问题。

一、什么是学生调查研究

"调查研究"这个词在日常工作中常常被用到，一般来说，教师对之并不陌生。但是，和教师提出要开展调查研究或让教师作为研究者去研究学生时，有不少教师认为"我做不了研究"，因"研究很难""研究高深莫测"而对它存在畏惧感。还有教师认为，自己从事一线教育工作，不需要做研究，或没有时间做研究。

实际上，这些观点源于部分教师对"研究"的误解。因此，我们有必要重新理解"研究"，重新谈谈"调查研究"这个"旧题"。重新认识了"研究"及"调查研究"之后，教师对开展学生调查研究会产生更多的兴趣和信心，也会更加理解和认同开展学生调查研究的必要性。

（一）什么是"研究"

要分析什么是"调查研究"，首先要明确什么是"研究"。

1. 斯滕豪斯的观点

在教育领域，较早系统地阐述"教师做研究"的是英国教育学者斯滕豪斯。他有关"教师作为研究者"的论述，在教育领域产生了重要的影响。

在《作为教学基础的研究》这篇文章中，斯滕豪斯系统地阐述了教育实践领域的研究。在他看来，"研究"可以宽泛地界定为"公开的系统的探究"（systematic enquiry made public），这种"探究"根植于强烈的好奇心，我们可以把它看作通过对问题进行深入细致的思考来开展学习的一种学习模式（a pattern of learning）①。

后来，由于斯滕豪斯认为教师没有什么时间为公开发表而进行写作，于是他修正了自己的观点，提出：

在最小的意义上，教师作为研究者的角色的发展，基本的要求是进行系统的探究。这种探究并不一定要公开，除非它对有关教育的公共理论做出了贡献。②

在《什么是研究》这篇文章中，斯滕豪斯认为，"研究"建立在好奇心之上，并进一步将之界定为"系统的自我批判性探究"（systematic self-critical enquiry）③。

从上述内容可以看出，"进行系统的探究""自我批判""对问题进行深入思考"是教师做"研究"的核心所在。

2. 词源和日常生活中的"研究"概念

我们还可以从词源上来理解什么是"研究"。在汉语中，"研究"是指钻研和探索事物的现状、性质、规律等；在英语中，"研究"一词的英语"research"是由"re"加"search"组成的，也就是"反复寻找"的意思。

我们还可以从日常生活中的概念来理解什么是"研究"。在日常生活中，"研究"并不只属于"专家"，任何人都可以做研究：

一位不认识字的农民通过研究可以把庄稼种好；

一位经验丰富的园丁，在天气骤变的情况下，需要研究具体的温度、日照、

---

① STENHOUSE L. Research as a Basis for Teaching[C]//Rudduck J & Hopkins D. Research as a Basis for Teaching：Readings from the Work of Lawrence Stenhouse. London：Heinemann，1985：120.

② 同①：29.

③ STENHOUSE L. What Counts as Research? [C]//Rudduck J & Hopkins D. Research as a Basis for Teaching：Readings from the Work of Lawrence Stenhouse. London：Heinemann，1985：8.

湿度等情况，才能更好地照顾花园里的花草；

一个两岁的孩子可以把看起来平常的树叶、沙子等东西拿来研究如何将其当玩具玩；

我们去一个陌生的地方，为了寻找最佳交通路线，可以对着地图进行研究；

一位爱烹饪的人士，可以通过研究把看起来平常的食材做成美味佳肴。

因此，在日常生活中，"研究"一词并不少见。在工作和生活中，如果想把事情做得更好，就需要通过"研究"来寻找有效的改进策略。换句话说，无论什么事情，我们要把它做好，都需要研究。所以，一位普通的教师，通过研究可以找到更加适合自己的与学生沟通的方法；一位有经验的教师，面对新入学的孩子，需要研究孩子的个性特征、兴趣爱好、知识基础等，才能开展有针对性的教育教学，因为"老方法"遇到"新学生"，有时可能难以奏效。

简而言之，这些"研究"都具有斯滕豪斯提出的三个特征："进行系统的探究""自我批判""对问题进行深入思考"。

（二）什么是"调查研究"

调查研究与其他研究的区别之处在于"调查"。那么，什么是"调查"呢？《汉语大词典》的解释是，"调查"是指为了了解情况而进行考察。[①] 因此，调查研究是了解现实情况的一项研究。与其他研究不同的是，调查研究有两个重要特征：第一，它是通过对被研究者直接进行调查获得一手资料而进行的一种研究活动；第二，通过调查研究可以获得关于个体的具体的资料，这有别于通过理论学习、向优秀他者学习等方式获得的概括性的或普遍性的资料。

从解决问题的角度来说，调查研究解决的是"是什么"和"为什么"的问题。在教育教学研究中，要解决的问题可以分为三种基本类型，即"是什么""为什么""怎么办"。例如，在纠正小学生写错别字的问题上，可以将其分解成具体的三类问题：

---

① 汉语大词典编辑委员会. 汉语大词典 [M]. 上海：汉语大词典出版社，1997：6634.

"是什么"的问题，即"什么样的字容易被小学生写错"或"什么样的学生容易写错别字"；

"为什么"的问题，即"为什么某些字容易被小学生写错"或"为什么某些学生容易写错别字"；

"怎么办"的问题，即"如何帮助小学生不写某些错别字"或"如何帮助某些小学生不写错别字"。

再以"学生上课注意力不集中"这个问题为例，它可以分解成具体的三类问题（见表1-1）。

表1-1　对"学生上课注意力不集中"的问题的分类分析

"是什么"的问题	"为什么"的问题	"怎么办"的问题
上什么样的课学生容易出现注意力不集中的情况	为什么某些课上学生容易出现注意力不集中的情况	如何帮助学生上某些课集中注意力
什么样的学生容易上课注意力不集中	为什么某些学生容易上课注意力不集中	如何帮助某些学生上课集中注意力

将问题分解之后，教师就容易找到学生上课注意力不集中的真正症结所在，进而能够有针对性地寻找问题的解决途径。

对这三类问题的研究可以分成两部分：对"是什么"和"为什么"两个问题的研究，属于了解现状类的研究，其中，"为什么"的问题本质上是"原因是什么"的问题；对"怎么办"这一问题的研究属于改进现状类的研究。显然，教师对"是什么"和"为什么"这两类问题的研究，影响着教师对"怎么办"这类问题的思考。当教师了解了学生现在的发展状况及其成因后，他就会根据自己的判断来进行教育教学的"改进"。换言之，教育教学的进步就是通过解决这三类问题，即通过"了解现状"和"改进现状"来实现的。

二、学生调查研究是教师了解学生的重要途径

调查研究对教师了解学生具有不可替代的作用。关于这一点，我们可以从日常教育教学实践中教师了解学生的几种途径说起。

（一）教师了解学生的途径

在日常教育教学中，教师一般可以通过以下几种途径了解学生。

1. 有意识地关注学生

当教师对学生给予更多有意识的关注时，便能更多地了解学生。有研究者在分析教师对学生认知水平的判断与学生实际认知水平的一致性时发现，当学生数学学业水平提高时，教师对学生数学认知水平的判断与学生实际数学认知水平的一致性也会提高，产生这一现象的原因之一，是教师对数学学业水平较高的学生给予了更多的关注，因而可以较准确地把握学生在数学学习细节上的表现。[①] 这一研究表明，教师多给学生一些关注，就能对学生了解多一些；如果对学生关注少，对学生的了解自然就少。这个道理很简单。如同想学跳广场舞的人会有意识地关注街头广场舞，自然会对广场舞有更多了解；一个家庭中经常买菜的人会有意识地关注菜价的变化，当然会对菜价涨跌情况有更多的了解。教师的注意力如果集中在某些学生身上，对这些学生自然就了解更多些；反之，如果教师对某些学生不关注或关注少，对这些学生的了解自然就会少一些。

那么，教师为什么能有意识地关注学生呢？爱学生和爱教育工作、对学生和教育工作有责任心是重要原因。人喜爱什么，对什么负责，注意力就会更多地偏向什么。如同有人爱看球，就会发自内心地关注球赛情况，对喜欢的球队的信息就变得敏感起来，说起球队每位队员都如数家珍；爱做菜的人，对电视、网络、饭店中厨师做菜的方法自然会多关注一些，也会用心提高做菜水平；喜

---

① 张景斌，郝婕. 初中数学教师与学生认知一致性的调查研究 [J]. 首都师范大学学报（社会科学版），2017（4）：164–172.

欢口红的女士，对口红色号就会格外关注，了解各种色号之间的细微差别。同样，对学生、对教育工作的爱和责任感，会让教师发自内心地去关注学生，促使他们更多地了解学生。

2. 根据经验来了解学生

经验是人们对既有实践经历的体验，是人类认识世界的一种基本方式。在变化不大的环境中，经验可以帮助我们根据既有经历迅速适应现状。

具体来说，经验分为他人经验与自身经验。实践中，有不少教师通过自己的经验或借鉴他人的经验来了解学生。有时，他人经验对我们具有重要的借鉴和学习价值。例如，年轻教师刚工作时，学校领导一般会给他们安排师傅，让他们从师傅那里学习经验。师傅的经验对新教师快速了解教育教学实践、适应教学工作起着重要的作用。另一种情况，是将自己过去的经验运用到当下。

经验对教师了解学生具有一定的作用。有些有经验的教师，即使是新接一个班，只要与学生简单聊聊，看看学生的相关资料，就能对学生有很好的了解和判断。

3. 通过学习相关理论提高对学生的敏感性

理论知识在教师专业发展中具有重要的作用。例如，教师学习了儿童发展心理学方面的知识，掌握了学生发展的阶段性特征，对每一阶段学生的发展状况和相关问题就会有更多的了解，对在实践中如何解决相关问题就能采取更有针对性的举措。例如，教师学习了有关儿童注意力发展的理论，了解到一二年级学生的注意力能维持 25 分钟左右，那么，当课堂教学进行了 25 分钟左右，有学生开始走神时，教师就能认识到这可能是学生注意力发展特点的体现。再如，教师学习了人类学中有关不同儿童文化特征的理论，了解了不同文化背景下的学生在认知方式、语言习得、生活经验以及学习准备等方面的差异，就更能理解实践中具体的某个学生在这些方面的特点，也能更好地进行因材施教。这也是英美等发达国家在教师教育标准中对相关理论的学习做出了专门的、细

致的规定，并在教师教育中开设相关课程的原因。^①

4. 对学生进行专门的调查研究

对教师而言，他们开展学生调查研究，主要是针对自己的学生。通过开展面向学生的调查研究，教师可以更多地了解学生。需要说明的是，学生调查研究和学生研究不完全一样。学生研究可以指通过研究文献分析有关内容，可以指根据理论学习来研究学生，可以不特指研究具体的某一类或某一群学生；而学生调查研究就是研究具体的学生。在当今这个不断变化的时代，学生成长环境和学生自身都在快速地发生着变化，教师开展学生研究，不一定能了解具体的学生，而开展学生调查研究可以帮助教师即时了解学生的变化情况。一名班主任教师如果能对每一名学生进行调查研究，他就可以很好地了解每一名学生的具体情况。

（二）学生调查研究在了解学生中的不可替代性

可能有教师说：前面几条途径足以帮助我们了解学生了，还有必要开展学生调查研究吗？有！

下面将通过对前三种途径与开展学生调查研究的对比分析，来阐述学生调查研究在了解学生的过程中所具有的不可替代的作用。

1. 开展学生调查研究与有意识地关注学生

有意识地关注学生能够帮助教师了解他所关注的学生，但有其不足之处。第一，未必能了解更大范围的学生。例如，难以了解全班学生在某方面的情况，更无法对全年级和全校学生进行某些方面的量化分析。第二，如前文所提及的，有意识地关注学生需要以对学生、对教育工作的爱和责任心为前提，但有些教师对学生和教育工作缺乏发自内心的喜欢，也没有形成对学生和教育工作的足够的责任感。对这些教师而言，开展学生调查研究便是他们了解学生的重要途径。

---

① 谢塞. 儿童学习结果取向的美国教师教育课程研究 [M]. 北京：北京师范大学出版社，2014：84.

此外，虽然有时教师能够有意识地关注学生，但受经验和习惯的影响，他们对学生的关注仍然落在既有思维和认识的框架内，对学生难以有新的了解。尤其是对于所谓的"问题学生"，需要教师根据具体问题来寻找具体的解决策略。苏联教育家苏霍姆林斯基在研究所谓"难教儿童"[①]时指出："如同医生仔细地检查病人的身体，寻找和探究病源，以便着手治疗一样，教师也应深思熟虑地、细致耐心地调查、研究儿童在智力、情感和道德方面的发展情况，探索和研究难教儿童形成的原因，并且从每个儿童的困难和特点出发采取相应的教育措施。……如果对这些原因进行了调查研究，把它们弄明白了，那么就可以使教育这个强大的手段发挥作用，这正像依靠建立在同样严密的科学基础之上的医学为病人治病一样。"[②]

2. 开展学生调查研究与根据经验来了解学生

如前文所述，一提到通过调查研究去了解学生，不少教师可能会提出这样的疑问："我已经工作很多年了，有丰富的工作经验，对学生已经很了解了，我还需要通过调查研究来了解学生吗？"也有一些年轻教师提出："刚工作时学校就给我安排了优秀的、有经验的教师为师，我向这些有经验的教师学习如何开展教育教学，还需要通过调查研究来了解学生吗？"这就涉及通过调查研究来了解学生和通过经验来了解学生之间的不同了。

经验的作用如前文所述，但它也有不足之处。

第一，经验常常把人们的思维活动限定在既有框架内，妨碍教师从新的角度认识和了解学生。

第二，如果外在环境和所面对的对象变化大的话，人们的经验就难以适用了。用旧的经验、方法来解决新环境下的问题，其结果常常是失败的。例如，

---

① 原文直译是"困难的儿童"，意指在品德修养和智力发展上都有困难的儿童。

② 苏霍姆林斯基. 和青年校长的谈话 [M]. 赵玮，等译 // 苏霍姆林斯基. 苏霍姆林斯基选集（五卷本）：第 4 卷. 北京：教育科学出版社，2001：731–733.

经常有老师感慨："现在的学生不好教了""过去的方法不管用了"。

这些老师的感慨很值得进一步思考。所谓"过去的方法"，即已有的经验。"过去的方法不管用了"的原因是"现在的学生不好教了"。那么，为什么现在的学生不好教呢？现在的学生是否和过去的学生一样，是否适合用过去的方法来教呢？这些问题值得思考。在毛驴运盐的故事中，毛驴将过去运盐的经验运用到运棉花中，结果被水淹死了。这个故事说明，过去成功的经验如果不随着环境更新，不根据新的对象进行调整，就很容易导致失败。教师每次面对的学生都是不一样的，教新一届学生时，是否可以不假思索地照搬过去的做法呢？答案显然是否定的。

在小马过河的故事中，小马自己下水蹚过河后发现，河水既不像老牛说得那样浅，也不像松鼠说得那样深。这则故事说明，做事如果只是或主要是依据他人的经验，可能难以奏效。别人再成功的经验，对自己都未必适用。有些教师在实践中经常说："别人的（经验）学不来"，"人家的生源、条件不一样，不适合我"。这些话表明，教师意识到了将别人的经验用到自己的工作中常常会出问题，往往得不到预期的效果。

以上两种常见情况说明，他人的经验或自己过去的经验在新的环境下有时是无效的；经验是一把"双刃剑"，有时可以帮助我们，有时则会阻碍我们前行。完全依赖经验，不论是他人的经验还是自己的经验，都有诸如毛驴运盐或小马过河的风险。

既然别人的经验或自己的经验在新的环境中不一定奏效，那么教师该如何有效地开展工作呢？答案是：教师自己应该去系统地探究，进行自我批判，对问题进行深入的思考，即根据自己工作中的情况去"研究"。其中，首先要做的也是最基础的工作，是去了解和研究"当下"，开展学生调查研究则是其中一个重要方面。

第三，自己的经验是需要时间来积累的，对他人经验的学习是需要过程和条件的。无论是积累自己的经验，还是学习他人的经验，从教师成长的实际情况来看，一般来说都至少需要三年左右的时间，教师才能走过"新手"阶段。这意味着，通过经验来了解学生，在效率方面存在明显的不足。

第四，错把经历当经验。有些教师有多年的教学经历，但是却没有积累丰富的经验，更别说总结经验了。也就是说，有些教师在多年的工作中主要是在开展重复性教学，并没有积累起丰富的经验。这就如同做菜：有些人在做菜的过程中根据家人不同时期的口味和营养需求改进菜品，不断地给家人带来美味而又有营养的饭菜；而有些人做了一辈子的菜，都没有或很少会根据家人需求改进菜品，多年来做的菜都差不多，可谓是经历不少但却没有什么经验。

此外，有些教师虽然天天在实践，可对学生的了解却是表面的、模糊的、零散的和主观的。尤其是那些"粗心"或"大大咧咧"的教师，对日常教育教学实践中的很多情况可能都没注意到。而且，正是由于教师天天在教育实践中，对日常教育教学已经习以为常了，对存在的问题"视而不见"，这也影响了他们对学生的了解。在这种表面的、模糊的、零散的和主观的认识基础上提出的教育教学改进措施，很难具有针对性或可行性。所以，要想从常识和经验思维中走出来，就需要通过"行动"去了解学生的现状，需要不断地反思自己对学生状态的判断，这样才能对学生有正确的认识。

在教学中，教师有时只关注或主要关注学科知识和教学法，主要考虑"我教什么""我怎么教"以及"我认为学生是什么样子的"。这一点需要转变，即要以学生调查研究为基础来思考"学生实际是什么样子的""我如何去了解学生是什么样子"以及"我如何根据学生的现实情况来进行教育教学"。这种转变能够带来教师教育教学理念与思维方式的转变，帮助教师从关注"教"转变到关注"学"上来（见表1-2）。

表1-2　了解学生前后教师教育教学理念与思维方式比较

了解学生前	了解学生后
* 我教什么？ * 我用什么方法教？ * 我认为学生是什么样子？（有时甚至不会有意识地思考这个问题）	* 学生实际是什么样子的？ * 如何了解学生是什么样子的？ * 学生发展过程中出现问题的原因是什么？ * 如何根据学生的实际情况进行教育教学？ * 如何通过教育教学促进学生发展？

因此，正如苏霍姆林斯基所指出的："不研究事实就没有预见，就没有创造，就没有丰富而完满的精神生活，就不会对教师工作发生兴趣。……只有研究和分析事实，才能使教师……从平凡的、极其平凡的、司空见惯的事物中看出新的方面、新的特征、新的细节。"[1]苏霍姆林斯基所说的"研究事实"，就包括开展学生调查研究这一重要内容。从极其平凡的、司空见惯的事物中看出新的方面、新的特征、新的细节，这一点通过学生调查研究可以很好地实现。

在"学生调研与学生发展目标"项目中，一位工作多年、经验丰富的优秀教师在开展学生调查研究后深有感触地说："我之前以为自己对学生已经足够了解了，但是经过学生调查研究，我发现原来自己对学生了解还不够。"这说明靠多年的工作经验与通过调查研究来了解学生是不同的。正是因为调查研究能够帮助教师既快又准且深地了解学生，所以，认真参与学生调查研究的教师普遍成长很快。

3. 开展学生调查研究与通过理论学习来了解学生

相关理论的学习可以帮助教师了解普遍意义上的学生，但是不一定能帮助教师了解具体的某一类或某一群学生。如同有些人学习了做菜要色香味搭配的理论知识，也了解有关营养搭配的理论，但在实践中却未必能做出美味而又有

---

① 苏霍姆林斯基. 给教师的建议 [M]. 2版. 杜殿坤，编译. 北京：教育科学出版社，1984：508-509.

营养的菜肴一样。这一切都与知识、能力之间的转换有关，也与其不了解具体对象有关。试想，如果不了解具体的某种菜的营养，如何能够做到合理的营养搭配呢？类似的情况是，在教育教学活动中，教师即使学习了有关学生的理论，也未必充分了解自己的学生。尤其是在当今这个不断变化的时代，学生成长环境和学生自身都在快速地发生着变化，教师了解了普遍意义上的学生，却不一定了解具体的学生。

"没有调查就没有发言权。"一些有经验的领导或管理人员在工作中为了了解情况，经常要深入一线做调研（即调查研究），这充分说明了调查研究的重要性。因此，对教育工作者来说，专门把学生调查研究作为一项工作是有必要的。当然，教师不一定要专门花时间去做这项工作，而是可以将它渗透于日常教育教学工作中。但是，教师需要将它作为"专门"的一件事去考虑、去落实，这样才能切实了解学生。

需要说明的是，这并不是说除了调查研究这一途径，其他了解学生的途径不重要或不需要，只是强调开展学生调查研究具有不可替代的作用。在实践中，教师可以发挥各种途径的优势，将各种途径结合起来，帮助自己更好地了解学生。例如，在调查研究中也可以发挥理论的作用，帮助教师更好地开展学生调查研究。

总之，了解学生和研究学生，对教师专业发展具有重要作用。苏霍姆林斯基在《给教师的建议》中提倡教师在日常工作中做一些科学研究，他指出：

教师在观察、研究和分析事实的基础上去创造教育现象，这正是创造性研究的最重要的因素——预见性之所在。……能够从平凡的、极其平凡的、司空见惯的事物中看出新的方面、新的特征、新的细节，——这是创造性的劳动态度的一个重要条件。同时，这也是兴趣、灵感的源泉。如果教师没有学会分析事实和创造教育现象，那末那些年复一年地重复发生的事情在他看来就是枯燥的、单调乏味的，他就会对自己的工作失掉兴趣。而如果教师没有兴趣，那末学习对儿童来说就会变成枯燥的事情。[①]

三、教师一定要亲自做学生调查研究吗

学生调查研究对了解学生具有重要的作用，那可不可以请别人来做这样的研究呢？如请理论研究者来帮忙。目前，确实有些学校把学校拟做的研究委托给做理论研究的人员。这一做法值得商榷。理论研究人员可以作为外部力量参与研究，但在面向学生的调查研究中，教师应该是研究的主要力量。只有教师亲自对学生开展调查研究，才能很好地了解学生。为了细化我们的分析，有必要把通常意义上的教师分为校长等学校管理者和一线教师这两个群体。下面对这两个群体分别展开分析。

（一）校长等学校管理者开展学生调查研究

校长等学校管理者开展调查研究，这在实践中并不少见。通常说的"领导干部开展调研工作"中的"调研"，展开来说就是"调查研究"。调查研究一直是我国领导干部的一项必备的素质，当然，现实中并非所有的调研都具有研究的特征。在有些调研中，所了解的信息浮于表面，没有触及问题的本质，缺乏研究的性质，这样的调研称不上是调查研究。

那么，为了达到了解学生的目的，校长等学校管理者能否安排其他人去做调查研究，然后自己听取汇报或看他人调研后提供的资料呢？也就是说，校长等学校管理者一定要亲自做调查研究吗？

校长等学校管理者看别人的调研资料代替不了本人亲自去做调查研究。别人提供的信息已经经过了别人的主观加工，是被"过滤"了的。校长等学校管理者亲自去调研所获得的信息，和看别人调研后所提供的资料效果是不一样的。即使是国家领导人也要去基层进行调研，原因恐怕就在于此。因为即使是同样

---

① 苏霍姆林斯基. 给教师的建议 [M]. 2 版. 杜殿坤，编译. 北京：教育科学出版社，1984：508–509.

的内容，校长等学校管理者"现场"的感知也可能与其他人不同。

一位校长在学校推行学生阅读活动，期望学生形成良好的阅读习惯，并能通过阅读拓宽知识面、打开视野。平时，在面向老师进行调研时，老师们所说的情况很符合校长预期。为此，学校还专门开设了阅读指导课，请各学科老师根据本学科情况指导学生开展课外阅读。但是，在一次面向学生的访谈中，当校长问他们上阅读指导课的情况时，有学生说阅读指导课都是语文老师在上，因为其他老师有的不知道如何上，有的认为阅读指导课就是语文老师的"事"，导致阅读指导课成为狭义上的语文学科的阅读指导课……。校长听到这一情况大为吃惊。看来，只有深入学生中开展调研，才能了解学生发展中一些最真实的情况。

当然，有时由于校长在学校的特殊地位，他们参与调查研究时，学生或家长可能因校长在场而有所掩饰，教师也可能因为领导在场而不敢真实表达。对于这种情况，校长可以回避。但是，在确保不外传和不侵犯学生隐私和相关权利的情况下，研究者应尽可能用录音或录像的方式收集资料。校长可以通过听录音或看录像来了解学生，这与听其他人转述的效果是不一样的。

校长听到访谈录音后的惊讶

小淳是位全校"有名"的学生：课堂上，他经常随意进出教室，有时找其他学生说话，老师告诉他课堂规则时，他通常听而不闻，有时还和老师顶撞；老师布置的预习、复习和练习任务他也经常完不成；课下，他经常与同学发生冲突，甚至动手打人，因其长得高大壮实，大部分同学无力反抗。

老师向其家长说明小淳在校的表现，想和家长商量如何通过家校合作帮助小淳改进，但家长多次说："孩子小，就是这样。"有时，老师发信息和家长沟通，家长也不回复。

后来，学校一个学生个案研究项目选择了小淳作为研究对象。研究者访谈了家长。在访谈中，家长先用不容置疑的语气说："我们孩子还小，在上课时坐不住不是正常的吗？"然后气愤地说小淳的一些表现与老师"没有教好"有关，认为是老师的一些教育方法导致孩子发展中出现了问题。

访谈中，家长还说小淳在家不完成预习、复习和练习任务的原因是"没时间"，因为小淳要上课外班，还要完成课外班作业。关于为什么给小淳报了好几个课外班，家长用坚定的语气说："不能只在学校里学习啊……课外班老师教的比学校多……我们报的是很多人都在报的课外班，这课外班不错……"

校长本来计划参与对家长的访谈，后来考虑自己"身份特殊"，就回避了。研究者在征得家长同意后，对访谈过程进行了录音，并将录音转给了校长。校长在听录音的过程中，注意到了家长说话时的语气，如说到孩子还小时语气中的不容置疑，说到一、二年级老师没有教好时语气中的气愤，说到课外班教得不错、不能只在学校里学习时语气的坚定，深有感触地说："没想到家长是这样考虑的啊！"她深深感慨做好家校合作对促进学生发展的重要性。如果校长没有听到这样的录音，就无法感受到家长的语气，难以对家长有新的了解，也难以对家校合作的重要性有如此深的感触。因此，在不便直接参与的情况下，校长可以听他人提供的调查过程中的录音或看录像，这与听他人转述的效果是完全不同的。

张老师上课究竟是什么样子的？

在一所学校里，某班数学老师张老师被家长投诉的概率明显比其他老师高，家长反映的问题主要是张老师上课时对学生比较"凶"，有时还挖苦和讽刺学生，有时没有了解清楚原因就批评学生等。

校长得知家长对张老师的投诉后，就想了解一下张老师上课究竟是什么样子的，是如何对学生凶、如何挖苦和讽刺学生的。但是，校长听了张老师一节课后，并没有发现她和其他老师有什么明显区别。

后来，校长看了上学期学校教研活动中张老师授课的录像（这堂课类似于常态课）。校长反复观看录像，发现张老师经常两手背在身后，板着脸批评学生，还不断用食指指向学生。这时，校长与学生及家长一样，感受到了张老师的"凶"……

显然，录像画面直观地呈现出张老师在课堂上的言行，让校长了解到更为真实的情况。

另外，在有些国家的校长专业标准中，要求校长的工作以学生发展为核心，指的就是校长要亲自了解学生的有关情况。综上所述，校长等学校管理者应该亲自做学生调查研究。

（二）一线教师开展学生调查研究

直接参与教育教学的一线教师开展学生调查研究是非常重要的。学生发展中的真实问题比较容易带来冲击，能很好地激发一线教师改进教育教学的动力，帮助一线教师反思如何基于学生发展进行教育教学，而教师解决相关问题的过程，也是教师自身专业成长的过程。要特别强调的是，如果研究一个班的学生，那么班主任的作用非常重要，班主任一定要参与对学生的调查研究。教师在他们自己作为主体的研究中，可自行决定或参与决定什么问题在当下值得研究，应该如何来研究，如何让研究最大限度地促进教育教学的改革。在这样的研究中，教师可以确立其作为教学主体的地位，并能真正地成为一名研究者。

当然，并不是教师想开展学生调查研究就能顺利开展。要想做好学生调查研究，需要教师具有开展研究的一些基础。所谓基础，最重要的不是研究能力方面，而是愿意付出时间与精力并不断地探究，勇于批判反思，有不断改进自己工作的意愿和态度，有开放创新的思维以及积极实践的执行力。其中，勇于批判反思和开放创新的思维特别重要，能够帮助教师突破既有经验，接纳新的观念。有的教师有不断改进工作的意愿，但是在讨论教育教学工作改进时，常常不假思索或充满无奈和怨气地说："我们班学生就是这样，没有办法啊！""学生就这样了，没法改。""估计学生们还是那样，做（即实施改进措施）也没用。"如果教师有这样的思维，就给自己关上了改进工作的大门。若教师有这样的思维定式，即使业务能力很强，他也难以用一种开放的心态从新的角度来分析问题。而教师如果勇于自我批判和反思，不断开拓创新，他就能不断在既有工作的基础上发现新的问题，寻找新的改进措施。

第二章
一种特殊的调查研究：
面向全班学生的调查研究

一般来说，调查研究的范围包括某个学生、全班学生、全年级学生、全校学生，或者根据抽样要求确定的部分学生。本章专门分析以全班学生为对象的调查研究。所谓面向全班学生的调查研究，是指以整个班级的学生为研究对象，对他们开展调查研究，以便在了解全班学生的基础上，来改进教育教学工作。

　　为什么特别提出面向全班学生的调查研究，而不是对更多或更少的学生进行调查研究呢？

一、面向全班学生的调查研究的提出

（一）班级授课制是学校基本的教育教学组织形式

　　在当前的中小学，班级是学生最基本的组织单位；班级授课制是普遍的、基本的教育教学组织形式。对于学生来说，最重要的教师团队，是班级教师团队。长久以来被看重的备课组、教研组等是以学科为纽带建立起来的，和具体的学生事实上没有直接联系。面向具体班级的教师团队，对学生而言才是最直接、最重要的教师团队——基于学生立场的、以班主任为领导者的教师团队。[①]

　　虽然现在有些学校进行了改革，打破了原有的行政班级编制，实行走班制，即根据学生学习基础和偏好分层次重新编班教学，但这些改革还只是在小范围内实施。根据我国中小学的师资力量、学校空间、办学资源及已有的走班教学经验来看，在未来较长时间内，班级授课制依然会是学校教育最主要的教学组

---

① 李家成. 论基于"班级"的教育学：从"班级"作为中国教育学研究对象的思考出发 [J]. 教育科学研究，2016（1）：14–15.

织形式，在学校教育发展中具有重要的意义。简而言之，就学校教育的实现而言，核心的教育活动主要还是发生在班级之中。

班级具有促进学生人际交往、情感发展、社会化及集体教育等功能。由于班级具有这些功能，研究如何充分发挥班级功能以促进学生发展，便具有重要的意义。而要发挥班级的功能，可以从三个维度开展研究：一是研究班级中的每一个个体，二是研究作为整体的班级，三是研究介于二者之间的正式的学生小组或非正式的学生小群体。这三个维度也是面向全班学生的调查研究的三个层面。三个层面的研究可以相互补充：将对学生个体和小群体的研究放到全班学生的背景中进行，或者在面向全班学生的调查研究中突出研究学生个体和小群体。

（二）从人类学整体论视角看面向全班学生的调查研究

从人类学整体论视角来说，开展面向全班学生的调查研究既有可行性，也有必要性。所谓人类学整体论视角 (the holistic perspective)，通俗地说，是指对某一问题的研究不能仅仅分析这一问题，还应分析这一问题产生和发展的背景。著名的人类学家布朗在其《社会人类学方法》中对人类学整体论进行了论述。

任何文化元素的意义都是通过发现它与其他元素及整个文化的关系而得到的。由此可得出结论，即田野工作者一般说来都必须或任何时候都能够从事对整个文化的全面研究。例如，不参考神话和宗教系统之类的事物，就不可能认识土著居民的经济生活，当然，逆命题亦成立。……文化整体性的观点是新人类学最重要的特点之一。……新人类学将任何存续的文化都看成是一个整合的统一体或系统，在这个统一体或系统中，每个元素都有与整体相联系的确定功能。①

根据布朗的观点，任何文化都是一个完整的系统，系统中的每个元素都与整个文化相联系，每个元素之间也是相互联系的。对单个元素进行研究时，必须将其放在整体中，联系整体和其他元素进行分析。因此，要从研究对象所处

---

① 布朗. 社会人类学方法 [M]. 夏建中，译. 北京：华夏出版社，2002：66–67.

的社会文化的整体视角对之进行研究。

布朗之后的人类学家的研究，使文化整体性成为人类学的核心概念和理论基础之一。人类学领域另一著名学者博厄斯进一步指出，在研究某个特殊的文化形态时，必须遵循整体论的原则。同时，他还提出了文化相对论，指出"对普遍化社会形态的科学研究要求调查者从建立于自身文化之上的种种价值标准中解脱出来。只有在每种文化自身的基础上深入每种文化，深入每个民族的思想，并把在人类各个部分发现的文化价值列入我们总的客观研究的范围，客观的、严格科学的研究才有可能"[①]。

根据人类学整体论，在对学生进行调查研究时，不要孤立地关注学生，而应将之看作存在于一定系统中、与该系统中的其他方面相联系的一个"部分"，要将之与其他方面联系起来进行研究。例如，人类学家马凌诺斯基指出，对儿童游戏的研究，不是在行为主义者的实验室里可以了事的，应该把它放在每一种特殊文化中去看。[②] 以此类推，在对某一学生的研究中，不能仅仅分析这一学生，还应分析这一学生成长的背景、过程与环境。其中，班级是学生成长的一个重要环境。将个体学生的学习和成长置于其所在的班级中进行研究，是很有必要的。

所以，开展面向全班学生的调查研究，其目的有时是为了研究全班学生，有时则是为了研究个体学生。通常所说的班级研究是从班级管理的角度来分析的，即将班级整体作为研究对象，探讨班级的管理和组织问题；而本文所指的面向全班学生的调查研究，不仅可将班级整体作为研究对象，也可将班级作为研究的背景，在这个背景中研究个体学生。

例如，要研究学生的学习习惯，只研究成绩前几名的学生是不够的，只研究成绩中等或后几名的学生也是不够的，我们需要研究不同层次的学生，将学

---

① 博厄斯. 人类学与现代生活 [M]. 刘莎，译. 北京：华夏出版社，1999：131.

② 马凌诺斯基. 文化论 [M]. 费孝通，译. 北京：华夏出版社，2002：88.

生置于班级学生群体中进行研究。由于学习习惯与学生成绩是紧密相关的，学习成绩不同的学生具有不同的学习习惯，只有研究了成绩不同的学生的学习习惯，才能从整体上把握学生的学习习惯。此外，只研究学生学习习惯本身是不够的，还需要研究与学习习惯相关的因素：班级学生成绩、教师教学风格、班里同辈群体的相互影响等。

再以关于学生上课外班的研究为例。我们可以对若干学校若干班级的学生上课外班的情况进行调查研究，以了解普遍情况；也可以对单个学生进行调查研究，以深度了解某个学生的情况；还可以对某一个班的学生上课外班的情况进行调查研究，以了解某班学生的情况。之所以要对全班学生进行调查研究，首先是因为同一个班的学生所接受的学校教育大致相同，因而更易于比较上课外班对他们学习的影响。从理论上来说，如果对不同班级的学生进行研究，比较上课外班的学生和没有上课外班的学生在学习成绩方面的差异时，难以排除学校教育教学对这种差异的影响。而对一个班所有学生开展这一研究，可以在一定程度上排除学校教育教学差异带来的影响。[①] 其次，还可以将全班学生上课外班的情况与单个学生的情况进行比较分析。在实践中，有不少家长提出，让孩子上课外班是因为某学生因上课外班提高了成绩，或某学生成绩好是因为上了某个课外班。但实际上，这些学生成绩的提高有可能是学校教育教学或其他因素所致，上课外班与成绩提高之间不能构成直接的因果关系。对个别学生的个案研究难以对上课外班与学习成绩之间的关系进行细致的因果分析。如果选择整班学生进行调查研究，则可以分析上没上课外班对学生学习成绩及相关方面发展的影响究竟有多大，能够在学生接受相同的学校教育的情况下，分析不同学生学业成绩与上课外班及其他多方面因素之间的关系。所以，面向全班学

---

① 之所以说是"一定程度上"排除学校教育教学差异带来的影响，是因为即使是同一个班的学生，在师生课堂互动、教学内容的针对性等方面，他们接受的实际的学校教育也是有差异的，但由于是同样的教师进行同样内容的教学，同一班级内学生间的差异在有些方面要小于不同班级间学生的差异。

生开展调查研究，对于研究这个班的个别学生具有不可替代的作用。当然，为了更彻底地探明某一学生的发展情况，还可将其置于家庭、社区等更大背景中进行分析。

二、面向全班学生开展调查研究的意义

（一）有助于教师以系统和整体思维分析学生

面向全班学生开展调查研究，有助于教师以系统和整体思维分析学生。目前关于学生的调查研究多是基于这两类样本：一是跨班级甚至是跨学校的大样本，二是学生个体。很少有研究者从班级系统的角度进行学生研究。其中有关学生大样本的分析，难以排除不同教师教育教学差异带来的影响。而对个别学生进行的个案研究，通常分析的是某一个或某一类学生，难以涉及各类学生的比较。例如，想了解学生对教师的评价，若只调研部分学生，结论容易失之偏颇，而对所有学生都进行调研，则相对公正、全面一些。

再如，在前文提及的对学生上课外班情况的调查研究中，我们经常会听到家长和课外机构强调上课外班的重要性，他们会举例说，某个学生通过上课外班提高了考试成绩，并因此得出上课外班有助于学生提高考试成绩的结论。但是，这一结论是基于对个别学生的分析得出的，显然不具有普遍性。要得出这样的结论，还需要进行以下分析。

第一，这个学生所在班级中，成绩好的学生都报了课外班吗？如果答案是肯定的，可能说明课外班是学生成绩好的一个必要条件。这里还只是说"可能"，因为二者是否具有必然的因果关系，还需要进一步确证。这就如我们不能因为在世界乒乓球赛中获得冠军的中国队员都穿了中国队队服，就说穿了中国队队服队员们就能夺冠一样。两个因素之间的前后关系或表面联系，并不必然意味着二者之间存在因果关系。

在面向全班学生的调查研究中可能发现，在同一个教室里接受同一批老师的授课，一些学生成绩比另一些学生好，不都是因为前者上了课外班。我在

"学生调研与学生发展目标"项目中发现，在一个班里，学业优秀的学生上语文、数学和英语之类的课外班的比例，比学业成绩中等及以下的学生要少。这说明课外班对提高学生的学习成绩（至少是语文、数学、英语这三科的成绩）而言，并不是"必需品"。[①]

第二，上了课外班的学生都取得了好成绩吗？如果上课外班是学习成绩好的充分条件，那么上了课外班的学生成绩应该都很好。如果不是，那说明上课外班仅仅是影响学生成绩的一个因素，而不是充分条件。因此，我们还需要研究除了课外班之外，还有哪些因素在影响着学生的成绩，并创设条件，帮助学生切实提高学习成绩。否则，只考虑上课外班这一个影响因素，提高成绩的愿望是难以实现的。为了了解这一点，可以对全班上课外班的学生的学习情况进行分析。

表 2-1 是对某班不同成绩的学生上课外班情况的统计，从中可以看出，成绩优秀的学生上语文、数学、英语课外班的比例并不是最高的。

表 2-1　某班不同成绩的学生上课外班情况统计

成绩	上不同学科课外班的人数比例		
	语文（%）	数学（%）	英语（%）
优秀	38	44	69
中上	46	5	78
中	67	71	33
中下	57	5	4
差	0	38	17

---

① 涂元玲. 北京市小学生上课外班状况的调查研究 [M]// 李伟东. 北京社会发展报告（2017~2018）. 北京：社会科学文献出版社，2018：136.

但是，经过研究发现，从全班来说，学生学习成绩与其课堂注意力、学习兴趣、学习习惯有较大的关系。表 2-2 反映了学生语文成绩与学生课堂注意力情况之间的关系。

表 2-2　学生语文成绩和其课堂注意力水平的关系 [1]

成绩	课堂注意力水平				
	很好（%）	好（%）	一般（%）	差（%）	很差（%）
优秀	31	46	23	0	0
中上	0	36	55	9	0
中	0	0	83	17	0
中下	0	0	57	43	0
差	0	0	0	50	50

表 2-2 中的数据来自语文课，数学课和英语课中也存在类似的情况。

因此，对全班学生进行调查研究，有利于教师从班级系统的角度来分析问题，获得相对全面的资料，形成系统和整体地分析学生的思维方式，所得出的结论也更为客观。

（二）有助于教师实现与所有学生的积极互动

那么，能否将全班学生分类，从每类学生中选择一名学生，以对这名学生的调查研究结果来代表一类学生的情况呢？例如，从成绩的角度来说，可否把全班学生分为优秀、良、中、下几个层次，在每个层次的学生中选取一两名来进行调查研究，以之代替对全部学生的研究呢？从理论上讲，是可以的。但是，在改进一线教育教学的研究中我们发现，对部分学生的调查研究代替不了对全班学生的调查研究。教师在开展面向全班学生的调查研究时，可以与每一个学生进行积极的互动，这对每个学生的发展都是非常重要的。因此，开展学生调

---

[1]　北京市密云区第三小学廖一平、王小蕾等老师参与了此表的分析和制作。

查研究不仅是为了了解学生，它也是增进师生互动、促进师生之间相互理解的一种方式。如下面这个例子，一个学生因中午回家吃饭并午睡而没有做作业，教师在学生调查研究前后所做的分析明显不同（见表 2-3）。

表 2-3　教师做学生调查研究前后对问题的分析的对比

事件描述	教师对问题的分析	
	调查研究前	调查研究后
小雨中午回家吃饭，饭后妈妈让她睡觉，小雨没有做完老师布置的作业	1.因为小雨妈妈比较娇惯小雨，让小雨午睡而导致她没有做作业。 2.因为小雨比较懒，自己也不愿意做作业	1.由于小雨前一天晚上熬到 12 点才睡，夜间睡眠严重不足，所以小雨妈妈让她午睡，以保证她下午上课有充足的精力。 2.小雨是在妈妈的劝导下午睡的，她没有偷懒不做作业

显然，从上述两种不同的解释可看出调查研究影响了教师对学生没有做作业的"理解"与评价，随后也会影响教师采取相应的教育教学措施。通过对学生的调查研究来分析学生发展中出现的问题，能帮助教师避免主观因素，使分析更客观，更能贴合学生的实际情况。而教师对学生的理解，有赖于他对每一个学生的研究。因为"教师的工作就其本身的逻辑、哲学基础和创造性质来说，不可能不带有研究因素。……我们与之交往的每一个个体，在一定程度上都是一个具有自己的思想、情感和兴趣的独一无二的世界。……谁能感到自己是在进行研究，谁就会更快地成为教育工作的能手"①。

学生调查研究中的师生互动，尤其是访谈过程中的师生互动，对师生之间情感关系的发展有明显的正面影响。情感发展本身就是学生发展的一个重要方面，同时对学生其他方面的发展也具有积极的影响。所谓"情通而理自达""亲其师，信其道"，师生之间良好的情感关系也有助于学生知识的掌握和能力的发

① 苏霍姆林斯基. 和青年校长的谈话 [M]. 赵玮，等译 // 苏霍姆林斯基. 苏霍姆林斯基选集（五卷本）：第 4 卷. 北京：教育科学出版社，2001：670.

展；相反，则是"情不通而理难达"。这就是通常所说的，一个学生喜欢学习某一门学科，可能是因为这门学科的老师；一个学生不喜欢学习某一门学科，可能是不喜欢这门学科的老师。可以说，良好的情感关系对学生的学习具有"发动机"的功能。相关的内容将在访谈法部分进行详细分析。

总之，学校里教师与学生的关系首先不是知识授受的关系，而是师生之间的情感关系。也就是说，在知识授受之外，教师与学生之间还具有人与人之间的情感关系。哈蒂指出："积极的师生关系对于学习的发生是至关重要的。这个关系涉及向学生展示教师关心他们的学习……这样就激活和促进了在课堂里建立一个更温暖的社会情感氛围、鼓励学生努力学习和促进所有学生参与的力量。"[1]

尤其对小学生来说，老师对自己进行调查研究意味着老师"关注"到了自己；而没有成为调查研究的对象，则可能意味着老师没有关注到自己。进一步说，不对学生开展调查研究，对学生可能没有负面影响，也可能负面影响藏在了学生心里，教师难以觉察到，但对学生开展调查研究给学生带来的积极影响却是很明显的，也能改善师生关系，教师可以强烈地感受到这一点。

"居高临下"的小雪变了[2]

访谈之前，我对小雪的了解是这样的：小雪是个喜欢阅读、写作水平较高的孩子，但她对自己的要求并不严格，学习习惯总是让我头疼得很；在班里这个孩子的人缘不怎么好，她经常和同学传纸条，写别的同学的坏话。

小雪平时听不进别人的批评，不管哪个老师批评她，她都不屑一顾，然后

---

① 哈蒂. 可见的学习 [M]. 彭正梅，等译. 北京：教育科学出版社，2015：149.
② 此案例由北京市密云区第三小学廖一平老师在参与"学生调研与学生发展目标"项目时撰写。

一整节课她都在那里折小纸条，书都不打开，读书什么的也都不跟着。平时，她对班级的事情不怎么感兴趣，值日、集体活动，她都不太愿意参加。看到班里有些不好的方面，她就会和家长说，家长听了会发到朋友圈，都是很负面的内容。小雪妈妈来和我沟通的时候，我能明显感觉出她对班级很不满意，而且她的态度也挺强硬的，话里透着一种比较不客气的感觉。由此我推测，一定程度上是父母的家庭教育影响了这个孩子。

在接受访谈时，小雪侃侃而谈，而且谈吐大方。但是，整个访谈过程中，她都表现得很强势，话语间透露出一种居高临下的态度。她的价值取向与一般学生也不太一样，访谈过程中她问老师的工资是多少，还说自己以后挣钱了要怎样怎样。

不过，给我印象最深的就是在访谈结束时她表现出了明显的不想走的态度。访谈结束时，已经打铃放学了，她突然说了句"这样就结束了?"，然后表示自己还想继续"聊"。为什么会出现这样的情况? 事后我分析，这个孩子缺乏表达自己的渠道，极其渴望表达自己。在家父母比较强势，不怎么听她说话，在校她人缘不好，和同学沟通不多，而我对她的"开放式"访谈让她有了表达的机会，因此她才依依不舍。

访谈过后，令我意想不到的事情发生了：当天下午，她主动来找我，和我聊了班里的一些事情，但这次聊的不是负面的事，而是她看到的好事。她看到我们班一个小男孩在操场上捡垃圾，觉得他挺好的，就告诉了我，还说这个男孩以前也经常为班里打扫卫生。这是她第一次和我分享她眼中美好的事物，我想她对他人的关注点和评价已然开始转变。

后来，她隔三岔五地给我写小纸条，基本上就是说一说自己的困惑，我会抽空和她在操场的小亭子里聊一聊。这学期开学后，她又给我写了张纸条，上面写着："老师怎么办? 今天这节课我怎么都举不起我的手来了，我觉得一上六年级我就不想回答问题了，生怕别的同学听见我答错了笑话我，可是我之前从来没有过这种感觉。"看到纸条后，我主动找到她，并告诉她，她回答问题挺好的，然后表扬了她。我说："你回答错了，我也从来没说过你，而且你的思路清晰、考虑全面，我觉得你没问题。"第二天的语文课上，她把小手举了起来。看来，一个简单的聊天就使她放下了心里的顾虑。她的表达欲望很强烈，把自己的心里话说出来了，她就会感觉心情舒畅。之后，她更能大胆地表达自己了。

这学期，我还发现她跟班里同学的关系变得融洽了。她现在时不时就能发现班上同学的闪光点。访谈之后，尤其是这学期，她开始愿意帮助基础弱一些的同学了。她的作业完成情况也有明显的好转。以前她的作业做得比较差，虽然她成绩很好，但是作业常常是这儿缺一题，那儿少一题，做得很马虎。但是访谈之后，她的作业有了很大的改善，书写比较整齐，而且正确率很高。我觉得是她比较信任我吧，可能她觉得作业做好了，我肯定能看到，就会更愿意和她聊天。

另外，我发现在访谈之后，小雪经常和家长说学校里有什么好事，这从家长的朋友圈就能看出来，而且家长对我的态度有了"一百八十度大转弯"，特别客气。其实家长在很大的程度上是通过学生去了解学校情况的。有时候学生的一句话就会影响家长关于学校的判断。

仔细分析，小雪之所以出现转变，主要是我们在访谈中从轻松的话题切入。我问的多是开放式问题，让她轻松地说，说的过程中我认真倾听，不会打断她或教育她该如何。教师的倾听能让学生感受到老师在关注她，这对学生的心理和情感有重要的影响。学生觉得老师愿意倾听她的心声，她就会觉得这老师挺好，有事愿意跟老师说，愿意听老师的，进而愿意在老师的面前做一个好学生。倾听小雪的心声，不仅拉近了我与她之间的距离，还改善了她和其他学生之间的关系。

小雪的转变让我深切地感受到，访谈中的倾听能给学生传递许多信息。可能有些学生说不清楚，但是学生的内心会有变化。在访谈其他学生的过程中，我也听到很多学生说：回家的时候，爸爸妈妈就看手机，想和爸爸妈妈说话的时候，爸爸妈妈就说有事忙。孩子对爸爸妈妈没有"倾听"自己说话是有感觉的。这也从另一个角度说明，在访谈中倾听是很重要的。

作为新手班主任，那次访谈学生之后，我对他们的很多问题都不再焦虑了。我觉得很多问题他们自己都能解决，而教师只要静静听着就行了。其实，那些大道理他们都懂，无数人都对他们说过了。所以，与其做一个只会讲大道理的教书匠，不如静下心来听听孩子的真实想法。有时候，孩子需要的不多，有你的倾听，足矣！

上述案例说明，调查研究本身就是一个教师倾听学生、师生心灵互动的过程。在这一过程中，每一个学生都是不可替代的，一个学生是代表不了一类学生的。因此，对全班学生进行调查研究，有助于实现教师与所有学生之间的积极互动。

我们再看一个通过调查研究改变学生的例子。

一个"问题学生"的转变 ①

小轩是名四年级学生，但是从一年级开始，他就是一个全校闻名的"问题学生"。他经常和同学发生矛盾，然后就会躺地上打滚不起，声称同学欺负他。他回家跟家人"告状"后，他的姥姥、姥爷、妈妈等家人就会到学校找老师"评理"——所谓"评理"，几乎都是认为自己的孩子受欺负了，而不管实际情况如何。有时他的家长对班级老师的处理方式不满，还要求学校领导来处理。因此，学校的书记、教导主任、校长都对这个学生很熟悉。

平时，班主任对小轩的管理就感觉非常头疼。班主任工作中约1/5的时间用于处理与小轩有关的问题：解决他与其他学生的各种冲突，与他的家长沟通，接待其家长来校等。但是，随着年级增高，小轩的状况非但没有改善，反而越

———————————

① 此案例来源于"学生调研与学生发展目标"项目。

发严重了。

班主任老师时时挂念着小轩的情况，在面向这个班的学生开展第一次访谈时，就安排了他参与访谈。在访谈中老师发现，小轩的父母对他管得比较少，主要是他的姥姥在管他，姥姥管教严厉，重视他的学习，但却忽视了他内心的想法。通过进一步分析老师发现，小轩平时出现的一些问题有可能是内心缺乏"关爱"的表现，例如和同学发生矛盾可能是因为他不会和别人进行恰当的沟通，就想通过躺地上打滚来获得老师和同学的进一步关注。访谈结束后，学校老师决定就小轩的情况尝试一些新的办法。

结果，在访谈后两三天，老师还没有尝试新方法，小轩就出现了巨大转变：课余时间他与一起参与访谈的同学相处较多，相处得也比较好，与他们的矛盾明显比之前少，有了矛盾后他也不再躺地上，回家也不再说同学欺负他；在课堂上的小组活动环节，他主动找这几个同学，说自己与他们是"一组"的。

这样的情况一直稳定地持续着。老师反映，已经有很长时间，小轩回家不说别的同学欺负他了，这大大改变了他家长对班级其他学生、老师和学校的看法，和家长沟通也比以前更加容易了。

上述案例中小轩为什么会发生改变呢？后来了解的情况是，那次访谈让小轩感觉自己特别受老师关注，而且小组访谈的形式让小轩认为自己有了"小组"，因为老师说了几次"你们一组来和老师聊聊天"之类的话。另外，老师也认为以前和小轩接触主要是为了解决问题，很少听小轩说他自己的情况，这次访谈，本着"不说教"的原则，老师让学生充分说，这很可能让小轩切实感受到了老师的关注和尊重，这种心理上的变化是其行为上出现巨大变化的原因。进一步而言，学生心理上产生的与教师的互动，直接就带来了其行为上的变化。有时甚至不需要教师在行动层面做出什么改变，学生就出现行为上的变化了。

在实践中，类似这样的例子很多。当然，上述调查研究中的师生互动及带来的积极影响，是以教师将调查研究作为了解学生的途径为前提的。如果教师以高高在上的姿态去"盘问"学生，就难以获得上述效果了。

（三）有助于教师关注每个学生的自我表达

开展学生调查研究的过程也是让每个学生表达自我的过程。学生的自我表达有两个重要的意义：一是帮助教师尽可能充分地了解学生，二是有助于落实以学生发展为本的理念。

当然，学生自我表达的主渠道不应该是在调查研究中，但是在调查研究中教师若能做到"学生立场"，它确实能成为学生充分表达自我的一个途径。

课外阅读中的学生自我表达

某班班主任李老师组织学生开展课外阅读活动。她既给学生推荐课外阅读书目，又提倡学生根据自己的兴趣爱好自主选择阅读书目，撰写读书笔记。为促进学生的课外阅读，李老师还在班里开展了课外阅读交流活动。

通过收集与分析每个学生的课外阅读书单、读书笔记，[1]李老师了解了每个学生不同的兴趣爱好、阅读素养和自我管理能力；通过课外阅读交流活动[2]，她对学生的阅读情况又有了进一步的了解，甚至还对学生的性格与志向也有了进一步的了解。

实际上，选择读什么书，写了什么样的读书笔记，如何与大家交流分享，都是学生的一种自我表达。

下述案例中，学生变化的历程也说明了自我表达对学生发展的重要作用。

---

[1]　李老师用的是"实物材料分析法"，后文中会详细说明这种方法。

[2]　可将其视为一种"参与式活动调查法"，后文中会详细说明这种方法。

让孩子点燃心中的火种 ①

　　文闻是一个看起来比较内向、在老师和家长面前不爱说话的孩子。但和同学在一起时，他很有主见。记得有一次，他从同学小飞手里低价买来一块橡皮，并以 20 元的高价卖给同学小浩。经过调查，我发现是因为他玩手机游戏需要充值，而爸爸妈妈又不让他玩，他才动了这个心思。除了这件事，这学期他还和其他同学出现了一些矛盾。在我眼中很老实的孩子，怎么升入五年级就发生了如此大的变化呢？我真是百思不得其解。而且每次我跟他沟通时，他都一句话不说，把我急得不行。于是，在第一次访谈时，我就将他列为访谈对象。

　　在访谈过程中，我选择了四个学生一组。我们从课外班这个话题切入，让每个学生都感觉气氛很轻松。开始时，文闻回答问题非常谨慎，但通过选课外班这件事，我能看出他是一个很有主见的学生。也许是因为访谈时有小伙伴一起，不像以前"单独谈话"让他感觉紧张，加上我们的话题让他感觉只是在聊天，并不是在教育他什么，所以他慢慢地放松下来。随着讨论的深入，我们从课外班聊到了他们在课余时间都做些什么以及每个孩子有什么爱好。访谈气氛比较轻松，访谈进行得比较顺利。

　　当我问"假如让你们自己再报一个课外班，你们会报什么"时，文闻一下子兴奋起来，抢着说道："机器人！"我追问："那为什么没有报？"他嘟着小嘴说："我一直想报，但妈妈却强迫我上奥数和英语，她说这两项对上中学有用，我只能放弃了自己的爱好，但我还是用零花钱买了机器人自己在家做。""是吗？那你会做些什么？"这一问，让他滔滔不绝地谈起自己如何编程，又如何在游戏中享受着那份快乐。我和同学们听得津津有味，不时发出赞叹：文闻的编程确实牛！听着我们赞扬的话语，他的脸上流露出自信的笑容。这是我第一次听他主动说了这么多心里话，让我突然感觉到我们虽然相处了两年，但我对文闻真

---

① 此案例由北京市丰台区第五小学卜婧老师在参与"学生调研与学生发展目标"项目时撰写。

的不够了解。

通过这次访谈，我明显感觉到文闻跟我之间的屏障被拆除了，访谈拉近了我和他的距离。回到班里，他主动问我："卞老师，有什么需要我帮您做的吗？"这句话能从一个内向的男孩子嘴里说出来，是多么不容易啊！我立刻提出让他担任我的小助理。整整一个学期，文闻每天都坚持帮我盯着全班同学的改错情况，有时甚至牺牲自己的课间时间，拿着打钩本反复督促没完成的同学，保证放学前全班同学都完成改错。这巨大的转变，我认为是缘于访谈，是真正平等的对话让他从心里把我当成了朋友，让我真正走进了他的内心。这学期，我还推荐他加入了学校的机器人社团，他还参加了北京市机器人比赛。赛前我给他加油鼓劲儿。看到他的成长和笑容，我深深地感受到作为教师的那份幸福。

通过这件事，我深切感受到，内向的孩子其实也有一颗火热的心，只要给他们提供表达自己的时机，他们就能将这颗火种点燃，放射出光芒，并温暖他人。

从上述例子可以看出，教育中的一切过程都是教育过程。教师以了解学生为目的开展学生调查研究，不发表先入为主的观点，这样的调查研究过程是让学生充分地表达自我的过程。但是，一个学生的自我表达不能替代另一个学生的自我表达。因此，教师对每个学生开展调查研究，给每个学生提供一个自我表达的机会，这本身就具有重要的教育意义。从这个意义上讲，在一个班中，对一个学生的调查研究代替不了对另一个学生的调查研究，因而对一个班所有学生都开展调查研究是很有必要的。

（四）有助于对学生进行个性化教育

"个性化"在当前教育领域中不是一个新鲜的词，甚至可以说是一个老词。但是，受多种现实因素的影响，尤其是受当前我国教育教学的基本组织形式班级授课制的影响（特别是在班级人数多的情况下），在日常的教育教学工作中，教师难以在方方面面对学生进行个性化教育，有时甚至无暇对学生进行个性化教育。虽然教师可以通过对某一类学生选取样本进行研究，但是学生与学生之间依然存在着或大或小的差别，这些差别都会影响到学生发展。如同苏霍姆林斯基所指出的："教育在广义上说，就是精神上的不断丰富、不断更新的过程，无论对受教育者还是教育者来讲，都是这样。而且，这个过程具有深刻的个性特点：一条教育真理在一种情况下是正确的，在另一种情况下是中性的，而在第三种情况下则变成荒谬的。"① 这就是通常说的"每个学生都是不一样的""每个孩子都是一个世界——完全特殊的、独一无二的世界"。在教育实践中，苏霍姆林斯基对自己正在教的每一个学生都进行研究并做记录，他说："在笔记本的三千七百页上，我记载了我的全部教师生涯。每一页都奉献给一个人——我的学生……"② 他还说："假如孩子们从我的生活中经过，可是无论在记忆中还是在心坎上都没有留下痕迹，那末就是对我最大的惩罚。"③ 因此，关注每一个学生，对学生进行个性化教育是非常重要的。

个性化教育理念听起来很好，但是，在实践中如何做到个性化教育呢？通过对一个班每一个学生的调查研究，让教师对每一个学生有专门的了解，可以帮助教师找到个性化教育的一些门径。

一个性格豪爽的女孩哭了

小楚是一名六年级女生，她性格开朗、乐观、豪爽，给老师的感觉是大大咧咧的"假小子"。在小学高年级，普遍出现了男生、女生以性别划分群体的现象，一般男生和男生组成小团体一起玩，女生和女生组成小团体一起玩。但是，小楚在班上有不少要好的男生朋友。在以"课外生活"为主题的访谈中，小楚欢声笑语不断，但当提到在家一般和父母一起做什么时，她突然停下来，轻轻

---

① 苏霍姆林斯基. 帕夫雷什中学 [M]. 赵玮，王义高，蔡兴文，等译 // 苏霍姆林斯基. 苏霍姆林斯基选集（五卷本）：第 4 卷. 北京：教育科学出版社，2001：34.

② 苏霍姆林斯基. 教育的艺术 [M]. 肖勇，译. 长沙：湖南教育出版社，1983：9.

③ 同②.

地说："爸爸打游戏，我看书。"当提到对爸爸妈妈有什么心里话想说时，她哇的一声哭了。班主任老师安抚她一会儿后，她呜咽着说："我期望爸爸能陪陪我，因为每次我提出让爸爸陪我时，他都忙着看手机、打游戏，说没时间。"

在上述谈话中，小楚"突然停下来""轻轻地说""哇的一声哭了"和"呜咽"说明她是一个感情细腻、对情感需求很高的孩子，这是她的另一面。而她的这一面，教师此前并未看到过。教师与她面对面的交流，让她有机会充分地表达自我，也让教师得以充分了解她。

通过上述例子可以看出，即使是优秀的、心思细腻的教师，在班级授课制下，对一些学生的了解还是比较有限的。因此，对每一个学生进行专门的调查研究，是教师了解每一个学生并进行个性化教育的重要途径，尤其是在教师与家长进行沟通、实现家校合作共同帮助学生更好地发展方面。只有了解学生的个性，教师与家长沟通才能更有针对性，所提的建议才能更有说服力，从而促使家长与学校一起促进学生更好地成长。

总之，因为学生具有个体差异，对一个学生的调查研究代替不了对另一个学生的调查研究；又因为调查研究过程也是一种教育过程，是学生表达自我、师生积极互动的过程，在这个过程中，任何一个学生都代替不了其他学生，因此，在面向全班学生的调查研究中，需要对每一个学生开展调查研究。

第三章
教师开展学生调查研究的理论准备

在教育实践中，理论可以帮助教师从不同角度去了解和分析学生。著名的人类学家马凌诺斯基提出，在实践中开展研究时，研究者头脑中必有一个理论背景，否则可能是"鲁莽"或"迷茫"的。他认为：

> 良好的理论训练以及对其最新成果的熟悉，与"先入为主的成见"不同。假如一个人出去考察，决定要证实某种假设，若是他不能在证据的压力下经常改变自己的观点并弃之如敝屣，不用说，他的工作将毫无价值。但是，他带到田野的问题越多，根据事实铸造理论和运用理论看待事实的习惯越强，他的装备就越精良。先入之见在任何学科中都是有害的，但预拟问题却是科学思考者的主要禀赋。①

根据他的观点，"预拟问题"是需要以理论为"装备"的。人文社会科学领域各学科理论流派纷纭复杂，从不同角度阐述了关于人、关于社会的主张，对开展学生调查研究具有不同的理论意义。由于篇幅所限，难以穷尽各家理论流派，难以对多个理论进行分析，在此试以人类学领域关于儿童研究的理论来举例说明。

一、理论例举：人类学关于儿童研究的理论

在面向学生开展的调查研究中，持有什么样的学生观是很重要的。通俗地说，学生观犹如一面透视镜，当持某种学生观来分析学生时，犹如拿某种透视镜来看学生。拿不同的透视镜照人，人是不一样的；持不同学生观来分析学生，

---

① 马凌诺斯基. 西太平洋的航海者 [M]. 梁永佳，李绍明，译. 北京：华夏出版社，2002：6.

学生也是不一样的。因此，在研究中，持有多样的学生观，有利于从不同角度来分析学生，帮助我们更全面、系统地认识和了解学生。而学生首先是儿童，人文社会科学领域各个学科有关儿童研究的理论，对开展学生调查研究都有重要作用。

人类学在儿童研究中体现的儿童观对开展学生调查研究的作用，可以从如下几个方面来分析。

第一，儿童是文化之网上的儿童。

儿童人类学研究的一个重要渊源是人类学的文化与人格学派。该学派的研究者基于人类学整体论视角，用比较研究的方法，研究了不同文化中的价值观和行为期望是如何影响其成员对他们的孩子进行教育或养育，从而使得不同社会中培养出的儿童是不同的。例如，文化与人格学派的代表人物、美国著名的人类学家米德在其享誉世界的《萨摩亚人的成年》一书中，分析了萨摩亚儿童的成长历程，其中涉及婴儿的出生、萨摩亚人对儿童的照管、儿童游戏与社交等方面，发现萨摩亚青少年在青春期没有出现美国青少年在青春期出现的各种情况，这源于他们成长中的不同经历，而两种社会中青少年的不同经历与他们的社会文化是息息相关的。

米德和其他学者关于儿童的人类学研究表明，在不同的社会中，塑造童年的社会文化基础是不同的。对某一赋予童年以意义的社会文化背景没有充分的了解，关于童年的理解就是不可能的。[①] 不同社会中人们养育子女的方式是不一样的，儿童习得文化、参与社会生活实践的方式以及儿童的日常生活形态是不一样的。不理解该社会的文化背景，就难以理解这一社会中的儿童。

正因为儿童是处于文化之网上的，不同文化塑造了不同的儿童，儿童人类学提出，要关注把儿童的生活和经验加以普遍化所带来的问题。既要关注儿童

---

① LEVINE R A. Ethnographic Studies of Childhood：A Historical Overview[J]. American Anthropologist，2007（2）：247–260.

个体的独特性和不同经验，也要关注儿童在社会、文化、经济和政治方面的群体性特征。①

第二，儿童是主位的儿童。

所谓主位的儿童，即儿童自己视野里的儿童。"主位"这一概念来自人类学研究，是人类学民族志研究最重要的特征。著名的人类学家马凌诺斯基在其民族志研究中提出，要以"文化持有者的内部眼界"(the native's point of view) 来进行研究。随后，解释人类学 (interpretive anthropology) "重在解释被研究者的意义解释系统"的观点，进一步发展了民族志研究中主位立场的观点。解释人类学在国内又称为阐释人类学②，产生于 20 世纪 60 年代的文化人类学领域。对解释人类学的形成做出重要贡献的代表性人物吉尔兹认为，在对文化的解释中，不可能重铸别人的精神世界或经历别人的经历，而只能通过别人在构筑其世界和阐释现实时所用的概念和符号去理解他们。③ 解释主义者特别强调查研究者深入研究现场，在尽可能自然的环境下和被研究者一起生活工作，了解他们所关心的问题，倾听他们的心声，同时对自己所使用的方法进行深刻的反省，注意自己和被研究者的关系对研究的影响，然后在这一基础上对被研究者的意义解释系统进行建构。④ 研究的重点不是验证假设、做出预测或提出政策性建议，而是对事物进行深入细致的调查研究，再现当事人的视角，以描述和解释为主。

为了实现这样的目的，解释人类学在方法上强调深度描写 (thick description)，即深入、细致地阐释一定文化背景下文化持有者语言与行为背后的意义。这

---

① JAMES A. Giving Voice to Children's Voices: Practices and Problems, Pitfalls and Potentials [J]. American Anthropologist, 2007（2）: 261–272.

② 如王海龙和张家瑄先生所译的《地方性知识：阐释人类学论文集》一书中的译法。

③ 王海龙，张家瑄. 对阐释人类学的阐释 [M]// 吉尔兹. 地方性知识：阐释人类学论文集. 北京：中央编译出版社，2004：导读一.

④ 陈向明. 旅居者和"外国人"：留美中国学生跨文化人际交往研究 [M]. 北京：教育科学出版社，2004：33.

是解释人类学最重要的一种方法。解释人类学的深度描写法来源于哲学家赖尔的有关理论。以男孩子眼皮抽搐为例，可以把男孩子眼皮抽搐这一行为描写成"眼皮迅速抽动"，但这是一种"浅描"（thin description）；还可以将男孩子的眼皮抽搐做如下描写——病症抽搐、递眼色捣鬼、假装递眼色、模拟别人递眼色、操练模拟别人递眼色等，这些描写将眼皮抽搐的意义尽可能地还原，这就是"深度描写"。这一方法的优势在于其独特的视角和细致入微的分析。但是，对于解释人类学而言，"描写"并不是目的，"阐释"眼皮抽搐这一行为背后的意义才是目的。

通俗地说，马凌诺斯基和解释人类学所共同强调的都是被研究者的立场。需要提及的是，主位视角要求研究者在研究中不要对研究对象有一定的预设。但是，如前所述，这并不表明在开展研究之前研究者不要了解和掌握任何理论。相反，研究者头脑中必须有一个理论背景，否则在研究中可能是"鲁莽"或"迷茫"的。

正是因为人类学坚持的"文化持有者的内部眼界"，使得儿童人类学能够从儿童主位的视野来分析问题。拿儿童生活中占较大比重的儿童游戏来说，儿童主位视角的分析特别有意义。在日常生活中，成人对儿童的游戏常常熟视无睹，还经常将儿童的游戏看作"捣乱"而对儿童进行批评。例如，大部分儿童喜欢并经常玩的"角色扮演"游戏，在很多成人看来只不过是"小孩子家"的玩耍罢了。再如，有些家长给孩子买枪炮之类的玩具，孩子或许并不将其当作枪炮来玩，而是将其拆卸下来，当作电话等来玩。这时，家长常会说"我花那么多钱买给你的枪，你却把它拆了"，甚至会斥责或打骂孩子。人类学者在研究儿童游戏时指出，儿童在"角色扮演"游戏中呈现的就是他们眼里的真实角色。人类学对之进行了细致的分析：游戏对儿童而言是一个有主体意义的事件，是儿童在以自己的方式阐释对社会生活的理解，是儿童表达或处理其社会生活经验的方式，儿童在游戏中主动学习有关社会文化习俗和生活技能。[①]

从关于儿童游戏的研究中可以看出，儿童人类学的研究对成人关于儿童所做所想的假设提出了挑战。因此，儿童人类学的研究不仅有助于丰富当前有关儿童研究的理论，也有助于包括实践工作者在内的所有与儿童发展相关的人员反思当下关于儿童日常生活和经验的观点。

正是上述研究，使越来越多的人类学人士呼吁：在研究中，要把儿童当作研究的参与者。国际人类学与民族学联合会儿童、青少年与童年人类学委员会主席比赫拉提出，该委员会成立的初衷之一，也是最重要的目标和意图，就是鼓励那些把儿童本身作为主动参与者的研究，而不是像过去常常出现的那样，仅仅把他们作为研究的对象。[②]

第三，儿童是具体的儿童。

如前所述，儿童人类学关于儿童研究的一个重要视角是文化。需要说明的是，文化视角的儿童研究并非儿童人类学独有。但是，与其他文化视角的研究稍加比较不难发现，其他研究中的"文化"多是宏观的、抽象的，很少涉及具体的文化，而人类学研究的独特之处在于它所关注的是具体的文化，所研究的儿童是具体的儿童，因而它能发现其他研究难以发现的儿童的具体情况。儿童人类学对于儿童发展的各个方面（如认知、语言、游戏等方面）的研究都是非常具体的，因而能够详细地描述所研究儿童的具体情况。

再如，有关我国农村儿童游戏活动的研究发现，玩耍和游戏是儿童期的人生内容之一，是儿童"自己"的事情，因而成人很少进行干涉，成人也认为

---

① 相关内容参见：吴航. 美国儿童游戏研究的文化人类学传统：海伦·斯瓦茨门理论述评 [J]. 当代学前教育，2007（6）：9–11；涂元玲. 村落中的本土教育 [M]. 太原：山西教育出版社，2010：59–73.

② 比赫拉，杨春宇. 国际视野下的儿童权利：介绍国际人类学与民族学联合会儿童、青少年与童年人类学委员会 [J]. 云南民族大学学报（哲学社会科学版），2008（11）：5–10.

"小娃娃不就是耍嘛"①，故尽可能让儿童去玩耍和做游戏。农村地区的儿童游戏有很多基于当地社会生活和生产的特点，有与当地社会生活和生产紧密相关的具体内容，这就很具体地揭示出所研究地区的儿童游戏的情况。

关于具体的儿童的研究，能更有说服力地呈现出儿童生活形态的多样性，以及不同社会文化背景下的儿童的独特性，也能清晰地呈现出儿童的日常生活结构及其赖以形成的社会文化基础，以及不同社会文化塑造不同童年的过程，为其他相关学科的研究及政治上对不同文化下儿童教育资源与教育方式的保护，提供了很好的佐证。关于儿童的人类学研究，也是教师开展学生调查研究的一个重要理论工具。

二、理论对教师开展学生调查研究的作用

概括来说，理论对教师开展学生调查研究具有如下两个方面的作用。

（一）确立分析学生发展问题的视角和基础

理论有助于教师确立分析学生发展问题的视角和基础。例如，人类学研究领域的儿童观对在学生调查研究中以什么样的学生观来分析学生具有重要的启示。人类学研究中的"儿童"在学校领域即"学生"，人类学主张在对儿童的研究中去了解具体的研究对象，这与调查研究的目的是了解研究对象具有一致性。因此，可以借鉴人类学研究领域的儿童观，将学生视为文化之网上的学生、主位的学生、具体的学生。"文化之网上的学生"要求我们在充分了解学生文化背景的基础上研究学生，学生因性别、年龄、阶层、民族等不同属性而具有不同的文化背景，这是研究和了解他们的重要基础；"主位的学生"要求我们从学生主位的视角来研究和了解学生；"具体的学生"要求我们去了解每一个学生的具体情况。

下面以当前家长和教师认为不少学生存在的两个问题为例来做分析。

---

① 涂元玲. 村落中的本土教育 [M]. 太原：山西教育出版社，2010：63-64.

1. 关于学生拖拉问题的分析

"拖拉"在一些家长和老师看来是学生成长中普遍存在的现象。有些教师提出，学生拖拉主要表现在写作业方面，要催学生交课堂作业，也要催学生交课后作业；也有家长认为，孩子爱磨蹭，拖拉情况很严重。但是，从学生主位的视角来分析，可能并不是拖拉。

为什么有孩子爱拖拉——学生小源拖拉的个案研究

小源是名三年级学生，他的学习很让家长和老师头疼，其中一个重要表现就是写作业严重拖拉。他不愿意做作业，需要不断催促，在家做作业经常拖到十一二点。他成绩也不好，在班上一直是后几名。老师和家长试过很多办法，都没有帮他改掉拖拉的毛病。

包括班主任在内的研究团队对小源家长、小源本人和他的老师都进行了调研。家长说："每天就那么点作业，他能磨磨蹭蹭到十一二点，有时还做不完。因此，每天一放学我们就要催他写作业，要不得写到更晚。"

老师表示，小源不仅写作业拖拉，还经常把简单的题做错。老师说他做作业态度不好、不认真，经常被"罚"，例如做错了，就让他抄五遍，要不下次还会犯同样的错。

有一次，班主任不在，另一位老师单独访谈了小源。这位老师问他为什么经常完不成作业，他说了如下原因：一是有不少作业不知道怎么做，虽然别人认为作业不多，但他不会，所以要想好久，有时在想的时候被认为是拖拉，他感到很委屈；二是如果做错了，老师就会罚抄五遍，那样更累，他就害怕做作业，迟迟不想做；三是他总看不到自己进步，就不想做了；四是一回家就做作业，没有一点时间玩，所以妈妈一催他就烦，越催越烦，就越不想做。

首先，家长和教师所谓的"就那么点作业"，是从成人的角度来看的；在小源看来，作业量可能并不小，尤其是其中有些作业对他来说是有难度的，"难"到不会做时，自然做不出来，而这种情况常常被认为是"拖拉"。其次，家长希望他先完成作业再做其他事，小源因不满意家长单方面安排，以不愿意做作业来对抗，而家长看到小源迟迟不做作业，再次提出要求，小源进一步对抗，导致彼此之间矛盾升级。小源是想先玩一会儿，他认为在老师要求交作业之前做完就可以，这与家长的要求不一致，就被家长认为拖拉。最后，"罚"不仅没有成为小源快速做完作业的动力，反而成为他害怕做作业的原因，成为他的一种负担。由此可见，学生与教师、家长从不同角度对所谓拖拉行为的解释是很不一样的。

根据目前对学生所谓拖拉问题的研究，借鉴人类学研究中的儿童观，可以对成人眼中的拖拉现象做如下分析。

有时学生做事慢，可能是因为学生有自己做事的节奏，就如老人做事动作比较慢一样。

有时，由于学生没有意识到问题的重要性或没有形成时间观念，因而出现没有达到大人要求的情况。

有时，因为学生累了，自然出现做事速度减慢的情况。

有的是因为学生对大人的多次提醒产生了抵触，就像成人不满领导的工作安排而消极怠工一样，他们通过所谓拖拉的方式来对抗大人。

有的学生可能是因为作业难度有点大，出现畏难情绪而迟迟不想"动手"，这可能是由于作业本身确实比较难，也可能是相对于他们的学习基础来说比较难。同样一份作业对成绩优秀的学生和成绩比较差的学生而言难度是不一样的，后者畏难情绪更大。[1]

有时是因为有干扰因素，这些干扰因素可能是外在的，也可能是内在的。外在干扰因素如家长玩手机，弟弟妹妹在玩游戏；内在干扰因素如学生自己想去看某本课外书或打游戏等，导致学生在做作业过程中不能集中注意力，出现

---

[1] 针对这种情况，需要给其补课，为他们布置简单一点的作业，帮助他们建立起自信心。

所谓东摸摸西摸摸的情况。

有的学生不喜欢大人安排的学习内容，缺乏兴趣，拖拉就是消极对抗的一种表现，就像成人要完成一件不喜欢的工作时，也可能会通过"拖"来"消极对抗"。

有的学生是缺乏时间观念或不会时间管理，没有紧迫感。

有的学生缺乏学习主动性，没有认识到学习的意义，从一年级开始就没有形成"做作业是自己的事"的意识，有一种"作业与我有什么关系，我为什么要完成作业"的心态，导致到了高年级依然这样。这可能与生活中学生能做的事也被包办代替有关。

有的学生缺乏学习兴趣，本能地不喜欢做作业。

有时，玩对学生更有吸引力，对他们来说，玩比学习更重要，加之学生自主管理能力弱，玩起来就忘记做作业，这也被大人认为是拖拉。

有时，学生做作业时间长，因为累了而出现走神的情况，也被一些家长认为是磨蹭或拖拉。家长的评价容易对学生产生负面影响，学生出现不爱听家长话的情况，对家长的安排越发抵触，即前述的消极对抗通过"拖拉"表现出来。

由此可见，从学生视角来分析，可能会得出与家长或教师不一样的观点。

2. 关于学生学习不认真问题的分析

"不认真"也是当前教师和家长提出的学生中普遍存在的问题。有的教师看到学生坐在椅子上不时动一下，就批评他们上课没有认真听讲："你看看人家都在认真听课，为什么就你总捣乱？"很多家长和相关教育工作者要求学生在学习时要认真，但是却常常发现学生做不到，一会儿去喝水，一会儿东张西望，一会儿要看电视。于是，家长就说："我已经告诉你要认真学习，你为什么还不认真？"有些学生则反驳说："我已经很认真了！"听到这句话，家长容易得出"学习不认真还嘴硬"之类的结论。当然，在表扬一些学生时，他们也经常说："你很认真！"

就学生的学习表现来说，"认真"主要指的是学生的学习态度问题，行为表现是"专注"。那么学生为什么不认真学习呢？或者说，为什么不能专注于学习呢？

在日常教育教学中，进一步的探究比较少。但是在调查研究中我们发现，从学生的视角来看，很多情况下他们并非真的不认真。每个学生的情况不一样，不能把某些相似的行为都看作"不认真"，也不能因为别的学生认真而批评某个学生不认真。

那么，所谓态度不认真的问题，究竟是什么原因导致的呢？除了确实有学生是态度不认真之外，用儿童人类学的理论分析，还可能出于下列原因。

（1）儿童达不到成人的要求

成人把自己的"认真"标准强加给儿童，而儿童出于天性难以做到这样。儿童达不到成人的要求，却被认为是"不认真"。

（2）儿童认知因素的影响

这又分如下几种情况。

一是儿童并没有真正地理解成人所谓的"认真"，或者说成人所提出的"认真"这一词对儿童来说过于抽象。中小学阶段儿童思维在某些方面还处于形象思维阶段，他们难以理解一些抽象概念。没有让儿童真正理解"认真"一词而要求他们认真的话，他们是难以做到的，更无法自主地做到。但是，如果告诉儿童，"认真学习"就是"10分钟内专注于学习内容，没有出现东张西望、看电视等与学习内容无关的行为"，儿童就容易理解了。

二是老师上课讲的内容学生之前已经学会了，因而没有多少兴趣，导致出现所谓不认真的情况。学生可能在课外班学过了，也可能自己通过网络学习掌握了相关内容。如同成人看喜欢的电视剧，看第二遍时没有第一遍投入一样，学生对已经学过的内容再学时也容易出现分神的情况。

三是因听不懂或听得一知半解而不能投入其中，就像对德语一点不懂的人去听一场德语讲座，没两分钟便容易走神一样。

四是认知风格的影响。有的学生上课时可能要不时动动身子，这并不能表明他们不认真，就如同有的学生做作业时习惯听音乐或需要身边有人陪，而有的学生做作业时耳边有音乐或身边有人的话就难以静下心来，这些区别背后有其认知风格的影响。

（3）因生理疲劳，不能集中注意力，被认为"不认真"

生理疲劳可能是由如下几个方面的因素导致的。

一是睡眠时间不够，没有休息好。没有休息好的原因因人而异，当前有以下几种情况值得关注。

①习惯于晚睡。有的学生是自己习惯于晚睡，有的学生是因家人晚睡而跟着晚睡，导致睡眠不够。

②缺乏良好的睡眠环境。如卧室外有声音等导致家里缺乏良好的睡眠环境。

③因做其他事而晚睡。如因上课外班、做课外班作业或沉迷于看课外书、打游戏而导致晚睡。这种情况有时是阶段性的，但若不加以控制，容易形成晚睡的作息习惯，到时就难以矫正了。

上述各种晚睡情况，导致学生睡眠不够，第二天上课精力不济，容易出现生理疲劳而犯困，从而难以集中注意力，出现走神的情况。

二是由于长时间学习，缺乏体育锻炼而导致的一种特殊的生理疲劳。精力和体力旺盛的中小学生，如果没有得到足够锻炼，容易出现"坐着累""坐立不安"的情况。

三是饥饿导致的生理疲劳。例如，有的学生早、午饭没有吃或者没吃饱，还没到下一顿饭的时间就饿了，从而感觉生理疲劳。

四是一些疾病导致的生理疲劳。如因贫血、低血糖或者其他疾病导致身体不舒服，容易产生疲劳感。

（4）情感原因

学生可能对某一学科没有兴趣或对某位教师有抵触情绪，所以听不进去，就像成人对某项工作任务没有兴趣或不喜欢合作伙伴时，就难以全心投入工作一样。在这种情况下，批评学生"不认真"就缺乏针对性，应该去寻找提高学生兴趣的方法。

（5）受既往易分心走神的"惯性"影响

既往易分心走神的情况有很多表现，如玩玩具时容易分心，看课外书时容易走神。有这些问题的学生在上课时容易习惯性走神，不能专注于学习。有些学生习惯性地注意力不集中，这与其学前的成长经历有关。例如，学生在婴幼儿时期在家专注做一件事时，大人不时插话，让其喝水、吃东西等，干扰了其注意力，使其形成了注意力不集中的习惯，这一"惯性"会影响到学习。

（6）外在干扰因素

如教室外的汽车鸣笛声、其他班学生打球的声音等，分散了学生的注意力；教室内其他学生的文具掉到地上发出声音，一些学生也会不由自主地去看，有时就被教师认为是不认真。

（7）本身是特殊儿童

如患自闭症、多动症的学生。这部分学生在学校中所占比例很少，但仍是存在的。

将上述内容绘制成下图。

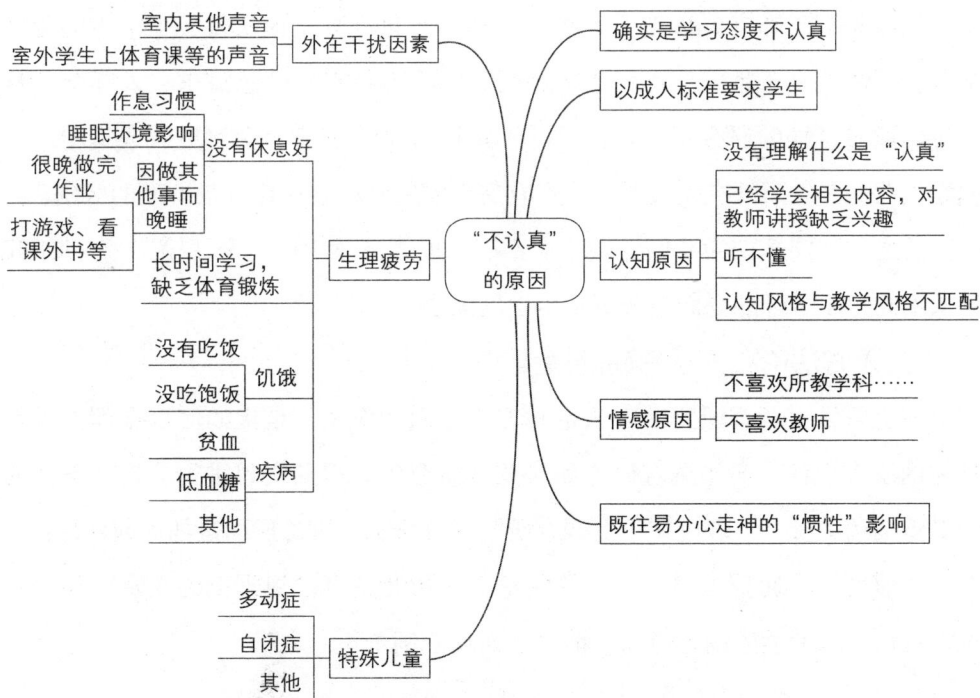

图 3-1　学生学习"不认真"的原因分析

上述情况导致学生出现的"不认真",不同于通常教师或家长说的学生态度方面的不认真,或者说,上述情况是学生表面上出现了"不认真",并不是学生发展中实质上的"不认真"。因此,正如哈德曼所提出的,应当把儿童作为有自己权利的人来研究,而非成人教育的容器。哈德曼指出,儿童人类学的研究"是为了发现儿童是否拥有一个自我调节和自主的世界,以让儿童在人生早期阶段不只是对成人文化做出反应"[①]。帮助儿童主动管理自己的言行,儿童才能真正自主地发展,拥有一个自主的世界。因此,从儿童的年龄特点出发,站在儿童角度来分析他们是否认真,和儿童沟通什么是认真,这是非常重要的。

除了上述两个方面,运用人类学领域的儿童观还可以分析学生发展方面的其他问题。例如,有的家长看到其他家长给孩子报名去上钢琴、奥数、英语等课外班,就也给自己的孩子报名,声称是为了孩子的发展,却没有考虑孩子的个性特征。而文化之网上的学生观、学生主位的视角和具体的学生观,都有助于家长和教育工作者具体地了解每一个学生。只有真正地从每一个学生的角度来分析,才能真正地了解他们的兴趣爱好、认知特点、情感需求、人际交往特点等。通过这样的研究可以发现,并不是所有学生都适合学习奥数或钢琴,不同学生在这些方面既有先天差别,也有后天家庭和社会文化背景方面的区别。

总之,不同理论为我们提供了从不同角度看待学生的"透视镜",有助于我们从不同角度尽可能全面地分析学生发展问题。

(二)方法论和方法层面的意义

理论对学生调查研究的方法论和方法层面的作用,是指如何根据理论进行具体的研究设计,实施调查研究和对调查研究中获得的资料进行分析。下面通过具体实例来看一下理论在学生调查研究的方法论和方法层面是如何起作用的。

如前所述,通俗地说,主位的儿童就是指儿童自己视野里的儿童。如何从这一视角来思考学生调查研究,请看下面这个例子。

---

① HARDMAN, CHARLOTTE. Can There Be an Anthropology of Children? [J]. Childhood, 2001(4): 501–517.

小蕾为什么"不爱看书"?

一、调查研究前对小蕾情况的了解

家长和老师都认为小蕾不爱学习、不爱看书,他们提到小蕾读书的情况时,用得最多的词是"不爱""不喜欢""不认真"。例如,小蕾看书时,还没到5分钟,她就要东张西望,或者要去喝水、上洗手间;即使在看,她也是心不在焉,经常不能认真地看下去。哪怕是别的学生觉得很好看或很有意义的书,如某些大百科全书、儿童版的历史与地理书,小蕾也不认真看。

二、调查研究的设计

1.设计思路

基于人类学理论中关于"主位的儿童"的分析,让小蕾充分地表达自己,了解小蕾自己的看法;根据人类学理论中"具体的儿童"的观点,不把小蕾和其他学生进行比较,而是综合小蕾本人的情况来进行分析。

2.研究目的

了解小蕾看书的实际情况以及她对自己看书情况的思考。

3.具体调查方法

（1）观察法

观察小蕾看书的情况。了解小蕾在哪些情况下看书认真、在哪些情况下不认真,不认真有什么具体体现,受到了哪些因素的影响。

（2）访谈法

访谈小蕾家长和小蕾本人,了解不同人对小蕾看书情况的认识。

在访谈法的使用中,特别注意要提开放式问题,不问具有暗示性的问题。

（3）实物材料分析法

分析小蕾喜欢看的书的具体内容和不喜欢看的书的具体内容,研究小蕾为什么不喜欢看家长和老师指定的那些书。

三、调查研究后的分析

通过对小蕾看书情况的调查研究，研究者发现小蕾看老师和家长指定的那些书时会出现上述"不爱看书"的情况，但她并不是看所有课外书时都这样。例如，她在看马小跳、黑衣公主之类的书时，是非常认真的。在访谈小蕾时，她说她对家长买的历史、地理类的科普书没有兴趣，"看不下去"。

她说她喜欢有点幽默、有点趣味、有故事情节的书，但是，妈妈不给她买，妈妈认为这些书与学习关系不大，甚至还会影响学习。这导致她越发不爱看妈妈给她买的书。

在请她到学校书架上随意选书阅读的过程中，研究者发现她在看自己喜欢的书时很专注，看完后还能开心地介绍书的内容和她的感想。

通过调查研究可知，小蕾还是有自己爱看的书的，只是不爱看家长和老师认为值得看的书。家长和老师是从他们自己的角度对小蕾进行分析和评价的，并没有了解小蕾内心的想法。

儿童主位的访谈让小蕾充分地表达了自己内心的想法，可以发现，其实兴趣是影响她爱不爱看书的一个重要因素。这样，对小蕾"不爱看书"的原因的分析就可以从情感、态度方面转换到兴趣方面。把选择权交给孩子，让小蕾读她自己喜欢的书而不是家长或老师认为重要的书，不仅可以促进小蕾良好阅读习惯的形成，而且能够促进她自主能力的发展。

如这个例子所示，在具体的调查研究中，人类学的"主位"视角会时时刻刻提醒研究者，要从学生主位的视角来设计研究，思考研究的目的、内容和方法，收集研究资料。例如，在运用访谈法进行提问时，不要设计或提诱导性的问题，以防止学生给出迎合性回答，这不利于更加全面、深入地了解学生的具体情况。

综上所述，人类学等领域关于儿童的理论，对于我们理解学生是非常重要的。"儿童"与"学生"是两个既有联系又有区别的概念，"儿童"是更上位的概念，"学生"表征了"儿童"在教育中的地位。但是，由于在教育领域，有时仅将学生看作学习者，看作教育的对象，而忽略了其作为儿童的一些本真内涵。因此，"回过头"看看学生作为儿童的特征，将学生还原为儿童，是很有必要也很有意义的。

当然，除了人类学有关儿童的理论，人文社会科学中关于人的发展的诸多理论，如哲学、心理学、社会学等不同学科中有关人和社会发展的理论，都值得学习，这在学生调查研究中有重要意义。[1]

---

[1]　季苹教授和本书作者等研究者分析了心理学、社会学、人类学等学科中关于自我发展的研究。详见：季苹，崔艳丽，涂元玲. 理解自我：教育文明的基础 [M]. 北京：教育科学出版社，2014.

第四章
教师开展学生调查研究的行动准备

一、方法是第一位的吗

"用什么方法来开展调查呢?"这是在调查研究开始时经常被问到的一个问题。和一线教师谈及开展面向学生的调查研究时,有不少教师一开始也问到这个问题。这就涉及一个值得思考的问题,开展调查研究时,第一步是确定调查方法吗?

理论准备完成后,当然需要考虑开展具体的调查研究的行动准备,涉及确定调查研究的目的、主题、内容和方法等。但是,在提到具体的研究行动时,"方法"并不是第一位的。

在此,有必要先说明调查研究的行动步骤:首先是确定要不要开展学生调查研究,如果确定要做,就要确定调查研究的目的,之后再去确定主题、内容和方法。当然,这个过程不是绝对单向的,但是,是否要对学生开展调查研究以及对调查研究目的的思考应该放在确定研究主题、内容和方法之前(见图4-1)。如同去旅游,在旅游目的、旅游地、旅游中参观的具体景点和交通工具中,首先考虑哪个方面呢? 显然,交通工具不是最主要的,首先考虑的是旅游的目的,其次考虑的是旅游地、具体风景,然后才考虑交通工具。如下图所示:

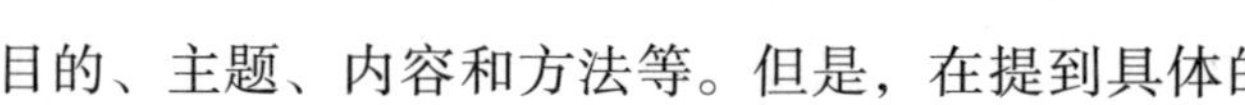

目的 ⟹ 主题 ⟹ 内容 ⟹ 方法

图4-1　调查研究的行动步骤

现实中,常有教师提出"我不会做调查研究,我不知道用什么方法做调查研究",这就如同旅游前不考虑旅游目的而首先考虑选择什么交通工具一样,让人困惑。实际上，想好是不是要做学生调查研究，明确了调查研究的目的之后，主题和方法的选择就有了方向，就没有那么让人困惑了。当然，也有可能根据方法去调整主题和内容，甚至对具体目的进行调整，如同根据交通工具的情况来改变旅游目的地一样。心中有了目的后，即使存在一些困难，我们也有信心和动力来克服困难。所以，在行动层面，首先应该分析是不是要开展学生调查研究，接着确定研究的目的，然后再考虑其他方面。

二、哪些情况下教师需要开展学生调查研究

从理论上来说，了解学生是学校教育教学工作的基础，因此，开展学生调查研究应该成为日常教育教学工作的基础。但是，这样说容易让人产生困惑或有压力，教师可能难以理解如何在事无巨细的日常工作中安排学生调查研究，故下面围绕几点来说明。当然，并不是说除了这几点之外，就不需要开展学生调查研究，而是可以首先围绕这几点来分析。当教师理解和掌握了如何开展学生调查研究，形成了基于了解学生来开展教育教学工作的理念和思维方式之后，自然容易将调查研究、了解学生作为日常教育教学工作的基础。

（一）在学校发展规划的制定中

制定学校发展规划是学校管理工作的一个重要组成部分，也是其他工作的基础。学校管理必须以学生发展为根本目的，不了解学生的管理者不是真正的管理者，甚至没有资格进行管理。因此，了解学生的发展需要是学校管理者的常规性工作和基本功。[①]当学校制定发展规划时，需要开展学生调查研究，以充分了解学生的发展现状和发展需求。

从国际范围来说，优质学校在制定发展规划时，会开展学生调研，了解有关学生的信息，甚至直接向学生了解他们发展的现状和需求。一般在学校制定发展规划时，由学生、家长、教师、学校领导等组成小组，进行研讨。在研讨

---

① 季苹. 学校管理诊断 [M]. 北京：教育科学出版社，2002：31.

中，各方发表观点，提出需求，学校就从中了解了各方意见。例如，在北京京西学校创校之初，在确定学校使命的过程中，就召集了上述几方人员组成小组，经过很长时间的讨论，从 8000 多个词中挑选了"融合、激发、挑战、贡献"这几个词来表述学校的使命。①

接下来以学校发展规划中有关学生培养目标的制定为例来分析。在学校发展规划中，学生培养目标的制定是一项重要内容。顾名思义，学生培养目标即学生朝着什么方向发展。要确定学生朝着什么方向发展，需要遵循"跳一跳，摘桃子"的原则，既不能过高，也不能过低。因此，要制定学生培养目标，首先要了解学生的实际情况，开展学生调查研究是了解学生的有效途径。

《从健康自我出发——八位校长对学生培养目标的再思考》一书呈现了第二期北京市名校长工作室的一些校长是如何在对学生进行调查研究的基础上，基于对本校学生具体情况的分析，来思考本校学生培养目标的。有了这样的调查研究，对学生培养目标的思考就会更加理性和具体，所提出的学生培养目标就更加切合学生发展的实际情况。例如，一所外来务工人员子女在学生中占较大比例的学校提出的学生培养目标包括"有梦想，肯投入；爱干净，有条理"等内容，这就是基于学校学生的具体情况提出的。②

相比较而言，有些学校的学生培养目标与学生实际情况关系不够紧密。当前，几乎所有学校都有自己的学生培养目标，但是要问校长为什么选择这样的学生培养目标或其学校学生培养目标的具体内涵是什么，有不少校长答不上来，甚至有校长明确表示没有思考过。校长都说不明白的话，足以想象学校其他领导与教职员工对于该校学生培养目标的理解程度了。那么，这些学校的学生培养目标从哪儿来的呢？细问下去，可以发现，有的是根据国家当前有关政策和

---

① 来源于北京京西学校创校校长 Robert Landau 先生的演讲。北京京西学校是一所专门招收外籍人员子女的学校。

② 贾全旺. 自我理论指导下的生命教育学生培养目标 [M]// 李烈，季苹. 从健康自我出发：八位校长对学生培养目标的再思考. 北京：教育科学出版社，2013：112-113.

教育改革动向提出的，如"创新人才""国际化人才"等；有的是借鉴某些优质学校的，即看优质学校设定什么样的学生培养目标，就选择同样的学生培养目标；有的是根据某一教育专家的观点提出的。但是，上述几种情况有一个共同的问题，那就是都没有考虑本校学生的具体情况。如果考虑到本校学生的具体情况，就可以发现，国家的政策太宏大了，需要和学校的实际情况结合才能"落地"；优质学校的学生培养目标是针对优质学校学生而言的，对本校学生来说缺乏针对性；教育专家的观点可能是抽象概括的，需要基于本校学生的具体情况赋予其具体内涵。例如，同是生命教育，由于不同学校学生的具体情况不同，其生命教育的内涵就应该有所不同。

总之，面向学生的调查研究能够帮助学校在了解学生的基础上准确、具体、理性地确定恰当的学生培养目标。

（二）在某些重大工作的改进中

当学校或班级改进某些重大工作时，也需要对学生开展调查研究。学校教育教学工作的最终目的是促进学生发展，所以，在学校各项工作的改进中都可以联系学生的实际情况进行分析。因而，开展学生调查研究，了解学生的思考和需求，将使学校工作的改进更能契合学生的发展需求。

例如，在后文中提到的"我理想中的学校"活动[①]中，学生提出的图书馆建设、操场改建、食堂改建、楼间走廊建设等都是学校工作改进中的大事，因此，在这类学校工作改进中，对学生进行调查研究是很有意义的。特别需要提出的是，诸如"厕所内有带门的隔间"这种提议，看起来是小事，但是对进入青春期的初中学生来说，却是件大事。学生提出后，学校能够关注到并加以落实，可提升学生的自我成就感、对学校的认同感、对学校领导与老师的信任、在学校学习的幸福感等。因此，当学校改进某些重大工作时，对学生进行调查研究、

---

① 该活动具体情况可参考第九章"三、参与式活动调查法的分类"中的案例"'我理想中的学校'活动记录"。

了解学生眼里的"大事"是很有必要的。

（三）在阶段性工作前后

在学期开始、学期中间和学期末，学校、年级和班级都可以开展学生调查研究。学期开始，开展学生调查研究有助于学校、教师了解学生的具体情况，在此基础上有针对性地制订工作方案；在学期中，学校、教师可以根据学生调查研究的具体情况做出调整或改进；学期末，学校、教师可以通过调查研究了解学生在这一学期的发展情况，进行总结，并制订下一阶段的工作改进计划。一个班级或一位科任教师，也可以在阶段性工作前后开展学生调查研究，以便更有针对性地开展工作。

例如，某校为提高学生阅读水平，培养学生良好的阅读习惯，给学生推荐了阅读书单，请学生在课余时间进行阅读，并通过家校合作的方式让学生在家阅读。学校领导和教师均认为学校开展的这些阅读活动对学生是有帮助的，学生在活动中能形成良好的阅读习惯，增强阅读能力。但是，在某一学期结束后，经过调查发现，约有一半学生没怎么读学校推荐的书。类似这样的情况说明，在阶段性工作前后对学生进行调查研究是很有意义的。

（四）在重要问题的解决中

在工作中发现重要问题后，可随时开展学生调查研究，以了解出现的问题和具体原因，寻找有针对性的解决措施。例如，在王者荣耀等电子游戏盛行的时候，某小学高年级出现学生普遍玩游戏的情况，有的学生不仅在家玩，还偷偷地带手机到课堂上玩，课下学生也会讨论交流，不仅严重影响了学校教育教学，还对学生学习、身体等方面带来了不良影响。在这一情况下，开展学生调查研究，了解学生玩游戏的现状、原因以及学生相关群体的组织情况，对解决学生玩游戏这一问题是非常有帮助的。有的学校在对学生进行调查研究时发现，学生沉迷于电子游戏的原因是多样的，有的学生正如学校管理者所推测的，玩游戏是因为喜欢游戏或想获得同学认同，但也有意料之外的。有些学生说玩游戏的原因是平时学习和上课外班压力比较大，打游戏能感觉放松；有的学生其实并不是真的喜欢打游戏，但是在家里因父母忙于照顾弟弟，在学校因成绩不够理想被其他同学瞧不起，因而感觉不到现实世界的快乐和幸福，但其在打游戏过程中能够感觉快乐和幸福，所以也开始打游戏。

显然，根据学生打游戏的不同原因能够发现他们的不同需求，进而可以采取不同措施帮助他们走出游戏。

当前学校中普遍出现的新问题，如家里二孩给学生情绪情感带来的影响、小学阶段学生青春期到来的情况、学生玩手机问题等，都可以通过对学生进行调查研究来了解具体情况，寻找解决途径。

（五）处理学生眼中的"大事"时

有些事情对家长或学校领导与教师来说是微不足道的，但对学生来说可能是大事，如下面这个例子中的情况。

为什么调离 T 老师

在一所学校里，T 老师教二年级的一个班，因一些方面出现失误，学校领导在考虑了她自己的意愿后，将她调离原先任教的班级。

三年之后，研究者在访谈这个班的几个学生时，他们提出希望将之前调离的 T 老师调回来，因为和现在的老师相比他们更喜欢 T 老师。关于 T 老师的失误，学生说他们在班上已经和 T 老师说了可以原谅她（学生说到这儿时是情真意切的），可是不明白学校为什么还要将之调走，并且在他们不知情的情况下调来 M 老师。他们认为学校对 T 老师的调离处理是不公平的（说到这儿时，几个学生情绪高涨，很激动）。

可见，T 老师的调离对这个班不少学生产生了重要的影响，导致他们中的一些人对 M 老师比较排斥，这是他们不爱听 M 老师的课、不服从 M 老师管理的一个原因。当然，M 老师没有"赢得"学生的心，与其自身的教育教学方式和管理方式也有关。

在这一案例中，教师的调整对学校领导来说可能只是一桩小事，但对学生来说却是一件大事，尤其是对于那些喜爱 T 老师的学生来说。访谈者后来从学校领导那里得知，T 老师的调离是她自己提出的，但是，学生并不知情，因而以为是学校领导的单方面安排，这使得一些学生对 M 老师一直有些排斥。虽然是 T 老师自己选择离开这个班级，但学校领导应该重视当时学生原谅了 T 老师并想让 T 老师留下来的意愿，并让学生知道 T 老师离开的原因。正是学校对此的忽视导致三年后仍有一部分学生在情绪情感方面有个"结"，也影响了一些学生的学习及对老师和学校的认同。

因此，要善于从"学生角度"来发现他们的"大事"，如餐饮问题、校服问题、发型问题、手机问题等，通过学生调查研究来了解他们对这些事情的看法和他们的需求，在此基础上与学生及各方协商沟通，这样开展学校工作可以更好地帮助学生发展。

（六）在日常教育教学中需要了解学生时

在日常教育教学中，如果需要了解学生某方面的情况，作为"备学生"的一个部分，可以开展学生调查研究，使日常教育教学工作能够落在学生的"最近发展区"，使学生能够"跳一跳，摘桃子"。

确定了在什么情况下要开展学生调查研究，调查研究的目的就比较容易确定了。例如，在"学生调研与学生发展目标"项目中，明确为什么要开展学生调查研究之后，就能明确调查研究的主要目的——根据学生发展情况将学生发展目标具体化并落实下去。确定了这个目的，就可以安排具体的调查工作，并时时刻刻从这个角度来分析学生发展的具体情况及教育教学的改进策略。

三、主题选择与问题设计

根据前文所提到的人类学整体论，学生各方面的发展是相互联系的。例如，学生的学习效率不仅与学习习惯、学习兴趣、学习风格等学习品质及学习基础相关，与其睡眠情况、同学关系、师生关系、在校外的相关学习情况也紧密相关，了解这些方面的情况，有助于教师全面、系统地分析学生的学习效率。因此，了解学生的整体发展情况很重要。

但是，在有些情况下，对学生整体发展情况进行研究不易操作，这时可以选择那些与学生整体发展相关联的主题来研究，并在此基础上来开展进一步的研究。

（一）有关学生发展整体情况的分析思路

1. 从学生发展的普遍性内容进行分析

学生发展的普遍性内容包括哪些方面？可以从我国当前教育方针中提及的德、智、体、美、劳这几个方面来分析，也可以借鉴国际上的相关规定。例如，美国著名的教师教育质量认证机构美国州际教师评估与支持联合会（Interstate Teacher Assessment and Support Consortium）颁布的《InTASC 示范核心教学标准》（InTASC Model Core Teaching Standards: A Resource for State Dialogue），是美国教师专业标准中最重要的标准之一，它在十大标准的第一个标准"学习者发展"中首先总括性地提出：

教师要理解学习者是如何成长和发展的，认识到学习者的学习和发展方式随着其在认知、语言、社会、情感和身体方面的发展以及相互之间的差异而出现不同的情况。教师要定期评价学习者个体和群体的表现，以设计和改进教育教学，满足学习者在每个领域（认知、语言、社会、情感和身体）的发展需求，并为下一阶段的发展提供支持。[1]

这个标准明确指出了教师要了解的学生发展内容，它涉及认知、语言、社会、情感和身体方面。即使教师只调研其中一个方面，也可以与其他维度一起分析。

具有丰富的国际学校领导与管理经验的鲍威尔提出，可以从以下五个维度

---

[1]　CCSSO's Interstate Teacher Assessment and Support Consortium .InTASC Model Core Teaching Standards: A Resource for State Dialogue[EB/OL]. (2019-09-26)[2020-04-02].https://ccsso. org/sites/default/files/2017-11/InTASC_Model_Core_Teaching_Standards_2011.pdf.

了解学生：

生物特性：从生物学的角度了解学生的哪些特点能够使我们最准确地解释学生的行为。

社会影响：为了保持儿童对所受的社会影响的敏感性，诸如经济地位、种族、文化和性别等，我们（特别是我们自己作为教师）需要了解什么？

社会／情感特征：我们如何能够理解、尊重并整合儿童的社会情感特征，从而给儿童提供心理上的安全感，使儿童有归属感并成为班里的一员？

学业表现：学生的学业表现怎样能帮助我们确定儿童的最近发展区，从而创造具有适当挑战的课程？

学习偏好：如何利用学习者的多样偏好以达到所有学习者对课程学习的最大化？[①]

也可以根据教育史上有影响力的教育家的论述来进行分析。之所以看有影响力的教育家的论述，是因为这些教育家的教育主张大多是经过实践检验的。巴班斯基在《论教学过程最优化》一书中提出，对学生进行"教育会诊"时，要涉及以下内容：思想道德修养，社会积极性和劳动积极性，学习态度，主要的兴趣和爱好，规划学习活动的能力，从所学教材中分出主要内容的能力，阅读和书写的应有速度，在学习中进行自我检查的技巧，文化素养，疲劳度，学习的坚持性，学习纪律的自觉性，以及同龄人和家庭的影响。[②]

从学生调查研究的角度来说，上述有关学生发展的普遍性内容可以分为学生发展的具体内容和影响因素两大类别。

2. 从发展的时空分布来分析

可以从时间、空间两个维度来分解研究内容，将研究内容分解为更具体的研究问题。在学生发展中，无论什么内容，都有自己的时空结构，如图 4–2 所示。

---

① 威廉·鲍威尔，欧辰·库苏玛 – 鲍威尔. 如何进行个性化教学：来自国际学校的启示 [M]. 张园，译. 北京：北京大学出版社，2013：37–47.

② 巴班斯基. 论教学过程最优化 [M]. 吴文侃，等译. 北京：教育科学出版社，2001：196.

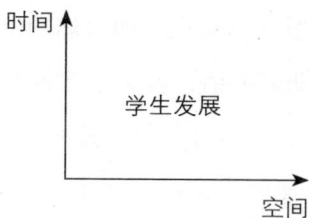

图 4-2　学生发展的时空结构

例如，学生的玩耍与游戏情况，从空间角度进行分析，可以分为校内玩耍与游戏、校外玩耍与游戏；从时间角度来分析，校内玩耍与游戏可以分为课间、午休时、课外活动时等不同时间段的玩耍与游戏，而校外玩耍与游戏可以分为周一到周五的玩耍与游戏和周末的玩耍与游戏。从时间与空间维度将学生玩耍与游戏的情况加以具体化。

下面从时间和空间两个维度进行具体分析。

首先，从时间维度来分析。

学生发展包括过去的发展、现在的发展和未来的发展：过去的发展情况是什么，现在的发展情况是什么，预测未来可能如何发展。在学生调查研究中，对学生过去发展情况的了解包括其先天气质、兴趣与性格，自出生以来的家庭成长环境与教育情况，幼儿园教育情况等。

第一，先天气质、兴趣与性格。人的气质、兴趣和性格是具有先天特征的。从小婴儿哭声的大小、表达需求的方式和对外界反应的不同可以看出，儿童气质是有天生差异的。例如，有的孩子饿了、尿了或不舒服时，哭得大声而急促，而有的孩子则断断续续小声地哭，反应比较温和。

特别需要说明的是，在性格方面，人们通常对外向性格给予了更多正面评价，而对内向性格的负面评价多于正面评价，这是对性格认识不足带来的。内向对于儿童来说并不是后天形成的缺点，而且内向的孩子有自己的潜在优势。①如果成人认为内向本身是有缺陷的话，就会给儿童发展带来负面影响。

一个学生性格偏内向，不爱说话，因此遭到家人的多次批评。这个学生在接受访谈时表示，家人经常批评她内向，这使她非常不开心。为了"纠正"她的内向特征，让她多说话，她父母还给她报了一个相声课外班，希望通过在这个课外班的"锻炼"，她能够变得开朗、幽默、外向。她对这个班的感受是"深恶痛绝""难以忍受"，但迫于父母的压力，又不得不上，为此她很不开心。班主任老师对这个学生的评价是有点自卑，并认为这与其家长对她性格的评价是有关系的。

另一个学生家长对其性格偏内向的孩子也经常做出负面评价，班主任老师后来向其家长推荐了一本关于内向孩子的优势的书，改变了家长的看法，孩子也比之前发展得更好了。

因此，无论是在家庭教育中，还是在学校教育中，顺性而教很有必要。而要达到顺性而教的目的，就需要对学生的性格有具体的了解和恰当的认识，这也是真正地尊重学生、以学生发展为本的一种体现。

第二，自出生以来的家庭成长环境与教育情况。家庭是影响学生成长的重要环境，家庭教育对学生成长有直接影响。刚入小学的学生彼此差异比较大，除了先天气质、性格的原因，家庭环境与教育便是最重要的影响因素了。尤其是对于一些所谓的问题学生，需要分析他们自出生以来的家庭成长环境与教育情况，了解其成长历程。对于这样的"难教"儿童，苏霍姆林斯基有如下论述：

多年的教育工作实践，对儿童的智力活动和精神生活的调查研究——所有这一切使我得到了如下的认识：儿童变得难教，学习跟不上，功课不及格，在绝大多数情况下，其原因都在于他们在童年早期受到的教育和所处的环境。……

---

① 关于内向孩子的优势，可参见：兰妮. 内向孩子的潜在优势：帮助你的孩子在与外界的融洽协调中茁壮成长 [M]. 赵曦，刘洋，译. 上海：上海社会科学院出版社，2017.

如果对这些原因进行调查研究，把它们弄明白了，那么就可以使教育这个强大的手段发挥作用，这正像依靠建立在同样严密的科学基础之上的医学为病人治病一样。[①]

因此，了解学生自出生以来的家庭成长环境与教育情况，对了解和分析学生的发展现状与问题是很有必要的。

"不会表达"的小弘

小弘是一位三年级男生，老师认为他发展中的一个突出问题是不会表达。例如，他有时从家带橘子等水果到学校，想送给老师，他会到老师面前，将水果拿出来递给老师，但是不说一句话，通常也没有什么表情。

校长对小弘的发展也比较关注，有时会专门和他聊几句，因此，小弘与校长也"有点儿熟悉"。有一次，校长在校园里遇到小弘，小弘突然从衣服口袋里拿出一颗糖，递到校长面前，只是"嗯"了一声，没有说其他话，同样没有什么表情。校长告诉研究者这个例子，也想说明三年级的小弘是不会表达的。

小弘在家也有类似情况，他还曾经被家长怀疑智力低下或有自闭症倾向。

包括班主任、校长在内的研究团队对小弘和他的家长分别进行了一次访谈。在对小弘的访谈中，研究者了解了他的兴趣爱好，得知他特别喜欢科幻图书和手机游戏，便请他介绍一款他喜欢的游戏。在介绍游戏时，他眉飞色舞，说得很流利，而且词汇丰富、逻辑清楚。

在对小弘家长的访谈中，研究者了解了他自出生以来的家庭成长环境与教育情况。之所以了解这些，是因为出生后至上学前的几年时间是儿童口头语言发展的关键时期，家庭环境和教育是关键的影响因素。研究者从小弘家长那里

---

①　苏霍姆林斯基. 和青年校长的谈话 [M]. 赵玮，等译 // 苏霍姆林斯基. 苏霍姆林斯基选集（五卷本）：第 4 卷. 北京：教育科学出版社，2001：732–733.

得知，小弘出生后，爸爸妈妈经常不在家，他主要是由奶奶带大的；奶奶比较宠溺小弘，为安全起见，很少带小弘走出家门；除了细心照顾小弘的饮食起居，奶奶和小弘语言交流比较少，也没有关注小弘怎么和别人交流的问题。

从上述访谈情况可以看出，小弘在有些方面是会表达的，如介绍他喜欢的游戏时"眉飞色舞，说得很流利，而且词汇丰富、逻辑清楚"，但在有些情况下小弘则"不会表达"，一个重要原因是他在口头语言发展的关键期缺乏语言环境，与别人沟通交流、表达自己想法的机会很少。因此，改进小弘现状的一个方法是"弥补"其缺失的语言发展环境，为其提供学习表达的机会。实践表明，这些"弥补"措施是很有效的。类似于小弘这样的情况，了解他们自出生以来的家庭环境与教育就很有必要。

第三，幼儿园教育情况。幼儿园教育情况是儿童在入小学前对他们影响比较大的另一个因素。学生在集体中的行为习惯、人际交往情况、自我管理能力等，与其在上幼儿园期间的经历有很大的关系。因此，在分析学生在中小学的学习情况时，尤其是在分析小学中低年级段的学生的发展时，了解他们在幼儿园期间的受教育情况，有助于教师找出问题的原因与解决办法。

下面是对两位家长进行调查时了解到的其孩子在幼儿园的经历。

爱走神的小蓓

小蓓是一位四年级学生。班主任和班级任课老师说她注意力很差，上课专心听讲的时间经常维持不到三分钟，然后就开始发呆或做小动作。小蓓家长向老师反映她在家做作业时也容易出现发呆或其他走神情况。

为了深入了解小蓓走神的原因，包括班主任在内的研究团队进行了课堂观察，访谈了小蓓本人及其学科教师，并对其家长进行了一次深度访谈。在家长访谈中，研究者先是从纵向角度了解小蓓是从什么时间开始走神的。小蓓的爸爸妈妈回忆说，在幼儿园上小班、中班期间，老师没有反映过小蓓走神的问题，在家读绘本时她也很专注；在该上大班那年，家长把小蓓送到了一家培训机构办的"学前班"，让她提前学习小学内容，上课方式也如同小学一样，同时，听说珠心算能提高孩子的注意力，为了让孩子上小学时能更专注，就给她报了一个珠心算班，但是，从那时起，小蓓的注意力反而越来越差，在家也不怎么看绘本了；另外，小蓓对珠心算特别排斥，最后是在家长的强迫和威胁下才学完了。说完小蓓的这段经历，他爸爸问："老师，是不是孩子大了，玩心重了，也知道学习苦，就这样逃避学习啊？"

接着，研究者又从横向角度了解了小蓓在做其他事情时的注意力情况。小蓓父母说，她玩自己喜欢的积木时很专注，能玩一两个小时不走神。

爱下座位的小灿

小灿是一位三年级女生。班主任和班级任课老师说她自一年级开始注意力就很差，上课专心听讲的时间经常维持不到三分钟，然后她就开始做小动作或者下座位，其中爱下座位的情况比较突出。老师采取了多种办法，如用各种方式提醒，将她的座位调至第一排，通过叫她回答问题试图将其注意力拉回课堂，都没有效果。

为了深入了解小灿的情况，研究团队进行了课堂观察，访谈了小灿本人及其他相关教师，也对其家长进行了一次深度访谈。研究者在对家长的访谈中，从纵向角度了解到，小灿在幼儿园期间即有在上课时下座位和在教室里来回走动的情况。家长当时认为小灿这种表现是幼儿期的正常情况，就没有多加干涉。加之幼儿园老师在开始纠正小灿这种行为时因小灿哭闹而没有坚持，"由她喜欢怎样就怎样"。老师上公开课时，为了不让小灿影响上课效果，就把小灿放到其他班级里。这种情况一直持续到小灿幼儿园毕业。

研究者又从横向角度了解到，小灿在家看喜欢的课外书时能集中注意力，但其父母说那些书都是"杂书""闲书",没有价值,因此给小灿买了他们认为适合儿童看的历史、地理、古诗词等方面的"有价值的"书。可是,每次看这些书,小灿就不专心,在家经常看几分钟就到处走动。父母在家时也不喜欢看书,经常在小灿学习时玩手机,小灿也很喜欢玩手机。

从上述两个案例来看,这两个学生注意力不集中的情况与他们的兴趣、上小学之前的经历密切相关。第一个学生小蓓,由于学前班和珠心算班的学习不符合她当时所处的年龄阶段,因此,客观上影响了她的注意力发展,使她形成了上课注意力分散的倾向,进而影响了她上小学后的学习。第二个学生小灿,在上幼儿园阶段没有学习集体活动中的行为规则,缺乏规则意识,甚至养成了破坏集体活动规则的习惯,也影响了她上小学后的课堂行为。家长对她们的兴趣缺乏尊重,在她们做自己饶有兴趣、能专注于其中的事时却"干扰"他们,这也是其注意力发展受到影响的一个重要因素。这两个学生注意力的发展倾向、对课堂纪律和规则的认知与遵守,已经不是她们自己能够控制的了。因此,对她们问题的矫正,仅仅是告知或提醒是难以奏效的,需要从"源头"考虑如何解决问题,寻找有针对性的解决措施。

中小学教师在平时和家长的交流中,可能多是从横向角度了解学生在家的情况,对于学生上小学前的经历,一般了解不多。尤其是随着时间推进,学生年龄增长,年级升高,教师更容易忽略学生上小学前的情况。但是,学生上小学前的经历是影响他们成长的一项重要因素,是教师需要了解的学生发展过程的一项重要内容,而调查家长是了解这方面内容的一个有效途径。

总之,学生的发展是有时间连续性的,当下的发展状况与过去经历是有关系的。因此,了解学生上小学前的成长成历,对于分析其当前问题的成因具有非常重要的意义,是寻找有针对性的解决措施的关键因素之一。

其次,从学生发展的空间维度来分析。

学生发展的空间包括现实空间和网络空间。现实空间包括课堂、学校、家庭、社区；网络空间是随着信息技术发展而出现的影响青少年发展的因素和环境，是指学生上网接触的虚拟空间，包括网络搜索、网络游戏、网络论坛、QQ群、微信群以及网络直播平台等。随着网络技术的发展，越来越多的学生进入了网络空间。根据中国互联网络信息中心 (CNNIC) 发布的第 43 次《中国互联网络发展状况统计报告》，截至 2018 年 12 月，我国网民总人数达 8.29 亿，其中学生群体比例最大，占 25.4%；10—19 岁群体占所有网民的 17.5%；10 岁以下儿童网民占整体网民的 4.1%，比上一年同期高 0.8%。[①] 中小学生对外界信息的吸收能力强，他们只要进入网络空间，无论遇到什么信息，都很容易吸收。因此，要关注网络空间对学生发展的影响。

可能有人会说，小孩子上网玩玩，有必要和教育问题联系到一起吗？当前，由于我国互联网监管力度有限，成人打开一个网页时所出现的热点、广告、新闻等画面或视频，青少年儿童打开网页时同样会出现。网上这些内容良莠不齐，有些学生缺乏辨别能力，很容易受到负面影响。另外，有些学生在现实中遇到一些自己解决不了的问题，上网搜索，也可能会受到负面信息的影响。因此，学生上网的问题非常值得教育工作者关注。

在一次访谈学生时，一位三年级学生介绍说他很喜欢看有关动物的科普内容，有一次看动物科普书时，看到动物交配的内容，他感觉好奇，就上网搜索，结果搜索到很多动物交配的视频，还看到有关人的不雅视频，觉得很好玩，于是经常去网上看。

这个学生在介绍这些情况时，用了"好奇""好玩"这样的词汇，语气和表情上自然中带有一些惊讶，再结合他平时的表现，可以判断他更多是出于好奇而看的。但是，通过对网络的了解可知，他所看的内容中可能有对科学内容的歪解，还有淫秽不堪的画面，这些内容并不适合他看。因此，教师有必要了解

---

① 中国互联网信息中心.第 43 次中国互联网络发展状况统计报告 [EB/OL].（2019-02-28）[2019-06-01]. http://www.cnnic.cn/hlwfzyj/hlwxzbg/hlwtjbg/201902/P020190318523029756345.pdf.

此类网络内容对学生的影响。

网络空间对学生发展有负面的影响，也有正面的影响。具有丰富实践经验的北京十一学校李希贵校长在《重新研究学生的学习》一文中也感慨：信息技术尤其是互联网时代的冲击，让我们感觉学生正变得越来越陌生，在他们身上发生的变化，经常令人不得不"一惊一乍"。仅仅从学生学习的角度看，就有许多值得重新研究的问题。例如，有的学生喜欢在网络学习中超越同伴，他们甚至单科突进，用两个月的时间把某一个学科的内容全部学完，且在网上通过学习检测与过关诊断。这样的学习方式，不同于几年前的教室里的学习方式，如果我们不能及时地了解、把握如此重大的变化，还是想当然地沿袭传统的教学方式，所谓"以不变应万变"，就很容易让学生"揭竿而起"。在今天的校园里，学生因为有了自主学习渠道，所以与老师"讨价还价"，希望不上课、不做作业的越来越多，就是这一问题的集中反映。因而，发动教师、学生，潜心研究身边同学中各不相同、异彩纷呈的学习方式，归类梳理，形成具有规律性的各种学习类型，让老师、学生明了其中的特点，或学习借鉴，或帮助完善，尤其是老师们可以在此基础上调整自己的教学方式，真正实现因材施教，具有重要意义。[①]

总之，来自网络的影响，无论是负面的还是正面的，都在使学生的发展出现变化，教师应该了解这些变化，这样才能真正了解当今的学生。

（二）选择关联学生整体发展的主题

1.为什么选择关联学生整体发展的主题

在实践中，有时对学生发展的普遍性内容进行调查研究时，难以找到具有可操作性的抓手，这时可以选择关联学生整体发展的主题。通过对学生发展中的某一主题进行研究，能够了解学生整体发展的情况。

在选择主题方面，在考虑研究目的的情况下，根据人的发展的整体论，把主题和学生整体发展情况联系起来，对全面和深入地了解学生很重要。具体来

① 李希贵.重新研究学生的学习[J].中小学管理，2015（4）：33.

说，选择这种"关联学生整体发展的主题"有如下几点原因。

第一，无论研究什么具体问题，教师都需要了解学生的整体情况，这样有助于教师从系统和整体的角度来分析具体问题，也有助于教师通过具体问题来发现学生发展中的根本性问题——有时这种根本性问题可能是潜在的，未显现出来。当然，不是说每一个主题的选择都能够关联到学生整体发展的各个方面，那样可能使学生调查研究的工作变得僵化、教条并难以操作，最主要的是有把主题与学生整体发展联系起来的思维方式和研究设计。

第二，对学生发展基本内容的研究如果把握不好，容易导致如下问题：一是研究浮于表面，难以触及学生发展的根本问题；二是因涉及面比较广而显得零散，给系统分析带来问题；三是因研究内容过于概括而缺乏操作性，使教师难以深入了解学生的具体情况。因此，聚焦于主题，通过主题联系学生发展的整体情况，则容易使研究深入、集中和具体。

第三，通过把调查研究的主题与学生整体发展联系起来，可以帮助教师在开展学生调查研究时不断"更新"学生的整体发展情况。如前所述，在当今不断变化的时代，学生之间的差异与变化越来越大，教师需要不时"按下刷新按钮"，不断更新对学生基本情况的了解。因此，让研究主题关联学生的整体发展情况是很有意义的。

2. 如何选择关联学生整体发展的主题

选择关联学生整体发展的主题，即通过对一个主题的研究来分析学生多方面的情况，在实际操作中，就是以之为载体和切入点来对学生进行充分和深入的调查研究。"以之为载体"的意思是，期望通过这个点来了解和分析学生在学校学习、家庭生活、人际交往、体育锻炼等方面的诸多问题，这样，在有限的时间里，调查研究的内容比较容易集中，研究比较容易深入，可以通过对这一主题的研究深入分析学生发展中的根本问题。"以之为切入点"的意思是，可能准备调研的内容不在这一主题范围内，那么，可以通过对这一主题的调研"顺利过渡"到那些不在主题范围内的内容。因此，主题选择是调查研究中的一个关键，即"选题"很重要。

选择研究什么主题，直接决定了研究的具体过程和可能取得的成果。在关联整体的主题选择中，除了整体性之外，还要考虑如下几点。

一是根本性。所选的主题要能够触及学生发展中的根本问题或影响因素，如自我认知、自我发展能力、家庭教育价值取向与教养方式、教师教育教学的适切性等。

二是普遍性。调查研究的主题应是大部分学生中普遍存在的问题，这样可以就一些问题对大部分学生进行调查，提高调查研究的操作性和效率。对不存在相关问题的学生，也可以问问他们为什么没有这方面的问题。通过对这些问题的调查，也可以深入了解这些学生在学校学习、家庭教育等方面的情况。

三是教育性。教师开展研究的最终目的是促进自己教育教学的发展，而不是为了发展自己其他方面的兴趣，或为了满足自己某方面的好奇心。因此，选择的主题是为改进教育教学服务的。

四是可行性，即选择的主题是自己能够研究的，并能通过它顺利过渡到对其他主题的研究。因此，在选择主题时，切忌大而空，研究主题尽可能"小"一点，做到"以小见大"。

五是调查研究的主题具有一定的"有形性"和"相对独立性"，使调查研究容易找到抓手，容易操作。如下文所提到的"课外班"和"课外阅读"都是学生的具体活动，而且有相对的独立性；而"人际交往情况"不具有"有形性"和"独立性"，因为它是附着在其他活动中的，很难将"人际交往情况"的内容具体化。那么，该如何调查学生的"人际交往情况"呢？可以为之寻找载体，如"课外游戏与玩耍"，并选取下面这些具体内容进行研究：

课外你与谁一起游戏、玩耍？

你们一般玩什么？例如，最近一次或几次玩的是什么？

你为什么和他一起游戏、玩耍？一般是谁主动发起的？

你喜欢和什么样的人一起游戏、玩耍？

游戏、玩耍中出现了冲突怎么办?

……

通过对上述内容的调查,就可以分析学生的人际交往情况。

六是伦理性。一切研究不能违背基本的伦理道德。如果研究的主题涉及学生的个人隐私或敏感问题,要进行必要的处理。引用他人的数据资料要使用正确方法进行标注。

3. 关于具体内容的分析

在上述有关主题的部分已经提到过具体内容。可以看出,调查研究的具体内容是来自调查研究主题的。需要对调查研究主题进行分析,确定非常具体的调查内容。调查内容越具体,通过调查研究对学生的了解就越细致、越丰富、越透彻,越接近学生实际情况,越能让学生呈现真实的自我。那么,如何由调查研究主题得出调查研究的具体内容呢?

前述的时间、空间两个维度的分析适用于关联学生整体发展的主题的分析。例如,关于学生课外阅读的调查研究,也可以从时间和空间两个维度进行分析。此外,还可以通过要素分解法进行分析。所谓要素分解法,即通过分解调查研究主题的各个要素来将研究内容具体化。例如,关于学生课外阅读的调查研究,可以选阅读内容、时间、地点等常见的问题进行调查,也可以对上课外班的原因、费用等要素进行调查,这样就能对学生上课外班的情况有更为全面和深入的了解。

以某班学生课外阅读状况的调查研究为例,可以从下面几个方面来分析。

内容:书名及具体内容。

时间:一天或一周内课外阅读的时长以及阅读的时间段。

地点:阅读的地点,如家里、上下学路上、学校等。

原因:选择读这些书的原因。

人物:一起阅读的同伴。

方式:精读或泛读情况,做读书笔记情况。

来源：书的来源，如自己买的、从手机上下载的、自己订阅的、家长买回家的、学校图书室借的、同学之间相互传阅的、其他人提供的等。

引导：家长和教师在学生课外阅读中的引导。

交流：学生之间就课外阅读的交流情况。

自我感受：学生自己对课外阅读的感受，学生对课外阅读与学校学习之间关系的分析。

画问题树或思维导图是一种把调查研究内容加以具体化的好方法。问题树或思维导图既可以由教师一个人画，也可以请学生或学校其他人员一起画。其主要功能是帮助研究者拓宽思路，从多个方面来分析问题。

（三）确定调查研究的具体问题

确定好具体内容后，就要确定调查研究的具体问题。下面举例说明调查研究的具体内容与所要分析的具体问题。

"课外阅读"是对学生学习和生活具有深入影响的一个主题，也是比较容易调研的一个主题，尤其是在问卷调查和访谈中比较容易让被调查者轻松进入状态，因而可以将之作为载体和切入点，对学生进行多方面的深入调研。以"课外阅读"为主题所设计的部分问题如表4-1所示。

表4-1　以"课外阅读"为主题设计的研究内容和具体问题

研究内容	具体问题	拟深入了解的情况及关联学生整体发展的问题
学生课外阅读的具体内容与选择这些内容的原因	你在课余时间看什么书？ 你为什么看这些书？	学生兴趣与爱好
学生对课外阅读的兴趣	你喜欢看书吗？为什么？请介绍一下你最近看的一本书的内容，以及其中让你印象最深的一个方面	课外阅读对学生的影响，学生的阅读态度、阅读能力与收获

续表

研究内容	具体问题	拟深入了解的情况及关联学生整体发展的问题
图书的选择与整理	谁给你选的这些书？ 你看的书中哪些是你自己选择的？ 其余的书是谁给你选的？ 在你家里平时谁来整理图书？	学生的自主管理能力； 家庭教育情况：家里谁管孩子，关注孩子哪方面的发展，教育方式
父母对学生课外阅读的影响	爸爸妈妈给你选了哪些书？ 他们为什么选这些书？ 你的书放在哪里？你有自己的书架吗？	父母对孩子教育的关注情况
学生的课余时间安排	除了看书，你在课余时间还做些什么？分别在什么时间进行？	学生的课余时间安排情况及其对学生的影响，涉及学生发展目标中的其他内容

　　一线教师在做学生调查研究时，还可以将调查研究主题与教育教学联系起来，或者与学校、班级开展的主题活动联系起来，将调查研究渗透到日常教育教学中，这样既有助于了解学生的真实情况，又省时少力，还可以更好地将调查研究结果应用到教育教学中，切实发挥其对实践的改进作用。如上述关于课外班和课外阅读的调查研究，运用访谈法时，既可以利用专门的时间开展正式访谈，也可以在平时的教学实践活动中对学生进行非正式访谈。

　　在"学生调研与学生发展目标"项目的实施过程中，一些学校以"课外班"为主题，来了解学生整体发展的有关情况。下面以此为例来详细分析基于学生整体发展的主题选择。

通过调查学生上课外班的情况分析学生整体发展的研究

一、调查学生上课外班情况的思考起点

选择学生上课外班这一主题来研究学生整体发展情况的一个直接触发点是一次听课活动。这是一节数学课，有个学生小林在课堂上比较活跃，在老师提问时频频举手发言，有时还接老师话茬。当老师要求学生根据课堂教学内容给其他学生出题时，小林出了一道明显超出学校教学进度的题；在出完题请其他学生回答的时候，小林情绪比较高涨；在别的同学答不上来时，小林还流露出些许洋洋得意的神情。可以初步判断，小林上了课外班，他出的题与课外班上的学习内容有关。下课后研究者便访谈了小林，他确认自己出的题来自课外班的学习，但研究者同时发现他对课堂上自己出的题竟然也是一知半解。有些学生听说小林因为上了课外班而出了这道"难题"后，流露出羡慕的神情。

从上述情况以及学生发展的整体论的角度进行分析，可以发现：

第一，小林的课外班学习经历对其学校学习是产生了影响的。学生是带着课外班中的学习成果来到课堂上的，课外班的学习对学生的课堂学习产生了多方面影响，如对小林的知识掌握、学习态度、自我认知以及对班级老师的教学和其他学生的学习等均产生了影响（如图 1 所示）。

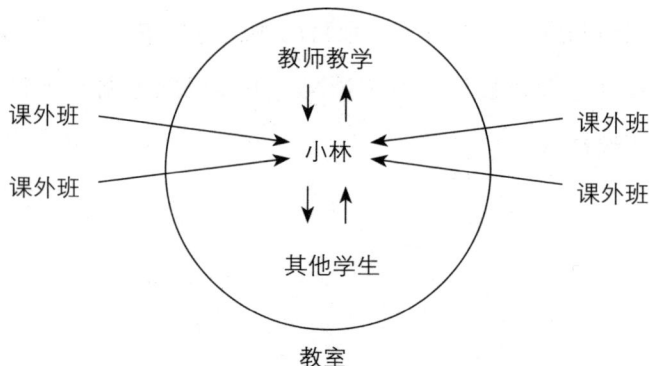

图 1　学生课外班学习对课堂学习的影响

第二，上课外班对小林其他方面的发展也产生了影响。课余时间上课外班，必然会减少小林进行课外体育锻炼、与同龄人玩耍、进行课外阅读、做家务与参与社区活动等的时间。[①] 如图2所示，在学生课外时间既定的情况下，上课外班所占用的时间与做其他事情的时间存在着此消彼长的关系。

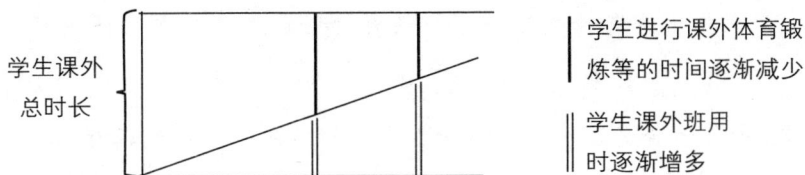

图2　学生课外时间分配情况

第三，学生为什么要报课外班，选择哪些课外班，情况可能比较复杂。但是，即使上课外班是学生自己的选择，也反映了家长的支持，体现了家长的教育价值选择和学生自主发展能力；如果上课外班不是学生自己的选择，而是家长的选择，更能反映出家长的教育价值取向。

因此，在"上课外班"这一主题的调查研究中，研究者可以对学生的家庭教育情况、生活自理能力、人际交往情况、学习情况等进行深入细致的分析（如图3所示）。

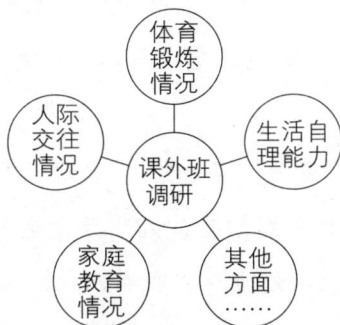

图3　学生上课外班情况调研内容

___

① 上课外班和做课外班作业都会占用学生的课外时间。

基于此，研究者提出开展上述研究。

二、系统地思考将学生上课外班的情况作为调查研究的主题

联系学校的学生发展目标来分析，之所以对学生上课外班的情况进行重点调研，是基于其与学生发展目标之间存在下述联系。

第一，课外班的选择是体现家长教育价值选择和教育目标设定的一个重要方面。

第二，孩子上课外班情况是家长参与项目调研的一个比较好的切入点。基于学校学生发展目标，通过分析学生上课外班的情况，请家长一起参与到孩子的教育中，比较容易操作。

第三，上课外班本身是影响学生在校学习及学校学生发展目标的一个重要方面。

第四，以课外班为载体，可对学生更多方面进行调查研究。研究者在调查研究初始即发现，在对有关学生上课外班情况的调查研究中，可对学生的家庭教育状况、自我生活规划和人际交往等方面一并进行调查研究，即以上课外班的情况为载体，对学生更多方面进行调查研究。

第五，课外班的"有形性"使得调查研究容易操作。如果专门就第四点提到的家庭教育和学生自我生活规划、人际交往等方面进行调查研究，不太好操作，因为这些方面的内容不如上课外班具体，在对学生的调查研究中并不好进行。

第六，学生对上课外班普遍"有话可说"。对班主任、任课教师与学生的初步调查表明，班级中除了极个别学生，大部分学生都在上不同类型的课外班，他们大部分课余时间都在上课外班或完成课外班的作业中度过。即使对于少数没有报课外班的学生，问一问"你为什么没有报课外班""你课余时间是如何安排的""你的作业不会做怎么办"等问题，也可以和学生进行相关内容的沟通。因此，关于课外班，学生普遍"有话可说"。

第七，以"课外班"为切入点，对学生更多方面的情况进行调查研究。之

所以以它为切入点，是因为在有关这一话题的调查研究中，问题比较具体，学生和家长都好回答。例如，问学生：你上了什么课外班？分别在什么时间上？为什么上这些课外班？问家长：你的孩子上了什么课外班？分别在哪些时间段上？为什么上这些课外班？问这些问题容易在轻松的氛围中开启访谈，使得调查研究较快进入正题。以通过访谈法进行调查研究为例，在访谈进入正题后，还可进一步了解家长的教育价值选择和学生的课余时间安排、体育锻炼情况等，甚至面向学生了解其开心或不开心的事，面向家长了解其养育孩子中的困惑。具体如表1所示。

表1　关于课外班的访谈问题示例

研究内容	具体问题	拟深入了解的情况及关联学生整体发展的问题
有关课外班的基本信息	在上哪些课外班？ 课余时间除了上课外班，你还做些什么？	学生的学习兴趣与偏好，学生的课余生活
课外班的时间安排	你都什么时间上课外班？ 没有上课外班时，你的其他课余活动分别占多长时间？	学生的课余时间安排情况，与学生发展目标中各项内容相关的活动所占时间情况
选择课外班的原因	为什么选择某些课外班？ 为什么没有选择某些课外班？ 在选择课外班时，你最看重哪一方面？	家长的教育价值选择 家长对孩子教育的关注情况（关注哪些方面、关注程度如何）
决定是否上（某些）课外班的人员	上某些课外班是谁决定的？ 不上（某些）课外班是谁决定的？	家庭教育方式，家庭中负责孩子教育的主要人员

续表

研究内容	具体问题	拟深入了解的情况及关联学生整体发展的问题
学生自己对课外班的选择与思考	在现有课外班之外，如果让你自己选择一个课外班，你选择哪个？为什么？ 如果没有课外班，做完学校作业后，你如何安排自己的课余时间？	学生的自我认知与自主管理能力

对于那些没有上课外班的学生，课外班问题也是个很好的进行调查研究的载体和切入点。无论是在问卷调查还是在访谈中，面对学生和其家长，问他们"为什么没有上课外班""没有上课外班，课余时间都做些什么，为什么做这些事""作业不会做怎么办，谁来辅导"等话题，既能比较深入地了解学生的家庭教育价值选择、家长对孩子教育的关注情况等，也能比较轻松地开启调查研究，继而提出要进一步调查的内容。当然，所提的具体问题与主题之间要具有逻辑上的关联性，要让被调查者感觉自然，能轻松地回答问题并进入被调查状态。

三、通过对学生上课外班情况的调查研究分析学生整体发展情况的实践操作

下面通过一些例子来说明如何通过对学生上课外班情况的调查研究了解学生多方面的情况（见表2）。

表2 通过对学生上课外班情况的调查研究了解学生多方面情况

问题		学生1	学生2	学生3	学生4	可以分析的内容
以课外班为载体的问题	报了什么课外班？什么时间上这些课外班？	羽毛球、书法、英语	拉丁舞、素描、奥数、国画、英语	机器人、声乐、钢琴	英语、芭蕾、书法、奥数、钢琴	报课外班的具体情况，所报的课外班与学业发展的关系
	为什么报这些（个）班？	妈妈说羽毛球可以锻炼身体；其他的不知道原因	报奥数班是因为周围人都在上；其他的不知道原因	报钢琴班是因为妈妈说要学习一种乐器；其他的不知道的原因	报英语班妈妈说是为留学；报芭蕾班是因为大学加分；报奥数班是因为爸爸说他数学好，希望我也一样；钢琴班是和妈妈商量报的	家庭教育观，学生和父母的关系，学生对自己喜好的选择权
	如果让你在现有课外班之外另报一个课外班，你会选什么？为什么目前没有报这个班？	想报机器人班，现在没报是因为平时没有时间	想报民族舞班，替换拉丁舞班，妈妈没让我报民族舞班的原因是因为我认为我年龄大了	想报围棋班或建筑模型班	游泳班，因为自己容易生病；没报是因为爸爸妈妈没有时间接送，家里还有个小弟弟	学生对自己的认识，以及学生自己对课外生活的支配情况

续表

问题	学生1	学生2	学生3	学生4	可以分析的内容
以课外班为载体的问题 你想自己安排自己所有课外班吗？如果让你自己安排的话，你会报哪些？	不想上课外班，想在家玩（坚定语气）	不想（坚定语气）	自己会报钢琴班和围棋班	芭蕾舞	学生对自己的认识，以及对课外时间与爱好的自我支配情况
以课外班为切入点的问题 除了上课外班，课余时间你还做些什么？	玩，看会儿电视	和好朋友玩一会儿	看电视，看书	在家玩	学生课余时间安排情况
在课余时间你一般和谁玩？	和姥姥玩，同小区无玩伴	和小区伙伴玩	没有人玩，大家都在上课外班	和弟弟（一岁两个月）玩或和爸爸玩，小区小伙伴凑不上	学生课外人际交往情况
你在家都看些什么书？	科幻类的书，还有连环画	漫画类的书，喜欢《丁丁历险记》	《丁丁历险记》《上下五千年》	历史书，《三国演义》	学生的课外阅读情况
如果周末让你自己安排，你想怎样度过？	看电影（现在没时间看），和朋友玩	去图书馆或和妈妈同事家孩子玩	打游戏，去公园玩	跟爸爸学做PPT，和小区伙伴玩	学生对自己的认识，以及对课外生活的自我支配情况，学生与同龄人的交往情况

通过调查发现，有不少学生课余大部分时间都在上课外班，而且课外班多是父母给报的。因为不少学生大部分课余时间用于上课外班，所以他们在人际交往、锻炼身体这两个方面发展不够充分。他们很少有和同龄人玩耍、交流的时间，有些学生缺少要好的朋友，父母也无暇和他们聊天，倾听他们的快乐或烦恼，他们心里有不开心的事时，有时是"和家里的宠物说"或"藏在心里"。因课余时间被课外班占去不少，他们也缺少体育锻炼。我们可以根据学生这些发展情况，以"跳一跳，摘桃子"为原则，确定学校学生发展目标的具体内容和落实举措。例如，人际交往方面的目标就可以确定为"至少有一个好朋友""能主动向其他人表达自己内心的快乐和烦恼"，落实举措是给他们交朋友的时间，给他们提供自我表达的机会。

除了课外班，课外阅读、学生作品、学生兴趣与爱好、体育锻炼情况、玩耍与休闲时间等，既是有关学生发展的重要议题，也能与学生发展的其他方面关联起来，并能通过诸如下述问题的调查触及学生发展的根本性内容：

是你自己选择的，还是别人帮你选择的？

如果是你自己选择的，你为什么这样选择？

如果是其他人（如爸爸妈妈）帮你选择的，或是你与其他人协商选择的，选择的理由是什么？你自己的想法是什么？

如果让你自己选择，你会怎么选？

在这个过程中，让你开心或不开心的事是什么？你会和谁分享？

……

四、检索研究文献

（一）文献检索的意义

检索文献资料，分析他人对此问题的研究，借鉴他人的研究经验与成果，可以为自己的研究提供更坚实的基础。

需要特别说明的是，实践工作者的研究和理论工作者不同。对于理论工作者来说，要考虑自己的研究如何在现有研究的基础上创新和填补空白：有可能他人对自己确定的研究问题已经研究过了，这样就没有研究的必要了；有可能他人做了部分的研究，那么我们就可以在此基础上做进一步研究，或开创新的研究领域，或提出新的观点，或得出新的理论结果等。对于实践工作者来说，创新不作为研究的主要目的，研究的目的主要是解决自己工作实践中的问题。如果借鉴他人的研究成果解决自己的实践问题，即使没有理论创新，仍然是一项有价值的研究。

（二）文献资料的类型

根据文献资料的载体形式，可以将文献资料分为纸质印刷品、电子资料、实物类资料等；根据文献资料的呈现形式，可以将之分为论文、著作、报告等；根据对文献资料的加工情况，可以将文献资料分为一手资料、二手资料甚至三手资料。了解文献资料的载体形式和呈现方式，是为了尽可能查找各种类型的资料，以更全面地把握和运用他人的研究成果。但是，从文献资料的加工情况来说，二手资料或三手资料脱离了原始资料的大背景，可能被误解，也可能被改动，因此要尽量查找一手资料。

（三）文献资料的来源

首先，我们可以通过学校图书室和国家、省市、区县、街道各级公共图书馆进行文献检索。目前，不仅北京、上海等大城市有图书馆，省会城市、中小城市甚至各区县都有公共图书馆，一些城区的街道还有街道图书室，有些社区也有自己的图书室。在图书馆查找资料时，要知道资料的分类号：G4 是教育类资料的分类号，G40 或 G58 等是教育中各具体领域的分类号。

其次，还可以在网上查阅电子资料。如国家哲学社会科学文献中心、中国知网、万方等中文文献数据库，以及 JSTOR、Taylor & Francis Online 等外文文献数据库。如果拥有国家图书馆或部分地方图书馆的账号，还可以在其网站上查找一些专业数据库资料。

另外，一些教育机构的网站上也有有价值的资料，如在中国教育新闻网的

"《中国教育报》数字报刊"专栏可以查找该报多年以来刊载的文章，在人民教育出版社网站的"教学与服务"专栏有关于各学科教材的文章；国内外教育行政组织与相关机构网站上也有许多有价值的资料。

随着新媒体的发展，一些微信公众号也推送有价值的资料，如"教育研究微刊""中国教育之声""光明微教育"等。目前微信系统支持用户在关注的公众号里搜索信息，便于快速筛选出有价值的信息。

（四）文献检索的具体内容与方法

1. 文献检索的具体内容

在文献检索中，可以以篇名、主题词、关键词进行检索。以研究"培养小学生良好的阅读习惯"为例，在中国知网上可以进行如下检索。

先是检索与研究问题直接相关的内容，可以同时以"小学生"和"阅读习惯"作为"篇名"或"关键词"进行检索。如果检索出的内容比较多，可以通过选择数据库的方式进行筛选。

然后，可以检索其他相关领域的研究内容，例如，检索小学生阅读发展规律、小学生习惯形成特点、小学生阅读读物分析等方面的内容。

这些方面的理论研究成果对调查研究中如何分析资料、如何在观察或访谈的过程中捕捉有价值的信息具有重要的意义。

2. 文献检索的方法

顺查法：按时间由远及近的顺序，在课题研究的相关范围内查阅文献。

逆查法：与顺查法相反，按时间由近及远的顺序，在课题研究的相关范围内查阅文献。

引文查阅法：以已有文献所附的参考文献或注释为线索，查找与研究课题相关的文献。这种方法如同滚雪球，可由一份文献获取多份文献，也可称之为"滚雪球法"或"顺藤摸瓜法"。

综合查找法：综合使用各种方法查找文献。

五、选择调查研究的方法

行文至此，涉及调查研究中教师通常最关注的方法层面。如前所述，将方法放在这一步，是因为从逻辑的角度来说，方法是服务于目的与内容的。目的是整个调查研究的方向，指引着整个调查研究的过程。调查研究的方法，取决于调查研究的目的、具体内容以及调查研究对象的具体情况。选择什么样的方法，要根据上述几个方面来确定。此外，有多长时间能够开展调查研究等也影响着调查研究中具体使用什么方法。实际上，上述几个方面确定后，应该选用什么方法也就明确了。如同旅行时确定了旅行目的、具体地点和要看的风景，搭乘什么交通工具就比较好选择了。

特别需要注意的是，在面向学生的调查研究中，由于不同阶段学生的认知发展呈现不同的水平，因此，所使用的调查研究方法也应不同。另外，不同研究方法之间不是相互对立、非此即彼的，各种方法可以相互补充。一般来说，常用的研究方法有问卷调查法、观察法、访谈法、文本分析法等。

就操作层面来说，每一种方法都有具体的操作流程。如同选择搭乘某种交通工具一样，哪里有这种交通工具、什么时间启程和到达、需要多少费用、如何买票、路上需要多长时间、是否需要换乘以及怎么换乘、路途中安全情况如何等细节方面的问题，是需要考虑的。有时，对这些细节问题的考虑还可能反过来修正研究的目的、主题与内容。每一种方法在操作层面涉及的内容较多，后面会分章专门加以论述。

六、制订调查研究计划

由于教师自身工作情况、调查研究的具体情况不同，开展学生调查研究的计划也不尽相同。但是，无论什么样的计划，教师都可以将调查研究与自己的日常教学工作结合起来。教师的学习与他们的日常工作无法分开，他们平时的问题解决过程就是专业学习的一部分。教师对学生的调查研究与他们的日常工作也是无法分开的，要让二者在内容上统一起来，不要将二者人为割裂开。将之有机结合起来的另一个目的是帮助教师节省时间和精力，使教师在日常繁杂的工作之余能够开展调查研究。要制订把学生调查研究与日常教育教学工作有机结合起来的计划，需要从以下几个方面着手。

（一）树立将学生调查研究与日常教育教学工作相结合的意识

1.学校领导要在学校层面把学生调查研究与日常教育教学工作结合起来

首先，学校领导要在学校层面确立把学生调查研究与日常教育教学工作结合起来的思路。只要在学校层面确立这个思路，那么无论是校长等学校管理者，还是普通教师，在做面向学生的调查研究时，他们都会积极寻找二者的结合点，把二者有机地结合起来。

例如，在学校层面确定把访谈学生与班主任日常工作结合起来，班主任在班会活动中就可以开展学生集体访谈，就某一主题引导学生讨论、辨析或进行统计。此外，在家访活动中，把对家长的调查与对学生的调查结合起来，也有助于家访不走形式，真正发挥调查研究在加强家校沟通、促进学生发展方面的作用。

其次，学校领导亲自示范如何将学生调查研究与日常教育教学工作结合起来。校长在工作中可以采用季苹教授建议的办法。

第一，校长每个学期可以确定一个校本教研的主题，围绕这个主题听课；第二，有计划地听5至8位教师的课；第三，在固定听某位教师课的时候，可以与这位教师一起研究1至2个学生，这样既帮助了教师，又使自己的学生研究行为不会越级。一般而言，校长听课主要是"听教师"，可是不了解学生的真实想法，又怎么能判断教师。因此，"听学生"是"听教师"的基础。这样，校长将学生研究纳入自己的常规听课工作中，也就不需要花费更多额外的时间了。

针对特殊事件与教师一起研究学生。学生在校期间常会发生一些特殊事件，教师在解决这些问题遇到困难的时候自然会想到领导，最终可能会"上交"给校长解决。这对校长的教育能力是极大的挑战，却也是校长与干部、教师们共同研究学生，形成教育思想共识的难得机会。①

因此，当学校领导在学校层面把面向学生的调查研究与学校教育教学工作联系起来时，就会在学校工作整体安排上体现这种结合的工作思路，对学校其他管理者和教师也能起到示范引领作用。

2. 引导和鼓励教师把学生调查研究与日常教学有机结合起来

例如，当教师开设一门新课时，他必然要备课，要研究课程标准及教材，要研究学生和教学方法等，这些过程实际上都包含着许多学生调查研究工作，有些工作通过调查研究就能取得比较好的效果。如果提醒、引导和鼓励教师把握这些时机，开展学生调查研究，就比较容易将之与日常教育教学工作结合起来。

实际上，有些教师在日常工作中已经出现学生调查研究的"雏形"，很好地把研究与日常工作结合起来了。例如，一些班主任经常通过个别谈话、多人座谈等方式来了解班里的情况，并对所了解到的信息进行分析，作为改进班级管理的依据，这实际上就是观察法和访谈法的运用。只不过，有些教师这样做时处于无意识状态。那么，如何使教师开展学生调查研究从无意识变为有意识，从零碎的变成系统的，从临时解决问题到根本解决问题呢？这需要引导教师树立长远目标，制订计划并付诸实施。其实，把平时某一项工作有意识地坚持下去，不断改进，慢慢就能成为一名研究型教师。当然，对于初涉研究的教师来说，可能需要较长时间的尝试才能做到这一点，需要不断摸索。但是，坚持下去，一定会有收获。

（二）学生调查研究与日常教育教学工作相结合的具体方法

1. 寻找学生调查研究与日常教育教学工作的"相交点"

寻找学生调查研究与日常教育教学工作的"相交点"，有助于教师将二者有机地结合起来。例如，学生上课举手发言情况可以有效地反映学生的学习主动

---

① 季苹. 关注学生研究之二：校长如何作学生研究 [EB/OL]. （2008-04-22）[2020-03-05]. http://www.jyb.cn/zgjyb/six/200804/t20080422_156457.html.

性、学习困难情况、知识掌握情况和能力发展水平，是了解学生学习情况的一个很好的视角。通过表4-2，就可以把这方面的研究与日常教学工作有机结合起来，在上课的同时完成研究中"收集资料"的过程。

表4-2　学生上课举手发言情况记录表

科目名称：＿＿＿＿＿＿＿＿＿＿　　　班级：＿＿＿＿＿　学生姓名：＿＿＿＿＿

上课时间：＿＿＿＿＿＿＿＿＿＿　　　上课内容：＿＿＿＿＿＿＿＿＿＿

学生举手发言情况	具体时间

注：填表时，可以用简写的方式快速记录。例如，"1"表示有疑问主动举手发言，"2"表示老师提问后立即举手发言，"3"表示老师提问后延时举手发言，"4"表示老师提问后未举手发言，"5"表示针对其他学生发言情况举手发言，"6"表示其他情况。

同样，学生上课走神或做小动作的情况，也能有效地反映学生上课的精神集中程度、学习兴趣和态度等，教师也可以通过类似的方式将其记录下来（见表4-3）。

表4-3　学生上课走神或做小动作情况记录表

科目名称：＿＿＿＿＿＿＿＿＿＿　　　班级：＿＿＿＿＿　学生姓名：＿＿＿＿＿

上课时间：＿＿＿＿＿＿＿＿＿＿　　　上课内容：＿＿＿＿＿＿＿＿＿＿

学生走神或做小动作情况	具体时间

如果教师在一段时间内坚持记录，就能以此为切入点深入了解学生的学习情况。

2.分解研究内容

有些教师有心研究却苦于找不到研究与日常工作的结合点，在这种情况下，就可以把研究内容分解，将研究内容具体化，以此来寻找学生调查研究与日常教育教学工作的结合点。这一方法还可以帮助有着繁重日常工作任务的教师消除开展研究会影响教学的担心，消除一提到研究就"发怵"的心理畏惧。例如，要了解课堂上学生的表现，可以分别研究学生在课堂上听课、发言和做无关活动的情况，发言情况又可分为发言的时间、发言的次序、说的主要内容、是主动提问还是回答问题等，上课随手记录这些信息，或课后马上补充，坚持一段时间，就会对学生的课堂表现有更为细致和深入的了解。

3.随时记录日常教学中的有关信息

教师可以准备一个小本子，随时记录日常教学中的有关信息和自己的感想，这就是收集资料的一种方式，一段时间后对收集的资料进行分析，可能有重要的发现。

在研究过程中，上述策略的施行需要把握两个原则：一是做个有心人，心里时时有"学生研究"这件事，教师的敏感性就会增强，就会留意平时看起来不起眼的问题；二是坚持，一两天的记录只会了解学生零星的情况，对长时间积累起来的资料进行分析才有助于全面深入地了解学生的具体情况。

现代信息技术的发展，给一线教师提供了一些在日常教育教学中开展学生调查研究的好工具。例如，可以用手机随时记录看到或听到的有关学生的情况，文字形式或语音形式都可以，还可以随手拍照或拍摄小视频，记录学生作业情况、学生表情和肢体动作以及学生之间的互动情况。

4.全面研究和个别研究相结合

一个班里有几十名学生，教师要同时对他们进行深入细致的调查研究，这是很难实现的。为此，可以把全面研究与个别研究结合起来。一个具体办法是选择某个有代表性的学生，通过对这一学生某方面情况的研究来推测全班的情况。当然，这种方式无法代替对全班学生的调查研究。但是，在教师的时间和精力有限的情况下，这是一种权宜之计。例如，想了解父母都外出打工的学生在家的学习情况，可以从全班这类学生中选择一个来进行深入研究，了解和分析他每天的生活状况及其对学习的影响，研究的结果在一定程度上也适用于其他父母都外出打工的学生。再如，深入研究一个谈恋爱的学生的心理变化及谈恋爱对其学习的影响，有助于了解当前社会背景下其他谈恋爱的学生。

5. 鼓励教师巧借外力

教师充分地研究教育教学情况的另一策略是巧借外力。即使是只研究一个学生，教师也不可能整天跟着他进行观察和访谈，这时可以借助外力来进行研究。根据不同的情况，"外力"可以来自不同的方面。例如，要开展关于课堂上学生表现情况的调查研究，就需要借助学科教师的帮助。以研究学生打瞌睡为例，可以请学科教师留意某个学生上课打瞌睡的情况，每堂课记录下这个学生"什么时间打瞌睡""睡多长时间"这两个信息，坚持一段时间，就可以深入地分析该生打瞌睡的情况，也可以分析该生打瞌睡的规律，如在哪门课上爱打瞌睡、在第几节课上爱打瞌睡等，以便分析其打瞌睡的真正原因，寻找适宜的解决办法。

再如，在我国广大的农村地区或城乡接合部，小学生和初中生多是自己上下学，老师或家长通常并不能确切地知道学生在上学和放学的路上都做了些什么。当前已经发现有些学生在这段时间去网吧、游戏厅或结交社会上的人，导致他们逃学、成绩下降，甚至做出一些违法乱纪的事。出现上述情况的一个重要原因，是教师和家长没有有意识地或没有办法全面掌握学生早上（和中午）离家、到校和放学离校、到家的具体时间。教师可以请家长和学校保安帮忙，每天记录某个学生早上（和中午）离家、到校和放学离校、到家这几个具体的时间点。不出两三周，便能了解基本情况，然后通过进一步询问学生等方法，了解学生在那段时间究竟做了什么。另外，在这种情况下，请班干部帮助记录也是一种很好的方法。

　　以上是几种将学生调查研究与日常教育教学工作结合起来的方法，学校管理者和教师还可以根据自己工作的具体情况，摸索适合自己的方法，从而既提高工作效率、节省时间，又使学生调查研究能够与学校教育教学工作相结合，真正地实现通过学生调查研究来有效改进工作、促进学生更好发展的目的。

第五章
访谈法：在"聊天"中了解学生

一、认识访谈法

（一）什么是访谈法

访谈法是指通过有目的、有计划地对被研究者进行访问或与被研究者谈话而进行研究的一种方法。它有三个特征：目的是为了研究；有计划地实施；通过采访或谈话进行。

上述三个特征也将作为调查研究方法的访谈法与日常谈话区别开来。在日常工作和生活中，教师与学生、学生家长或其他教师之间有大量谈话，但那些谈话缺乏研究性，有时是一种聊天式的谈话，缺乏目的性、计划性，不能称为访谈。如果要全面深入地了解和分析学生发展情况，需要使用科学的访谈方法。科学的访谈方法需要考虑研究的目的和计划。当然，如果教师设计得好的话，也可以将访谈法渗透到日常谈话中，或者有计划地将日常谈话作为一种非正式的访谈。

（二）学生调查研究中访谈法的分类

1. 个别访谈和集体访谈

根据访谈对象人数的多少，访谈法可分为个别访谈和集体访谈。个别访谈指一次只对一个人进行访谈。集体访谈指同时对多个人进行访谈。集体访谈在我国有另一个称呼：座谈。但是，在非学术研究工作中，一些领导开展某方面调研或在重要节假日召开座谈会，这种座谈不一定具有研究的性质。现实中并不是所有的座谈都可以称为集体访谈，只有具有研究性质的座谈才可以称为集体访谈。

2. 正式访谈和非正式访谈

根据访谈的场合与情境，访谈法可分为正式访谈和非正式访谈。正式访谈是指访谈者和访谈对象说明访谈内容，约好访谈时间，专门就访谈主题进行交谈；非正式访谈指渗透于日常教育教学实践中的访谈，不一定要跟访谈对象专门说明访谈内容、约定访谈时间。

开展学生调查研究时，教师的身份使其和作为访谈对象的学生及家长之间存在着天然的不对等关系。虽然有些教师与学生及其家长已经认识了，甚至比较熟，但是如果进行比较正式的访谈，就会使学生和家长产生明显的警惕或戒备心理。在对其他教师的访谈中，虽然访谈者和被访谈者是同事关系，但访谈的正式性也会让接受访谈的教师产生戒备心理。使用录像、录音等正式的记录手段，也可能会让作为被访谈者的学生、家长或其他教师更为保守地、有选择性地表达自己的观点。尤其是在面向家长或其他教师的访谈中，因为受访者明确认识到自己所说的话会被"记录"下来，很自然地就会产生戒备心理。

如同有一天领导找我们去某个地方谈话，感受到谈话的"正式"性，我们心里多少会想"哪些话该说，哪些话不该说"，这些"该说""不该说"中就有取舍，导致我们在谈话时可能不那么容易表达真实的想法，当有录音或录像时，这种心理会更明显。而如果这位领导是在员工餐厅边吃饭边和我们聊同样的内容，我们的警惕性可能就没有那么高了。这就是访谈正式与否带来的不同访谈效果。

可见，在正式访谈中，学生可能不会完全真实地表达自己的想法；家长会有选择地和教师交流，使得教师对学生及其家庭教育的了解不全面。非正式访谈可以在日常教育教学工作中悄无声息地发生，可以让学生更充分地表达自己的想法，呈现更真实的自我，让教师更全面地了解更真实的学生。在对家长和其他教师的访谈中，也可以让他们减少或消除顾忌，这样我们才能获得真实的信息。因此，教师应尽可能多地利用非正式访谈。

3. 无结构型访谈、半结构型访谈和结构型访谈

根据访谈问题的结构性，访谈法可分为无结构型访谈、半结构型访谈和结构型访谈。结构型访谈是指访谈者提前拟好访谈提纲、确定访谈问题，访谈者根据访谈提纲开展访谈。无结构型访谈是指访谈中没有固定的访谈问题，访谈者给出访谈主题，被访谈者用自己的语言就访谈主题表达观点，其目的是了解被访谈者所认为的重要的问题、他们对这些问题的看法及他们对问题意义的解释。半结构型访谈是研究者在一定程度上事先确定访谈的结构，准备一个不完全固定的、可以根据访谈进行情况随时做出调整的访谈提纲。在学生调查研究中，运用半结构型访谈和无结构型访谈可以让学生充分地表达自我。

4. 直接访谈和间接访谈

根据访谈者与被访谈者的接触方式，访谈可分为直接访谈和间接访谈。前者指的是访谈者与被访谈者面对面交谈，后者指的是访谈者与被访谈者通过电话等工具进行访谈。前者的优势是访谈者可以看到被访谈者的表情、动作、精神状态；后者的优势是可以突破空间或时间的限制，但缺点是无法看到被访谈者的表情和动作。[①] 教师可以根据情况，因地制宜地使用这两种访谈方法。例如，在网络沟通如此便捷的今天，教师可以通过网络方便及时地对家长进行访谈。

5. 一种特殊形式的访谈：家访

家访是教师到学生家里进行调查研究的一种调查形式。家访是通过调查研究了解学生、做好教育教学工作的一条重要途径。苏霍姆林斯基为了研究和教育有问题的学生，不但跟原先教过这些学生的教师交谈，而且经常去这些学生家进行家访，与学生家长甚至邻居交流，以多方面了解这些学生的情况。

虽然我国很多学校将家访纳入教师或学校领导干部的日常工作，但在实际工作中，不是所有的家访都可以视为对学生的调查研究。所以，有必要细致分析作为一种学生调查研究途径的家访。

---

① 陈向明 . 质的研究方法与社会科学研究 [M]. 北京：教育科学出版社，2000：172.

在学生调查研究中，家访的意义在于：第一，家访可以帮助教师对学生的成长环境有一个更直观、更全面的了解，如观察学生家的家居装饰、学生学习与就寝的环境，观察孩子在家的表现等，这些对于教师全面了解学生是非常有帮助的。第二，家访可以帮助教师就某一个学生的具体情况与家长进行专门的、深入的交流。第三，通过家访，在与家长面对面的接触和交流中，教师的教育意识和教育责任感会进一步增强，对学生学习动机、兴趣爱好、交往行为、理想抱负等的社会成因会有更深层次的理解，对学生身心发展的特殊性和个性化教育教学要求会有更加精准的认识，有助于不断提高教师教育教学工作的专业化水平。[1]

例如，一位教师通过家访了解到，一个学生来自这样一个家庭，他的父亲丧失了劳动能力，全家仅靠母亲一千多元的工资维持生计。这给这位教师带来了极大的触动，其教育责任感随之增强。她写道：

在家访回来的路上，回忆着这次家访过程，我的感触很深。孩子在我的班级中可能只是不起眼的三十三分之一，但在每一个家庭中却是百分之百的存在。在家访时，我深切地感受到家长都对孩子寄予了厚望，这也让作为教师的我深深体会到了家长的期盼，深感肩上责任重大。

其实，每个学生在校学习时间都是相同的，智商也相差无几，学习成绩的好坏除了取决于他们是否用功之外，家庭环境和个人学习习惯也是很重要的影响因素。作为教师，我们无法替孩子选择家庭，我们只能选择对来自不同家庭的学生采取不同的教育方式，对孩子多一份关心，多一份鼓励。[2]

以下是另一位普通教师以"了解学生情况"为目的，以"聊天"形式开展家访后的感受和对家访效果的分析。

家访时，到了优秀的孩子家里我会认真倾听，学习他们一些好的教养方式。

---

[1] 石中英. 重申教师家访的教育意义 [J]. 人民教育，2018（12）：38.

[2] 本案例由北京市平谷区第二小学张然老师撰写。

对于出现问题的孩子，我不仅要反映问题，还要透过现象寻根溯源，找到最切实可行的方案来引导孩子更加健康地成长。没有一个家长不希望自己的孩子好，他们对孩子的爱远多于老师对孩子的爱，孩子出现了问题，他们一定也有苦衷。所以我不再苛责家长，而是平心静气地帮他们找出问题所在，帮家长排忧解难，最终达到我们共同的目的。

有了对 40 多个孩子的家访后，通过横向对比，我更加清楚地知道孩子出现问题的根源在哪里，那些闪光点又是怎么出现的。于是，与个别孩子的家长沟通时，我又多了案例的支持，我也能更好地去帮助孩子。

目前，我的家访工作已经完成一轮了，一些孩子和家长发生了明显的转变，我们之间的关系也更加密切了。我深知每位家长的苦衷和每个孩子的不易，更愿意去帮助他们快乐地迎接未来。[①]

这位年轻的教师在工作中通过家访的方式了解学生，在此基础上改进教育教学工作，学生的变化很大，进步明显。从学生的学习成绩和具体表现来说，这位教师的总结是："我们班三年级时语文期末成绩是年级倒数第二；四年级上学期期末，我们班的语文平均分只比第一名差了 0.01 分；四年级下学期期末，我们班的语文平均分不仅位居本校全年级第一，还位居全区第一。我们班本学期得到的流动红旗数量最多。上评优课、公开课和视导时，科任老师都选我们班上课。"可见，通过家访充分了解学生情况，对于改进教育教学、促进学生发展具有重要的意义。

二、访谈法的双重意义

访谈法在学生调查研究中的意义，可以从两个方面来分析：一是作为一种调查研究方法本身所具有的意义，二是作为一种师生互动和教育过程的意义。后者虽然不是调查研究本身的意义，但是教育中的一切过程均具有教育意义，

---

① 本案例由密云市第三小学张晓旭老师在参与"学生调研与学生发展目标"项目时撰写。

对学生的发展会产生影响，也应该加以分析。

（一）访谈法作为一种调查研究方法的意义

使用访谈法开展学生调查研究，有利于研究者更加客观、深入地了解学生，这是切实促进学生发展的前提。只有了解了学生，才能切实地考虑如何满足学生发展的需求。孔子在"因材施教"的过程中了解学生最常用的方法有两种，其中之一就是谈话[①]，用当今研究的语言来说，就是访谈法。

和其他研究方法相比，访谈法的意义具体体现为以下几点。

第一，在访谈中，可以深入了解隐藏于学生内心的一些问题，这是使用观察和问卷调查等方法不易做到的。在访谈中，深入了解学生内心的一个重要策略是"追问"。通俗地说，"追问"是指在学生回答完一个问题后就这个问题继续问下去以深入地了解学生的一些具体情况。下文呈现了一个在学生访谈中追问的例子。

问：你知道爸妈为什么给你报课外班吗？

答：必须报的。

第 1 次追问：为什么必须报？

答：长大有用。

其他学生插话，你一言我一语，说到的共同内容是：在有些课外班上学的已经是五年级、六年级的内容了。

第 2 次追问：五年级、六年级的内容你都学会了吗？

答：有些会，有些不会。

其他学生插话，你一言我一语，说到的共同内容是：不会的话，考试时就蒙。

第 3 次追问：为什么要蒙，而不说"不会"呢？

学生们你一言我一语，说到的共同内容是：说"不会"的话，会挨（家长）

---

① 孙培青. 中国教育史 [M]. 上海：华东师范大学出版社，1992：71–72.

打或受批评，会被说"怎么学了这么长时间还不会"，所以不会也要蒙！

在上述访谈中，通过用学生自己的语言与概念——"必须报""五、六年级的内容""蒙"——进行追问，发现有不少四年级的学生在提前学五、六年级的内容，并发现学生在考试中有"蒙"的情况，还了解到学生"蒙"的原因，以及从中反映出的学生家庭教育的价值取向与教育方式、学生的学习方式与学习态度等。通过对上述内容的分析，可以看出追问的意义。[①]

第二，在使用访谈法的过程中，访谈对象的表情、语气、动作等非言语信息是使用其他一些研究方法所不能获得的，而上述非言语信息中包含着丰富的内容。例如，可以通过学生说话时的语调、语速、表情、神态等全面深入地了解学生，如以下案例。

【案例 1】

通过访谈小娇有关她上课外班的情况，访谈者了解到她周一到周四晚上分别上钢琴、英语、尤克里里的课外班，周五晚上有英语、声乐两个课外班，周六有英语、舞蹈、作文、钢琴四个课外班，周日有奥数班。她一周共有 11 次课外班。

问到对奥数班的感受时，她无奈地说："你们无法理解我这个数学学渣的痛苦，也无法理解奥数班上别人都能答对问题而我回答不上来的尴尬。"

"如果周末没有课外班，你最想干什么？"访谈者继续问道。

"我最想睡觉，睡醒了看一会儿电视，然后再睡觉。"她坚定地说。

"如果还有时间，你想做什么呢？"访谈者追问。

她仍然语气坚定地说："再有时间，我就想自己画画或做手工。"

结合她在以上访谈中说话的语气和表情，再结合她的日常情况——学习中等、身体羸弱、经常请病假、上课时目光有些呆滞、经常犯困、打哈欠，就可以更深入地感受她上述话语中的真实情况。小娇在访谈中的语气和表情是其真

---

① 涂元玲. 培养教师调查研究学生能力 促进教师专业发展 [J]. 中小学教师培训，2019（2）：10–11.

实自我的一个部分。

【案例2】

小南和小北是一对双胞胎，也在同一个班里。他们所接受的家庭教育和学校教育具有很多一致性，两人的发展也有很多共性：成绩中等，性格外向但不够阳光明朗。访谈时，访谈者将两人分到不同的小组。当访谈者提出“如果不报课外班，你如何安排课余时间”这一问题时，两个学生都比较惊讶，随后他们无奈地说：“不报课外班啊，那怎么可以呢？”

其中“无奈”和“惊讶”的语气与表情让研究者印象深刻。他们似乎无法想象没有课外班的情形，这深刻反映了他们对课外班的信赖和依赖。他们这种“无奈”和“惊讶”的语气与表情是在访谈中才会表现出的“自我”的一部分，使用其他方法是很难获得上述信息的。

【案例3】

小蒙是四年级学生，老师和同学一致认为她是个“学霸”。在对她和班上其他三名学生的访谈过程中，研究者发现她的眼神中一直带点“忧郁”。提到课外班和课余时间安排时，研究者问：“你们的课外班是谁给报的呢？”

“妈妈给报的。”小蒙噘着嘴说。

“如果去掉一个课外班，你们会怎么安排这段时间呢？”研究者问道。

“怎么可能去掉呢？!”她无奈地回答。

在之后的访谈过程中，小蒙很少有笑容，经常露出一筹莫展的表情，眉宇间透出无奈。

访谈后班主任老师介绍该生学习成绩很好，有主见。访谈中她忧郁的眼神、“噘着嘴”“无奈”的语气“一筹莫展”的表情，则直观地反映了她对自己上的课外班的态度和感受。

【案例4】

访谈一个班的五位优秀学生时，教师和学生就如下几个问题进行了交流。

“你们成绩好，最主要的原因是什么？”教师问。

"上课好好听讲!"学生们几乎不假思索又异口同声地说,语气轻快。

······

"你们作文写得好的原因是什么?"教师又问。

"多看书啊!"这几个学生又是不假思索又异口同声地说,语气轻快。

上述交流中非言语信息承载着很多内容:"不假思索"反映学生的这些感受发自内心;"异口同声"反映了上述回答是学生们未经商量的共同想法;"轻快"既反映了学生回答的内容是他们的真实感受,也反映出他们在学习中感到比较轻松,很受益于"上课好好听"和"多看书"。

需要指出的是,在访谈其他学生的过程中,也多次出现"不假思索"和"异口同声"。当问上课外班的学生"如果没有课外班,只有学校老师布置的作业,其他时间让你自己安排,你会做什么"时,学生们多次"不假思索"和"异口同声"地说:"玩啊!"这里的"异口同声"同样反映了这一回答是学生共同的想法,"不假思索"也反映了学生们的共同心声:对"玩"的渴望。这些非言语信息所体现的内容是使用其他调查方法难以获取到的。

上述几个例子说明,在访谈过程中,教师可以与学生面对面地互动,在其中可以获得包括眼神、表情、语气、语速等在内的丰富的信息,这些信息可以更加真实、立体、全面、深入地呈现被调查者各方面的情况。研究者在访谈中关注这些信息是很有必要的。贺晓星教授指出,在运用深度访谈时,研究者转录的"必定不是原始的音量、音质、音频,而是字义"[1],也就是说,要关注访谈中音量、音质、音频所体现的信息。

因此,要特别关注被访谈者言语之外其他方面的自我呈现:音量、音质、音频,神态、表情、身姿、手势、衣着等。这也说明,相比问卷调查、文本分析等研究方法,访谈法能使研究者获取更多有关被调查者的信息。

---

① 贺晓星. 教育中的权力—知识分析:深度访谈的中国经验 [J]. 北京大学教育评论,2014(4):96.

（二）访谈作为一种师生互动和教育过程的意义

在面向学生的各种调查研究方法中，访谈法除了作为调查研究途径之外，还有独特的意义。访谈不仅是一种研究方法，还是访谈者与学生进行的一种互动，是一个充满教育意义的过程。

第一，访谈可以让学生充分地表达自我。访谈是让学生充分表达自我的一种途径，可以让教师了解学生的"自我"是什么样的。这也是切实落实以学生发展为本的理念的一个重要条件。

在访谈中，教师倾听学生的言说，会改变教师既往对学生的认识，也会改变教师的学生观和教育观。如有教师提到，以前总认为学生在上课时不认真听讲，学习态度不认真，通过访谈了解学生的具体情况后，发现所谓的"不认真"背后有各种原因，多数都不是学生主观故意的。因此，之后学生有什么问题，该教师都不再直接教导学生，而是让学生自己先说。

使用访谈法的教育意义，还可以从下面这个"花絮"来分析。

访谈结束后，有不少学生不愿意离开，要求继续访谈，有时甚至强烈要求接着访谈。"下次是什么时间"是研究者在访谈结束时经常被问到的问题。

实际上，学生期待的不仅是访谈本身，更是这种自我表达的机会。

第二，面对面的交流会改善师生之间的关系。如前所述，调查研究作为一种师生互动的过程，对师生关系会产生影响，这一点在访谈过程中得到了很好的体现。访谈是面对面的言语交流，访谈者与被访谈者之间有充分的互动。访谈中教师的倾听能让学生感受到教师对自己的关注。如果教师在对学生的访谈中能够注意倾听学生，让学生充分表达自我，将对学生的发展产生多方面的影响。

首先，教师更能意识到倾听学生的重要性。通过访谈，教师可能发现学生有很多他们不了解的方面。例如，学生上课不认真听讲，可能是因为他们在课外班上提前接触①了老师所讲授的内容，在课堂上没有那么多"新鲜感"，难以集中注意力；有些学生上课爱接话茬，也可能是因为他们在课外班上提前学了，知道老师要讲什么而忍不住说出来；有的学生周一上课就打瞌睡，原因是周末上课外班，一个连着一个，太累了。以后，再碰到类似情况，教师可能就不会再责备学生了。上述事例中的教师也感悟到，如果学生有什么问题，要先听学生"说说原因"，而不是直接就教育学生。在听学生说原因时，教师比以前更有耐心了，因为他们深知倾听学生的重要性。

其次，访谈中教师能倾听学生，而倾听会改变学生对教师的态度，让学生更加信任教师，愿意在教师面前充分地表达自我，把心里话说给教师听，这反过来又进一步增加了教师对学生的了解和理解，形成了良性循环。

学生对教师的信任能够改变师生关系。哈蒂的研究表明："积极的师生关系对于学习的发生是至关重要的。这个关系涉及向学生展示教师关心他们的学习……这样就激活和促进了在课堂里建立一个更温暖的社会情感氛围、鼓励学生努力学习和促进所有学生参与的力量。"②调查研究学生的经验表明，访谈中的大部分学生在访谈结束后会主动和老师聊以前不聊的事，原因是老师能够倾听他们了。教师注意倾听学生，又会使学生更加信任教师，这就形成了良性循环。

经过访谈，研究者与学生之间不再是单纯的调查者与被调查者的关系，研究者自己的体验、思考、情感等都融入了访谈中，与被访谈者之间产生了情感联结。

第三，访谈对提高学生学习兴趣、学习成绩会产生直接影响。开展学生调查研究之后，教师对学生更加了解，能够对学生开展更有针对性的教育教学，这对提高学生的学习兴趣和学习成绩是有正向影响的。通过访谈法来进行调查

---

① 此处不用"学会"而用"接触"，是因为有些学生只是接触到学习内容，实际上并没有真正学会。

② 哈蒂. 可见的学习：对 800 多项关于学业成就的元分析的综合报告 [M]. 彭正梅，邓莉，高原，等译. 北京：教育科学出版社，2015：149.

研究，在这一方面的影响更突出。与通过其他研究方法进行调查研究不同的是，其他研究方法通常需要在调查后对资料进行分析，并在此基础上寻找改进教育教学的一些途径，而通过访谈法进行调查研究，访谈本身就可能对学生的学习产生显著的影响。在实践中，访谈后经常会有之前很少与教师交往的学生主动向教师咨询学习中碰到的问题，或问班级中有什么自己能做的事，这反映了这些学生对师生互动有了积极的意愿。

当然，不是所有访谈都有上述意义。有些访谈就像"说教"，有些访谈中学生给出的是迎合性回答。尊重学生、以学生为本的有效访谈应做到两点：一是访谈中注重倾听，不对学生进行评价，而是让学生充分地说；二是访谈中持学生主位立场，问开放式问题，尽量不问封闭式的、带有导向性的问题。后文将对这两个方面进行详细分析。

当然，访谈法也存在一些局限。了解访谈法在学生调查研究中的意义，同时也了解其局限性，才能更恰当地运用访谈法，知道什么样的内容、什么样的学生适合用访谈法来进行调查研究。访谈法的局限性体现在如下几方面。

第一，比较费时。一次只能对一个或几个学生进行访谈，一般至少需要半小时才能对访谈问题进行充分的交流，与同一时间可以对成百上千或更多学生进行调查的问卷调查法相比，访谈法比较费时。

第二，面对部分学生访谈效率不高或难以开展访谈。对于下面两类学生来说，运用访谈法进行调查研究存在着效率不高或难以开展的情况。第一类是不愿意或不喜欢用语言进行交流的学生。这类学生又分为两种情况：一是处在自我意识发展比较强烈的阶段，突出的是青春期阶段，他们平时就不愿意与父母或熟悉的师长进行语言交流，更别提与访谈者进行语言交流了；二是因性格因素不愿意或不喜欢用语言进行交流的学生。第二类是口头表达能力有限的学生。这类学生又可以分为如下四种情况。

一是由于生理原因导致口头表达能力受限的学生，如口吃的学生以及因舌系带问题吐字不清的学生。在有限的时间内，与这些学生交流获取的信息量明显比其他学生少。

二是由于年龄的原因，有些学生口头表达能力还没有发展好，如幼儿园和小学低年级的学生普遍处于这样的发展阶段。虽然有些学生在这个阶段口头表达能力很强，但是更多的学生在这一阶段口头表达能力有限，常常答非所问、词不达意，还容易跑题、抢话、走神甚至做其他事，使得访谈的效率很低。这是学生的年龄特点导致的，是客观的原因，难以改变。

三是不善于口头表达的学生。每个人都有自己擅长的表达方式。访谈法主要是通过口头表达的方式进行调查研究，有的人在接受访谈时能够侃侃而谈，而有的人却不善言谈。

四是普通话运用能力有限的学生。这类学生主要为小学低年级段的外来务工人员子女，他们受家庭影响，说话带有方言。[①]

针对上述几类学生，在调查研究中，不要把访谈学生作为唯一的调查途径，而要结合其他途径与方法进行调查研究，如通过访谈学生的家人、观察、文本分析等方法进行研究。

（三）对于一些特殊学生，如何发挥访谈法的双重意义

对那些口头表达能力有限的学生以及不愿意或不喜欢用语言进行交流的学生，如果研究者尤其是学校领导和老师不让这些学生接受访谈，这些学生很可能"有想法"，感到自己被忽视了，可能会对学生的发展产生负面影响。因此，不让其参加访谈的方法不可取。

那么，具体怎么办呢？对于口头表达能力有限的学生，如果是个别访谈，可以精简问题，有些问题可以通过其他方式来了解。如果是小组访谈，要注意以下几点：①和其同一小组的其他学生至少对其没有敌意，如果有能够与之友善相处、对这些学生比较了解或可以补充这些学生所说内容的其他学生与之一

---

① 这类学生普通话运用能力有限的原因主要是他们在学前阶段接触普通话的机会比较少。他们进入小学后，一般能比较快地学会普通话，故到二年级及更高年级，这样的问题基本就没有了。

组则更好；②同一小组的人数可以比其他组少点，给这些学生安排更多时间，可能的话，这一组访谈的时间安排得长一些，给这些学生更多的表达时间。

对于不愿意或不喜欢用语言进行交流的学生，不要直接请他们接受访谈。教师首先要反思他们与自己的关系，看是不是关系不够好而导致他们不愿意与教师在访谈中进行交流。无论多么不善于或不喜欢交流，如果没有口吃或其他生理障碍的话，学生多多少少都有与关系亲密的人进行交流的可能性。因此，他们不接受访谈，或许是关系还没有"到那个份儿上"。访谈者可以先反思和改善与他们的关系。

此外，可以采取一些方法巧妙地吸引他们参与到访谈中。首先，可以将他们安排到小组访谈中，小组中有善于言谈、能带动交流气氛的其他学生，如果有其好朋友则效果更好。也可以让这样的学生说说他愿意与什么样的学生一起参与访谈，并参考其意见来安排访谈小组。与他人一起参与访谈，在他人的带动下，这些学生可能会打开"话匣子"。当然，这样安排，可能有些学生仍然不愿意接受访谈，这时也不要勉强，否则即使他们参加，也未必能让教师获取期望获取的足够真实的信息，更主要的是，这也违背教育的意义。其次，可以进行非正式访谈。教师可以在日常的教育教学活动中，在课间活动、放学前等时间与学生通过"闲聊"的方式进行非正式访谈。最后，可以抓住一些重要事件进行访谈。例如，在这些学生考试成绩比较突出时，有意了解其学习经验，在这些学生与其他学生发生矛盾时，借此机会与他们多"聊聊"。有时还可以等待一些时间，等这些学生看到其他学生与老师"聊天"后的反应时，可能会自愿与教师交流，主动要求参与到访谈中。下面例子中的学生就是这样。

小常的转变

小常是一名六年级学生，在班上各方面表现都不错。包括班主任在内的研究团队计划对他们班所有学生进行访谈，但本着学生自愿的原则，让愿意参加访谈的学生自己举手报名，班主任老师将举手的学生进行分组。开始时，举手报名的学生并不多，但随着已经接受访谈的学生反馈说和老师们聊天"很愉快""很好玩"，越来越多的学生报名参加访谈。

但是，班上有四名学生一直没有表示要参加访谈，小常就是其中一名。他平时其实非常活跃，在班上人缘很好，各方面表现都不错，成绩优秀，没有什么在访谈中不好回答的问题。后来，班主任老师私下问这几名学生是否愿意参加访谈，他们都表示不愿意，小常的观点尤其明确。当然，小常平时也很有主意，清楚自己想做什么、不想做什么。研究团队尊重他们的意见，在对全班其他所有学生都访谈后，没有对这四名学生进行访谈。

过了一段时间，因研究的需要，研究团队考虑对部分学生进行第二轮访谈。当老师在班上提出这个安排时，小常很快就举手要求参加。

在访谈中，小常侃侃而谈，和研究者交流很深入，访谈很顺利。访谈结束后，小常还表示很喜欢这样的访谈，希望下次还能作为访谈对象接受访谈。

从小常前后的变化来看，他之前不愿意接受访谈是有原因的。对于已经是六年级学生的小常来说，如果强制安排他接受访谈，他所说的话就可能不是发自内心的，使研究者获取的信息不真实，而且还可能影响他和老师之间的关系。但是，第二轮访谈时，他积极举手报名，说明他已经想清楚了为什么参加。他的变化，可能与第一轮面向全班学生访谈时老师没有强制他有关：正是由于老师没有强制他，反而让他更信任老师，卸下了自己的戒备心和防御心，这对访谈顺利、深入地进行也具有重要的促进作用。因此，面对不愿意参加访谈的研究对象，等待也是一个策略。

当然，在第二轮或第三轮访谈中，可能还有学生不愿意参加，这时，研究者依然不要勉强他们。可以通过其他方法对学生进行调查研究。对不喜欢或不愿意用口语表达的学生，可以通过其他渠道让他们表达内心的想法，如画画、写作、唱歌等。此外，还可以借助观察、文本分析以及访谈其好友或父母等方式来了解这些学生。

三、访谈中的问题设计

当我们根据研究目的和研究内容确定访谈内容后，就要着手设计访谈问题、确定访谈提纲了。其中，访谈问题的设计包括两方面的内容：一是具体问题，二是问题之间的结构关系。

（一）设计访谈问题

在设计访谈问题时，要考虑如下几点。

第一，问题明确而不抽象。

抽象的问题不好理解。如果访谈对象在理解问题时出现偏差，就容易答非所问，影响访谈的有效性。

例如，在小品《昨天 今天 明天》中，崔永元扮演的主持人向赵本山和宋丹丹扮演的被采访对象"大爷"和"大妈"提问时，一开始问的问题就有些抽象，请看下面的小品实录。

主持人：今天的话题是"昨天、今天、明天"。我看咱改改规矩，这回大叔您先说。

大爷：昨天，在家准备一宿；今天，上这儿来了；明天，回去，谢谢！

（乐队奏乐）

大爷：挺简单。

主持人：不是，大叔我不是让您说这个昨天，我是让您往前说。

大妈：前天，前天俺们俩得到的乡里通知，谢谢。

主持人：大叔大妈呀，我说的这个昨天、今天、明天呀，不是昨天、今天、明天。

大爷：是后天？

主持人：不是后天。

大妈：那是哪一天呢？

主持人：不是哪一天。我说的这个意思就是咱……这个……回忆一下过去，再评说一下现在，再展望一下未来。您听明白了吗？

大爷：啊——那是过去、现在和将来！

大妈：那也不是昨天、今天和明天呐。

大爷：是，你问这……有点毛病。

大妈：对，没有这么问的。

上述对话中出现笑点的原因是，提问中的"昨天"并不是明确的"昨天"，而是指"过去"，"昨天"这一指代比较抽象，以致"大爷""大妈"未能理解"主持人"的意思，自然就会答非所问了。在教师运用访谈法来开展学生调查研究时，要注意避免此类问题。譬如，在访谈家长时，问："您孩子社会性发展很好，您在这一方面是如何培养孩子的呢？""社会性"这个词对家长来说可能比较抽象，不好回答，也可能导致家长因理解有偏差而"答非所问"。因此，需要将抽象的问题明确化，提出明确的问题。

那么，如何提出明确的问题呢？首先，需要站在被访谈者的角度来提问题，要考虑他们的知识范围、认知与理解能力、社会文化背景等，避免只从自己专业的角度提出所谓的专业问题。其次，在问题编制出来后，可以进行试访谈，了解一下被访谈者对问题的理解情况。

第二，问题具体而不概括。

通俗地说，"概括"就是所提的问题比较大，从被访谈者角度来说，可能不好回答。为了让被访谈者更好地回答问题，需要把概括的问题具体化。例如，在前述的小品《昨天 今天 明天》中，当"主持人"将"昨天"换成"过去"进行提问时，"大爷"和"大妈"的回答仍然没能回应提问者的提问意图。出现这种情况，不能说"大爷"和"大妈"的回答有问题，问题依然出现在提问者那里，"过去"一词太概括。"主持人"后来将这一问题具体化为"你们是哪一年结的婚"，然后再问谈恋爱和结婚时的具体情况，得到的回答就与提问相对应了，因为这些是非常具体的问题，很容易回答。

如果结合前述内容，将这一提问过程梳理一下，问题的变化是这样的（见图 5-1）。

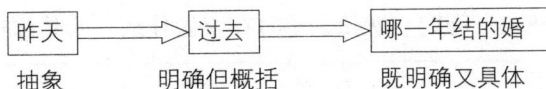

```
┌────┐      ┌────┐      ┌──────────┐
│ 昨天 │ ───▶ │ 过去 │ ───▶ │ 哪一年结的婚 │
└────┘      └────┘      └──────────┘
 抽象        明确但概括      既明确又具体
```

图 5-1　问题从抽象、概括到具体的变化过程

在访谈中，如果是概括性问题，可以请被访谈者举例说明，被访谈者就比较容易回答了。如"你每天放学后在家里都做什么"这个问题相对比较概括，而将之改为"你每天放学后在家里做什么，例如，昨天做了什么"，便是通过"每天"中的具体一天"昨天"来使问题具体化。再如，面对"除了上课外班，你在课余做什么"或"你的课余时间是如何安排的"这样的问题，学生可能不太好回答，因为问题比较概括。可以将这一问题具体化为：以最近一周为例，你在课余都做了些什么？以最近一周为例，你的课余时间是怎么安排的？你最近两个周末都做什么了？

当然，要注意分析的时候不能仅关注学生对这些具体问题的回答本身，而是要通过这些问题深入分析下去，触及更深层、更进一步的问题。例如，有学生说"我周末去科技馆了"，有学生说"我和爸爸妈妈一起去看鸟了"，在访谈过程中可以追问：为什么去？和谁去的？经常去吗？感觉怎么样？也有学生说"我只想休息，不想做其他事了""我只想躺床上睡觉，看看手机"，可以进一步追问：为什么不出门玩？这样可以帮助访谈者深入了解学生更多方面的情况。

结合前述有关调查研究问题的分析，可以归纳出两条将问题加以具体化的路径。

第一条路径是时空维度的分解。从时间的维度来说，可以分为三个层次：第一个层次是把时间进行分解，如把"在家时间"分解为周一到周五、周末、节假日、寒暑假；第二个层次是问最近的情况；第三个层次是问之前某一时间的情况。

下面以表格的形式呈现了家长访谈中"您孩子平时在家做什么"这一问题具体化后的表述（见表 5-1）。

表 5-1　问题"您孩子平时在家做什么"的具体化

概括的内容	具体化的内容		
	层次一	层次二	层次三
"在家"	周一至周五	最近的周一至周五	上一个周一至周五
	周末	最近的周末	上一个周末
	节假日	最近的节假日	上一个节假日
	寒暑假	最近的寒暑假	上一个寒暑假

概括的问题	具体的问题
您孩子平时在家做什么？	您孩子周一至周五回家后一般做什么？
	您孩子在周末一般做什么？例如，刚刚过去的这个周末他都做了什么？
	您孩子在节假日一般做什么？例如，最近的十一、元旦或五一假期他做了什么？
	您孩子寒假、暑假在家做什么？例如，最近一次的寒假或暑假他在家做了什么？

第二条路径是内容角度的分解，即把概括的问题分解成若干个更具体的内容。如表 5-2 中其实就是把问题"您或其他家人是如何辅导孩子学习的"加以具体化，分解为做作业、学习习惯、自主学习能力、课外阅读几个方面。

表 5-2 问题"您是如何辅导孩子学习的"的具体化

概括的问题	具体的问题
您是如何辅导孩子学习的？	谁辅导：孩子作业不会做时，主要是由谁辅导？
	如何辅导：您或其他家人具体是如何辅导孩子做作业的？请举个例子，如最近一次的情况。
	关于学习习惯培养：您或其他家人是如何培养孩子学习习惯的？如按时做作业的习惯、检查作业的习惯等。
	关于自主学习能力：您或其他家人是如何在辅导孩子学习的过程中提高孩子自主学习能力的？

第三，问题开放而少封闭。

有教师在访谈学生时提出这样的问题：

你的课外班都是妈妈给你报的吧？

妈妈希望你多学一点，所以给你报了这样的课外班吗？

针对这种问题，面对提问者——教师，大多数中高年级的学生甚至有些低年级学生可能给出迎合性的回答"是的"。这种肯定性回答，可能与事实一致，也可能与事实不一致。如果与事实不一致，则给教师客观了解学生带来了障碍。出现这种情况的原因之一就在于这种问题是封闭式问题。所谓封闭式问题是指有固定回答格式的问题，如对前述两个问题的回答要么为"是的""对"，要么为"不是""不对"，或者在有些情况下为"不知道""不清楚"。与封闭式问题相对应的是开放式问题，指没有固定回答格式的问题。封闭式问题中，一般有"……吧？""是不是……""……对不对"等表述；开放式问题中，一般有"谁""在哪里""在什么时间""为什么""怎么办"等表述。

因此，需要将这类问题改为开放式问题，如表 5-3 所示。

表5-3　从封闭式问题到开放式问题举例

封闭式问题	开放式问题
你的课外班都是妈妈给你报的吧？	你的课外班是谁给你报的？
妈妈希望你多学一点，所以给你报了这样的课外班吗？	妈妈为什么给你报了这样的课外班？

为了获得更客观的信息，了解学生的真实情况，在访谈中应尽可能多提开放式问题，而少提封闭式问题。

（二）确定访谈提纲

访谈提纲涉及问题之间的先后顺序与逻辑关系。问题之间的先后顺序，要尽量做到"先易后难"，逻辑关系方面要做到条理清楚、结构清晰。

1.先易后难：让人轻松的、容易回答的问题在前

（1）什么是问题之间的"先易后难"关系

问题之间的"先易后难"关系是指，对被访谈者来说容易回答的问题放在访谈开始时，比较难回答的问题放在后面。之所以这样安排，是因为在访谈开始时，回答容易的问题可以促使被访谈者轻松进入访谈状态，而回答较难的问题，被访谈者容易出现紧张心理。这个"易"既指问题本身容易回答，也指被访谈者回答问题时能够比较轻松，没有什么顾虑。"难"既指回答问题时被访谈者需要深入思考，也指让被访谈者有所顾虑而"难"以说出口。

让被访谈者感觉如同聊天一样自然和放松，是非常重要的。现实中，有老师有意把访谈中最重要或最关键的问题放在前面，但是如果这些问题比较"难"回答，访谈效果就可能不理想。换位思考一下，如果教育行政部门领导找教师调查有关情况，涉及教师的工作满意度等，在调查中，把教师对工作是否满意这些所谓的关键问题放在最前面，开门见山就问教师对工作是否满意，想必有些教师即使不满意也不可能直接说出来。因为在访谈初期，教师还没有完全放松下来，有本能的戒备心理，不会给出可能对自己"不利"的回答，相反，有

时还会有意无意地给出"迎合"访谈者的回答，导致访谈结果的真实性受到影响。因此，应将容易回答的问题放在前面，难回答的问题放在后面。

（2）让人轻松的、容易回答的问题的特征

什么是让人轻松的、容易回答的问题呢？一般来说，让人轻松的、容易回答的问题，具有如下特征。

一是多为客观性问题。对于客观性问题，回答内容是客观事实，被访谈者根据事实来回答就可以，不需要太多思考。客观性问题之所以能让被访谈者感到轻松，主要是因为不需要多少思考，有时甚至不用思考就能脱口而出。而对"主观性问题"的回答反映了被访谈者的一些主观看法，需要被访谈者进行一些思考。客观性问题如：你在上什么课外班？你周末一般做什么？你最近在读什么课外书？您的孩子有没有上学前班？主观性问题如：你喜欢上哪位老师的课？你喜欢哪个课外班？你为什么喜欢这个课外班？你觉得这个课外班怎么样？你为什么喜欢这本书？

二是不涉及个人隐私和利益关系的问题。并不是所有的"客观性问题"都会让被访谈者感到轻松、容易回答，从而能够如实回答，涉及个人隐私和利益关系的问题也不是那么容易答出来的。如访谈不爱交作业的学生时问"你每天按时交作业吗"，他们并不一定如实回答。

因此，要具体情况具体分析。学生的个性差别很大，哪些问题是涉及个人隐私和利益关系的，对不同的调查研究对象，在不同的访谈情境与背景下，情况各不相同。例如，"你周末一般做什么""你最近在读什么书"这两个问题，在大部分情况下对大部分学生来说是容易回答的，但是对有些学生来说可能不那么容易回答。比如，成绩不好的学生可能会根据自己的成绩来考虑如何回答这样的问题。

另外，同一个问题，在不同情境和背景下，对同一个访谈对象来说是否容易回答也不尽相同。例如，对于一位爱打游戏的学生来说，在其考得好和考砸了两种状况下，回答"你周末一般做什么""你最近在打游戏吗""你最近在读什么书"这样的问题，难易程度可能是不同的。对给孩子报了数学、英语课外班的家长来说，"你给孩子报了什么提前学习的课外班吗"这种问题是否属于隐私问题，在教育部等部委提出课外机构不得开设超出学校教学内容的课外班之前和之后是不一样的。所以，什么问题在什么情况下涉及个人隐私和利益关系，是否容易回答，需要做具体分析。

（3）让回答问题变得轻松的一个策略：投射法

有时，问题不是那么容易回答，但是由于调查研究的需要，又必须要问，这时可以采取一个策略让被访谈者回答问题变得轻松。这个策略就是投射法。投射法是指通过请被访谈者说别人的情况来投射出他本人情况的一种提问方法。在提问技巧方面，是把"你"换为其他人。例如问学生：

你打游戏吗？

你每天打游戏要花多长时间？

对于这样的问题，学生可能会把教师的问题与对自己学习的评价联系在一起，出于这种"利益"考虑，学生有可能不会给出真实的回答。但是，如果将问题修改为下面的问法，学生回答起来就会变得轻松了。

你认识的同龄人中，谁在打游戏呢？

咱们班有多少同学打游戏？

他们一般每天花多长时间打游戏？

总之，就访谈问题的顺序来说，在访谈时，先问一些让被访谈者感觉轻松、容易回答的问题，让被访谈者放松下来，等他们进入访谈状态中，再提一些关键的问题，效果会更好。

2. 访谈提纲的拟定

访谈提纲并非访谈问题的简单排列，需要考虑问题之间的逻辑关系。问题比较多的时候，还需要考虑提纲的结构。在此，以表5-4中呈现的修改前后的访谈提纲为例来说明。这次访谈是面向初一年级的五个学生，主题是"学生课外阅读现状及其影响因素"。

表5-4中"修改后访谈提纲"与"修改前访谈提纲"相比，主要做了两方

面的改动。一是补充了内容，如增加了读物的形式，即所阅读的书是电子书还是纸质书。增加这个问题考虑的是目前学生接触电子书的机会比较多。二是把问题的顺序做了调整，使提纲更符合逻辑，通过提出这些问题可以获得更好的访谈效果。修改前提纲中的第一个问题是这位老师最关心的问题，但在修改后的提纲中，这一问题被放到第四的位置，原因是这个问题涉及一项由老师所提议的班级约定，学生对这一约定观点不一，如果一开始就问这个问题，这个年龄段的学生很容易心生警惕，有选择地回答。另外，这一问题是直接问学生对这一约定是赞成还是反对，显然，学生比较容易给出"迎合"班主任的回答，这样的回答未必真实。修改后，将这一问题放在第四的位置，在其之前安排让人感到轻松的、容易回答的客观性问题，使学生比较容易回答。

表5–4 "学生课外阅读现状及其影响因素"访谈提纲修改前后对比

原访谈提纲	修改后的访谈提纲
1. 班级约定不在课间和课上阅读课外书，你赞成吗？ 2. 当你在家里阅读课外书时，家长是什么态度？为什么是这样的态度？家长陪你阅读吗？ 3. 你最喜欢什么书？为什么？ 4. 上次说的××书市，你去了吗？（如果没去）为什么没去？（如果去了）你觉得怎么样？买了哪些书？为什么买这些书？ 5. 目前你在读什么书？经常在什么时间阅读？	1. 目前你在读什么书？经常在什么时间阅读？ 2. 你最喜欢什么书？为什么？ 3. 这些书是电子书还是纸质书？电子书和纸质书，你喜欢哪种？为什么？ （把这三个问题放在最前面，是因为被访谈者比较容易回答这些问题） 4. 班级约定不在课间和课上阅读课外书，你认为大部分同学是赞成还是反对？为什么？你对这一约定是什么态度？据你观察，班里同学课间看课外书的情况如何？（用说别人的观点来投射出被调查者的一些看法） 5. 上次说的××书市，你去了吗？（如果没去）为什么没去？（如果去了）你觉得怎么样？买了哪些书？为什么买这些书？ 6. 当你在家里阅读课外书时，家长是什么态度？为什么是这样的态度？家长陪你阅读吗？

再如表5–5中的另一个案例，是对外来务工人员子女家庭生活和学校生活

基本情况进行的调查。修改是从三个方面进行的：一是修改原问题表述，如将一日三餐的问题具体化；二是增加新问题，涉及零花钱及家庭成员衣食住行方面的情况；三是对问题次序进行了调整。

表 5–5 "外来务工人员子女生活情况"访谈提纲修改前后对比

原访谈提纲	修改后的访谈提纲
家庭生活方面： 1.你父母是做什么工作的？你喜欢他们的工作吗？为什么？ 2.你的一日三餐都是在哪儿吃的？都吃些什么？ 3.每天你和父母相处的时间有多长？你会主动和他们聊天吗？都聊些什么？ 4.每天放学后你在家里做什么？ 5.星期天你会做些什么事？	家庭生活方面： 1.你今天中午吃了什么？在哪儿吃的？早上吃了什么，在哪儿吃的？今天晚上会在哪儿吃？一般晚上吃什么？为什么这样安排？你喜欢这样的安排吗？（将一日三餐的问题细化，另外，因为访谈时间是下午，故先问中午吃了什么，这样更自然，学生也更好回答） 2.每天放学后你在家里做什么？例如，昨天做了什么？今天会做什么？（将之作为第二个问题，紧随第一个，容易衔接，且也是轻松的话题。问"昨天做了什么"，非常具体，易于回答） 3.双休日你一般做些什么事？例如，刚刚过去的双休日你都做什么了？（作为第三个问题，与第二个问题接上。问"刚刚过去的双休日你都做什么了"，非常具体，易于回答） 4.你的书包是谁整理的？你有自己独立的房间和床铺吗？房间有多大面积？是自己整理吗？你在家是否做家务？ 5.家庭基本情况：你老家在哪里？家里有多少人？兄弟姐妹几个？你排行老几？（增加家庭基本情况，既能了解学生家庭信息，也避免直接问学生父母工作情况显得突兀，从而使提问更自然） 6.你父母是做什么工作的？主要做些什么事？他们一般几点上班，几点下班？你去过他们工作的地方吗？看到了什么？ 7.你一般早晨几点起床？每天你和父母相处的时间有多长？你会主动和他们聊天吗？都聊些什么？你昨天的作业他们看了吗？前天的呢？一般情况呢？如果有作业不会做，你会怎么办？ 8.你平时有零用钱吗？你怎么管理和使用零用钱？过年你有没有收到压岁钱？压岁钱是怎么处理的？ 9.回家后和你一起玩的好朋友有哪些？你们是怎么认识的？ 10.你长大后想做什么？你期望以后的生活是什么样子的？

原访谈提纲	修改后的访谈提纲
学校生活方面： 1.你觉得班里同学的哪些优点让你喜欢？ 2.在学校里最让你开心的事是什么？ 3.你想和老师、同学一起参加什么活动？ 4.你希望大家关注你吗？为什么？	学校生活方面： 1.你喜欢什么样的同学？喜欢他哪些方面？（"优点"较为抽象，不太好回答，所以改问题） 2.在学校里最让你开心的事是什么？例如，在这周你最开心的一件事是什么？ 3.你想和老师、同学一起参加什么活动？ 4.你希望大家关注你吗？为什么？（较为抽象，不太好回答，故放最后）

通过如上调查，教师发现了一些平时没有了解到的情况：这所学校位于离北京市中心不到一个半小时车程的某郊区中心地带，但是大部分学生（多来自外来务工人员家庭）的生活却似乎与地理位置"格格不入"。

第一，他们的课余活动很简单：放学回家写完作业后玩电脑，没有电脑的基本就是看电视。当问学生每天看什么电视节目的时候，得到的答案比较统一：动画片。

第二，大部分家长工作比较繁忙，每天早出晚归，缺乏与孩子的沟通和交流，这间接造成了这些孩子沉默寡言的性格。

了解了上述情况后，参与调查的教师深有感触地写道：

我以后跟家长交流时，不应限于孩子在学校的学习情况，而要向他们的生活状况、兴趣爱好这些方面倾斜，让更多家长认识到孩子在生活中得到的知识跟课本知识一样重要。同时，我要向家长传递跟孩子沟通交流的重要性，也通过多种手段提高班里那些内向孩子的自信心，让他们勇于、乐于、勤于向同学、老师及家长表达自己的心中所想。

从以上教师的感触中可以看出，如上问题的修改，使得教师通过学生调查研究获得了关于学生的更全面、更具体的信息，对教师改进教育教学工作具有直接的参考价值。

四、访谈对象、地点与时间的选择

（一）访谈对象的选择与安排

在对学生的调查研究中，调查研究对象主要是学生，但为了更加深入、全面地了解学生的有关情况，对相关人员也需要进行调查：一是学生家长，二是学生在学校里的"重要他人"，如同学、班主任、科任老师等。也就是说，在运用访谈法调查研究学生的过程中，除了可以访谈学生，也可以访谈其家长、同班同学和班级老师。

1. 访谈学生时访谈对象的选择与安排

（1）确定一次访谈的人数

对学生的访谈通常是以集体访谈的形式进行的，即一次访谈多人。鉴于教师与学生之间的关系，如果一次只访谈一个学生的话，大多数接受访谈的学生会比较紧张，尤其是那些不善言谈的学生。如同上级领导找员工谈话，如果只找某一员工谈话，谈话前员工心里可能就会考虑哪些话该说哪些话不该说，在这一考虑"该说""不该说"的过程中，就可能导致通过调查研究获得的信息不够全面。但是，如果是领导和几位员工一起谈话，气氛可能会不一样。几个学生一起接受访谈，情况是类似的。而且，如果小组中有性格比较外向、表达能力好的学生，气氛很快会活跃起来，带动同组其他学生发言。

在具体人数上，一般3—4人一组比较合适。小学中高年级以上3—4人一组，小学低年级3人一组比较适宜。一组多于4人的话，每个人在说自己的情况时，其他人等待的时间比较长，有些学生可能会走神，也导致整个访谈过程比较长。或者在访谈总体时间有限的情况下，每个人说的内容比较有限。而2

人一组的话，2个学生之间相互影响比较大。因此，不建议2人一组，3—4人比较合适。对小学低年级学生来说，3人一组更合适，这是因为受认知发展阶段的影响，低年级学生在访谈中比较容易跑题。为了防止"说教"，访谈者一般不会轻易打断学生的发言，就让学生"跑"一会儿，而跑题也是需要占用访谈时间的，这就导致整个访谈过程需要更多时间。为了让每个学生充分表达自己，建议对低年级学生进行访谈时3人一组。

在总体访谈时间方面，根据学生注意力维持时间的长短，低年级学生不宜超过一个小时，中高年级学生及初中生不宜超过一个半小时。试想，我们成人参与某项谈话，如果超过一个半小时，注意力也难以集中。因此，对学生来说，访谈时间要控制在一个半小时以内。当然，可能有学生特别愿意和访谈者这样"谈话"或"聊天"，不愿意结束访谈，那么视学生情况可以适当延长访谈时间。

但是，并不是所有对学生的访谈都是以小组形式进行的。有些情况下，也需要对单个学生进行访谈，尤其是非正式访谈。若访谈涉及学生的隐私及学生自己特别不希望其他人知道的内容，如最近情绪的变动、家庭的变故、人际关系问题等，就需要寻找合适时机对单个学生进行访谈。

既然一次访谈人数有限，导致访谈比较费时，那是否可以组建更多的研究小组，分小组一次性对所有学生进行访谈呢？这一方法从时间角度来说比较快，但是并不可取。因为如前所述，访谈学生的过程也是与学生进行互动的过程，当研究者尤其是学校领导或班主任、科任教师对学生进行访谈时，与学生进行的互动是其他人代替不了的。

（2）不同学生的组合搭配

确定了一次访谈的人数后，还需要思考一组学生该如何搭配。随意分组可能会出现一些问题：如果一组学生恰巧都不爱说话，会导致访谈中有点沉闷；而都爱说话的学生一组，又会导致访谈中学生过于兴奋或活跃；两个平时关系很不好的学生在一组，显然也不利于访谈的进行。

那么，访谈中给学生分组需要考虑哪些方面的因素呢？总体上来说，要使所有的学生都感觉舒服、自在、有话可说也有机会说话。具体来说，需要考虑以下几方面。

第一，在性格方面，爱表达、善于表达的学生与不爱表达、不善言谈的学生搭配，可请前者先说，调动气氛，并和学生商量好发言规则，即每一个学生都说，当别人发言时自己专注倾听，这样，可防止前者说得过多。

第二，在同学关系方面，避免把爱彼此打对方"小报告"的学生、平时关系不好的学生、彼此知道对方家庭隐私情况的学生分在一组。

第三，男生、女生人数基本一致。

第四，父母离婚或去世的学生，特别贫困与特别富裕并爱炫富的学生，视具体情况做特别安排。总之，要让所有学生在访谈中感觉自然、放松，有话可说，也有机会说话。

第五，就访谈内容来说，当就某一主题进行访谈时，需要考虑该主题所涉及的学生面，思考如何通过该主题来对所有学生进行访谈。例如，以学生上课外班为主题进行访谈，可以把没有上过课外班的学生与上过课外班的学生穿插在一起，对没有上过课外班的学生，可以问他们为什么没有上课外班、课余时间如何安排等，这样也能调查出有关学生家庭教育、课余学习等影响学生多方面发展的情况。

在选好要访谈的学生后，可以对学生的基本情况进行梳理。这样做，一是帮助自己厘清学生的有关情况，二是如果有其他教师参与访谈，便于其他教师访谈前对学生有一定了解。下面是一位教师在访谈学生前梳理的学生情况（见表5-6）。

表 5-6　某教师访谈前对学生情况的梳理

访谈学生：小雨（男）　小豪（男）　小凡（女）　小鑫（女）

学生姓名	简单情况
小雨	该生有一个聪明的脑袋瓜儿，思维敏捷，特别喜欢学数学，总是有自己独到的想法。在学习上，他也总是爱问"为什么"，会学习，但是学习习惯不好，尤其是书写习惯，这与他不爱学语文有很大关系。他喜欢运动及动脑筋类的活动，魔方玩得特别好！他自己有想法，一般不跟家长沟通，有问题后才沟通。他一直在上着数学课外班，而且在课外班学习成绩特别好，是班上同学羡慕的对象。
小豪	该生学习习惯不好，做作业丢三落四，爱偷懒。但是这个学期他有变化，比以前爱学习了，也有主动性了。由于家长没时间管他，所以给他报了托管班。每天的家庭作业，托管班的老师都负责检查订正，这也导致他的自主学习能力很弱。
小凡	该生一直都是我关注的对象，她思维反应慢，上课容易走神，不听讲。她学习取得的进步完全是因为她妈妈的逼迫。她报的课外班很全，她妈妈的忧虑意识很强，对她要求非常严格。这个孩子的性格很开朗，爱说，热心，积极参加班里的活动。
小鑫	该生特别喜欢唱歌（她妈妈是中学音乐老师），爱笑，耐挫心理强，但在学习上缺乏主动性，与班上同学的关系一般。她一直参加下午的课外体育锻炼，在锻炼的时候很有热情。她跟几个锻炼的孩子还共同承担了值日任务。她上的课外班几乎都是按照自己的意愿报的，主要是兴趣爱好类的。

2. 访谈家长时访谈对象的选择与安排

在访谈家长时，除非家长之间特别熟悉，否则一次只访谈一位家长比较合适。如果一次访谈两位或更多家长，在说及家庭教育及孩子发展情况时，他们都会有所顾虑。因此，大部分情况下，访谈家长一次一人比较适宜。

（二）选择访谈地点

在对学生或家长的访谈中，选择合适的访谈地点比较重要。因为教师无论是访谈学生或还是访谈家长，他们之间的先在关系都会导致被访谈者在内心有所警惕。教师和学生之间的师生关系先于访谈者与被访谈者的关系，并且持续于访谈过程中，这种关系可能会使访谈中的学生出现紧张、拘谨甚至戒备的情况。对家长来说，访谈自己的是孩子的老师，这种关系也可能让家长感到紧张，产生戒备心。因此，在地点的选择方面，要尽量选择能够让学生或家长感觉放松自然的地方。

哪些地方能让学生和家长感觉放松和自然呢？对学生来说，他们在场景布置不严肃、桌椅高度合适、能舒服地坐着的环境中比较容易放松。阅览室、教室、操场等都是不错的选择。如果美术教室、舞蹈教室、心理咨询室等专业教室能用的话，这些也是访谈学生的好地点。

研究者对某校学生进行访谈时，大部分都是在心理咨询室进行的。学生对这里都比较熟悉，而且室内布置本来就比较温馨，易于让学生感觉放松。此外，室内有沙盘或心理游戏小摆件，大部分学生进去后情不自禁地想去看下。访谈者也特地留出5分钟"暖场"时间，鼓励想去看沙盘或小摆件的学生去看看玩玩，学生一下子就放松和兴奋起来。在这个过程中，访谈者和学生就开始聊起来：喜欢玩吗？为什么喜欢玩？用沙子堆的是什么？在诸如此类话题的"聊天"中，淡化了学生心中教师与学生的身份感，使其能比较自然地进入后续的访谈中。

对于家长来说，学校的教室、教师休息室、茶点室、图书馆或校外相关场地都是能让人比较放松的地方。例如，在一所学校里，教师餐厅兼做教师休息室，布置很温馨，教师不用餐时，可以在那里看书、聊天，进行正式或非正式的工作讨论。在这样的环境中访谈家长，也会让家长感觉比较放松。有位家长说，在那样的环境中和教师谈话，感觉就像和好朋友在聊天。

需要特别提出的是，为了表示重视或"正规"，有的学校会把一些活动安排在会议室里进行。如果接待上级领导或召开有关会议，会议室是一个好地方，但是，如果是访谈学生或学生家长，会议室就不是一个好的选择。因为会议室庄重和严肃的氛围可能会让学生和家长紧张、拘谨，产生戒备心。

访谈学生不宜选在会议室的另一原因是，会议室的桌椅是根据成人身高制作的，对于小学生尤其是对低年级的小学生来说，显然不适合，他们可能在会议室的椅子上坐一会儿就觉得不舒服了，身体的不舒服也会影响心理。如果因不舒服而不时扭动或晃动椅子，可能会给正常的访谈带来干扰。

请看图5-2中呈现的学校会议室和心理咨询室、教师活动室等的区别。

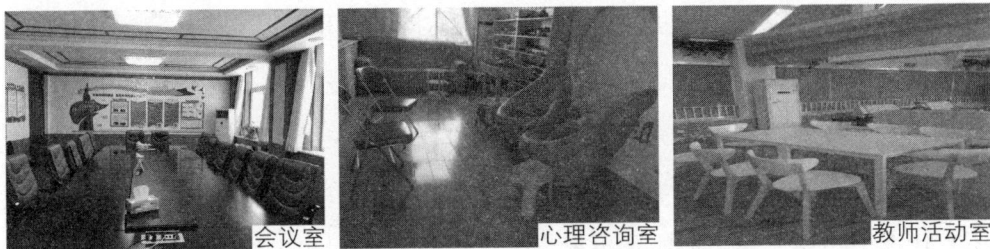

图5-2　不同访谈地点的对比

（三）安排访谈时间

在时间方面，应该选择让访谈者和被访谈者都感觉从容的时间段，避免因赶时间而匆匆忙忙地完成访谈。如果访谈时间不充足，被访谈者可能会简要地表达自己的观点，而省略掉细节，或者有选择地表达自己的观点，导致一些重要的内容没有说。因此，安排足够的访谈时间是很有必要的。

访谈学生时，应将访谈安排在其精力比较好的时间，而不是容易困倦的时间，以便学生在访谈时能精力集中。如果对学生的访谈安排在上课时间，研究者需要提前和家长说明，让家长知情并同意自己的子女接受访谈。

访谈家长要提前预约，说清楚访谈需要多长时间，这既是对家长的尊重，也便于家长留出足够的时间。提前告知的时间越早，家长可能越为重视，也有更多时间准备。切忌访谈前一天才通知家长，让家长感觉自己是被"找家长"，不加以重视，应付了事。

在一次学生调查研究中，研究团队计划访谈一位家长，尽管之前沟通过，但班主任老师还是"习惯性"地在访谈前一天才通知家长。研究团队认真考虑后提出，应最少提前一周约家长，因此，又将访谈时间延后了一周，并和家长说，在孩子的成长方面有哪些问题和困惑，到时都可以提出来。

在访谈那天，这个学生的爸爸和妈妈都到场了，他们一开始就说："我们这几天梳理了一下孩子的问题……"

可见，提前约家长，既可以使家长有足够的时间请假，又便于家长提前思考一下孩子的成长情况，也促使他们更重视访谈本身和对孩子成长问题的分析。

在访谈时，尤其要注意的是，要给追问预留一些时间。如果时间充裕，访谈者预先设计的问题都谈完后，可以问问被访谈者关于访谈问题还有什么话要说。例如，在访谈家长或学生时，可以问问他们在访谈内容或其他相关问题上还有什么话想说，学生或家长可能会说出超越访谈问题之外的他们非常想表达的内容，这些内容对于了解和分析学生通常具有重要的意义。这也是访谈法与观察法、问卷调查法等其他调查研究方法相比所具有的独特价值。

我还想说的是……

在对学生进行关于课外班的访谈时，每一次我们都安排一些时间问问他们在课外班、课外生活、与父母相处这些方面还有什么想说的。结果，有不少学生说："我还想说的是，希望爸爸妈妈多陪陪我。""我还想说的是，爸爸少玩点手机，少打游戏，多陪陪我。""我还想说的是，妈妈说话不要那么凶。""我还想说的是，我实在不想上 ×× 课外班。"

通过上述例子可以发现，学生在课外班及家庭教育方面有自己的思考，但他们平时多是自己学习，与父母沟通少，特别需要专门的时间和父母进行情感沟通；他们对课外班有自己的想法，但是没有机会或不敢和父母诉说。而这些都是访谈者在完成访谈计划后问学生还有什么话想说时学生说的。如果当时直接结束访谈，就无法获得这些信息。

下面这个例子中也存在同样的情况。

我想问关于老师的秘密……

在一次面向学生的访谈中，既定的访谈内容结束后，老师问学生还有什么想说的，一位平时被其他学生认为比较高冷的学生说道："我想问关于老师的秘密，可以吗？"

"可以啊。想问什么？问吧！"老师微笑着说。

学生问了如下几个涉及老师个人生活的甚至比较隐私的问题：

"老师，你爱逛街吗？"

"老师，你工资多少？"

"老师，你养宠物吗？你喜欢什么宠物？"

老师分别给予了坦诚的回答，这个学生很开心，一改平时高冷的姿态。访谈结束时，她表现出特别舍不得走的样子，表示以后有机会还要和老师"聊天"。

学生上述提问表明，在学生眼中，老师并不只是"教书"的教师，而是一个有个人生活的人，这些是学生想了解的。学生想了解的原因，可能是出于好奇，也可能是出于情感上想亲近老师。无论如何，这样的交流对于教师和学生形成更为亲密的关系是有很大帮助的。总之，学生渴望了解一个立体的老师。这恰恰反映了恰当的访谈不仅是调查学生的一种途径，也是教师和学生进行心灵沟通、增进信任关系的一个渠道，具有丰富的教育意义。在访谈中，让学生自己说说想和老师交流的内容，也能使访谈成为学生表达自我、增进师生情感关系的途径。

当然，由于时间有限，不可能让学生一直说下去。但是，只要教师和学生之间建立了彼此信任的关系，建立了可以亲密沟通的渠道，他们就可以在之后的日常教学中沟通。师生间通过访谈建立的信任关系和沟通渠道为他们以后持续沟通提供了可能性。就如最后一个例子中问及老师秘密的学生，访谈之后，她常常会在课间或放学时主动到老师办公室和老师聊几句，有时说自己的新变化、新想法，有时问老师的其他"秘密"，使得她和这位老师之间的沟通持续深入地进行下去。这位老师指出，这些都是这个学生后来变化比较大的一个重要原因。

五、有效的访谈过程

在正式进入访谈时，为使访谈过程有效，还要把握好以下几个环节。

（一）访谈气氛的营造

访谈气氛对访谈效果具有重要的影响。如上所述，教师对学生或家长进行访谈时，学生或家长可能会紧张，存在戒备心理，访谈中可能不会表达真实的想法。因此，进行访谈不仅要选择合适的地点、时间，营造恰当的访谈氛围也是非常重要的。

营造访谈气氛的总体要求是，让被访谈者感觉轻松自然，好像是在平时聊天的过程中谈及访谈内容。为营造良好的访谈气氛，访谈开始的时候可以问些容易回答的问题。通俗地说，在实际的提问中，访谈之前可以先"寒暄"一下，花两三分钟聊聊天气、衣着或近期发生的事，而不是一开始就提访谈问题，效果可能会更好。

从访谈问题之间的逻辑关系来说，容易回答的问题或者"寒暄"与关键问题之间的衔接要自然。通俗地说，就是"聊着聊着，就聊到访谈的关键问题上来了"。让被访谈者感觉在"聊天"中完成访谈，有助于取得好的访谈效果。

至于如何营造轻松的访谈气氛，能够让被访谈者自然地进入访谈状态，还需要看具体情况，可以从天气、时事、穿着、学生近况等开始"寒暄"。如同两位合作伙伴谈论合作之前的"寒暄"一样，如何"寒暄"并无定法，而是视具体情况来定，只要达到营造好气氛的目的即可，例如下面这些以课外班为主题的访谈例子。

【案例1】

在一次面向学生的访谈中，学生到达访谈地点时，都穿着球服。访谈者问道："大家都穿着球衣啊，这是刚打球回来吗？"得到的回答是这几个学生都是刚刚参加完球赛归来。从他们兴奋的表情中还可以看出他们在比赛中情绪高涨。显然，他们篮球打得不错，对篮球也有兴趣，访谈者就继续问了关于这场球赛及平时学生对篮球的喜好等轻松的话题。一聊这些话题，学生你一言我一语地说起来，气氛热烈而轻松。然后，访谈者顺势问他们平时还对什么感兴趣，上什么课外班等，这样就自然地过渡到访谈话题中。

【案例2】

在一次访谈学生的过程中，四个学生中有三个是带着鼓进入访谈地点的，于是，访谈者先从"你们带鼓做什么啊""你们在关于鼓的社团活动中最开心的事是什么呢"这些问题开始，学生迅速打开了话匣子，轻松的气氛很快就形成了。

【案例3】

在对一位怀着二胎的学生妈妈访谈时，访谈者先用几分钟时间和这位妈妈聊了聊怀孕的情况，然后顺势问下平时谁照顾老大、老大课外班的选择与接送等情况，进而顺利地过渡到访谈主题。

如果访谈是周末或节假日后上班第一天，可以和学生聊聊刚刚过去的周末或节假日是如何度过的；如果访谈时正在热播足球赛、篮球赛等，可以简单问问学生是否看了球赛、喜欢哪支球队。在访谈家长时，如果访谈内容是其子女表现较好的方面，可以先在家长面前表扬孩子，让家长感觉愉悦、放松；如果访谈内容是其子女表现不好的方面，可以先聊聊其子女表现比较好的方面，先让家长放松下来，避免直接说其子女不好的方面从而让家长感觉难受、尴尬或难堪。在这之后，访谈者可以说"但是，您的孩子在……方面存在一些问题，我们想进一步了解，以便寻找更有针对性解决措施"等话语，自然地过渡到访谈内容中。

（二）访谈过程中的追问

追问是指在被访谈者回答完一个问题后继续问下去。追问的一个基本原则是：使用访谈对象的语言和概念来询问其曾经谈到的看法和行为。[①]追问的作用是帮助访谈者深入地了解被访谈者的一些具体情况。追问的一个简单策略，就是从被访谈者的回答中寻找问题进一步问下去，具体案例分析可见前文关于访谈法意义的相关内容。

（三）倾听学生：避免说教

教师作为教育者，当学生说到不太恰当的内容时，有时免不了对学生进行说教，这也是教师应有的权利和应该履行的义务，是教师责任感的一种体现。但是，教师访谈学生的主要目的是为了了解学生的有关情况，在访谈中，虽然师生关系依然存在，但是教师和学生主要是访谈者与被访谈者的关系。因此，教师要以倾听学生说为主，避免说教。

之所以要特别强调这一点，有以下原因。首先，由于工作的"惯性"，教师在访谈中特别容易自觉或不自觉地去说教。但是，访谈中的说教有可能使本来轻松进入访谈状态中的学生紧张起来。其次，因为教师和学生之间存在教育者与被教育者的关系，说教有可能使学生有意避免说那些会"导致"教师"说教"的内容，从而无法达到客观、全面地了解学生的目的。

【案例1】

在访谈一个学生课余生活安排时，这个学生告诉大家一件"有趣"的事：他与小伙伴玩得太开心了，在电梯里就跳起来了。这时，参与访谈的班主任老师马上严肃地说："在电梯里跳很危险！孩子们，以后不能在电梯里跳。"一听班主任这样说，本来已经放松了的学生立马"正襟危坐"起来，嬉笑开心的表情很快收了起来，气氛一下变得紧张了……接下来，学生说到自己的课余生活时，都是谨慎小心的样子，眼睛不时看一下班主任老师。

【案例2】

在访谈中，访谈者营造了轻松的氛围后，学生放松下来，不再像在课堂上

---

① 陈向明.质的研究方法与社会科学研究[M].北京：教育科学出版社，2000：190.

那样正襟危坐，有学生不时挥舞着双臂，有学生兴奋地和同伴说起了悄悄话，与平时的课堂气氛截然不同。其中有一个学生起身，探向另一个学生，两人小声地交流着。参与访谈的班主任看到了，"自然"地用平时课堂上的口吻说："××，坐回你自己的座位上！"班主任话音一落，学生立马安静下来，轻松气氛不复存在。后来，他们在回答访谈问题时也不再是轻松的，而多了些"谨慎小心"。

从上述例子来看，学生"谨慎小心"显然是在考虑要说的内容，"眼神不时看一下班主任老师"，是观察班主任老师对自己说话的反应。这就可能导致有学生因潜意识里的"自我保护"而对一些内容进行了"加工"，使得教师从访谈中获得的资料不全面或不真实。

那么，访谈中碰到学生谈及不恰当的内容该怎么办呢？访谈中如果学生说的是负面影响很大的内容，如欺负同学、偷拿别人的或家里的东西等，需要适时加以教育，以免对其他学生产生严重的负面影响。如果出现其他诸如上面事例中的情况，则可以暂时忽略，让学生继续说下去，保持访谈中师生之间主要为访谈者与被访谈者的关系。在访谈结束后，教师可以跟学生说明一下，刚才访谈中说到的哪些事情不能那样做以及为什么、应该怎么做。访谈中碰到上述案例2中所出现的学生起身、小声交谈的情况，也不必用严肃的语言去制止，可以适当让学生说一会儿，然后用轻松的语气说："你们俩在交流什么呢？可不可以与我们分享啊？"学生通常会开心地与访谈者分享刚刚交流的内容，这样既把学生重新拉入访谈中，也充分地了解了学生想表达的内容。如果是欺负同学、偷拿别人的或家里的东西这类事，即使当时说教，也尽量不要过于严肃，而要以轻松的语气说这些做法不对以及为什么不对。总之，访谈活动的主要目的是访谈学生。

在非正式访谈中，也要注意以"调查研究学生"为主要目的，否则不能取得好的访谈效果。请看下面这个例子。

一位"自私"学生的转变

一个爱吃零食、被老师认为有点自私的学生，把班级联欢会后剩下的少许糖果拎在自己手里。老师想趁机了解他处理糖果的想法，对其进行相关方面的调查。

老师：×××，这糖不能一个人吃啊，要大家一起吃。

学生：我没一个人吃。

结果，老师发现这个学生还是悄悄地将这些糖果拎回家了。事后，老师严厉地批评了他，但是这个学生的毛病并没有得到改正，不久又出现类似事件。

从上述对话中可以看出，老师出于调查学生的目的与学生交流，但是实际所说的话却成了说教，与"调查"背道而驰。教师的语言包含着"先入为主"的看法，没有让学生表达出内心真实的想法。

经过上述分析后，老师对自己的提问策略进行了反思和调整。在之后的另一次联欢活动中，老师又发现这个学生把剩下的糖拿在自己手里。这次，老师和他之间的对话如下。

老师：×××，你把咱们班剩下的糖收起来了啊，集体观念真强！

学生：嗯。

老师：你拎到哪里去啊？

学生：带回去。

老师：带哪里？

学生（停顿一下）：带回教室。

老师：带回教室干吗？

学生（停顿一下）：吃啊。

老师：谁吃啊？

学生：和大家一起吃！

老师：真是好孩子，有好吃的就是要和同学一起分享！

后来，这个学生真把糖与同学分享了。

虽然这个学生先前所说的话不一定是真心话（从其几处停顿来分析），他也可能是在教师的追问之下才想起来自己应该如何做，但是，没有教师先入为主的看法和直接的说教，这个学生最后反而和其他同学一起分享了这些糖。这样，教师在访谈过程中完成了对学生的引导，也使这次访谈过程成为一个教育过程。

（四）访谈过程中的资料记录与整理

需要注意的是，在实际运用访谈法进行调查研究的过程中，可以边访谈边记录，同时做好整理，这样既能更清楚地记录调查研究的资料，又能节省整理的时间，提高研究的效率。为了实现这一目的，在编写访谈提纲后，可以根据访谈提纲编制既有规范格式又有灵活空间的表格，使访谈者在记录资料的同时也能进行一定程度的整理。以下面这个关于"学生课外阅读现状及影响因素"的访谈记录表（见表5–7）为例来进行说明。

表5–7 "学生课外阅读现状及影响因素"访谈记录表

问题		学生1	学生2	学生3	学生4
问题1	目前阅读的图书及阅读时间				
问题2	喜欢什么书及原因				
	想分享的书				
问题3	对电子书和纸质书的偏好				
问题4	对"不在课间和课上阅读课外书"的班级约定的看法				
问题5	参加书市的情况				
问题6	父母对子女课外阅读的看法与陪伴子女阅读的情况				
备注					

根据这一表格，在访谈时，当某个学生回答上述问题时，就可以将其回答填进相应的表格里。访谈结束后，表格中记录的内容就是经过了一定整理的调

查研究资料，提高了后续整理和分析资料的效率。

需要注意的是，在记录时，不仅要记录听到的话语，其他一些相关的信息也得记录下来：一是神态表情，如紧张、放松、开心、发呆、严肃，开怀大笑或抿嘴微笑，眼神飘忽不定或笃定不移、郁郁不乐或坚定明朗等；二是肢体语言，如手舞足蹈、坐立不安、舒心随意地跷起二郎腿等；三是语气、语调、语速，如轻快、急促、吞吞吐吐、结巴、流利、时有沉默、唉声叹气、迟疑不决、坚定有力等。

（五）校长等学校管理者在访谈学生过程中的注意事项

由于校长等学校管理者的特殊身份，他们在参与面向学生的访谈时，要特别注意以下几个方面。

第一，要专注和投入。在访谈时，访谈者的专注和投入表明他对访谈很重视，相应地，被访谈者也会认真对待访谈。反之，如果访谈者表现出对访谈不重视、只是走走形式的样子，被访谈者也难以认真起来。

校长等学校管理者参加一项访谈，本身就表明其重视这项访谈活动。为了让在场的师生感受到自己的专注与投入，校长等学校管理者在访谈中可以不时给出一些评价或做出点头之类的动作。需要注意的是，不要轻易出现下列言行：接打电话；用手机查看或输入信息；不时出入访谈室；布置其他工作。这些行为对访谈有负面影响：一是可能中断被访谈者的发言，不利于深入交流；二是使被访谈者或座谈者感到校长等学校管理者可能并不关注这次访谈或座谈，走走形式罢了，因而他们也可能不会专注和投入了。为避免这些行为，校长等学校管理者应该事先安排好自己的时间，以便在访谈中能够做到专注和投入。

第二，访谈中不发表过多评论。首先，访谈的主要目的是了解学生的实际情况，不是请校长等学校管理者表达观点。其次，校长等学校管理者的观点可能会影响一起参与调查研究的教师的分析，也影响学生表达自己真实的情况。例如，一位校长在了解学生课外阅读情况时，说："现在有些学生就爱打游戏，认为打游戏好玩，浪费了很多时间，因此，我决定在咱们学校推行课外阅读，希望大家更爱读书，从读书中受益。现在想了解一下大家阅读的实际情况……"

上述观点如果是出自接受访谈的其他学生之口，或者是学生熟悉的教师所说的，不同意的学生可能会反驳一下，但是，如果校长这样说，那其中两个观点可能影响学生的发言：一是认为打游戏是在浪费时间，二是认为学生能从读书中受益。学生听了这两个观点，即使是不爱阅读、不读书的学生可能也会说自己爱阅读，课后爱打游戏、不读书的学生更不会说自己爱打游戏而不爱读书。如果校长不提出这些观点，而换一种方式，即提出开放式问题，如"你们课外时间如何安排？为什么这样安排""最近读什么书了"等，想必学生的回答会大不一样，他们更有可能说出自己的真实情况。

当然，在访谈或座谈中，校长等学校管理者难免要参与互动。互动中，需要注意以下几点。

第一，尽可能不发表推诿自己责任的观点。关于学校发展中的问题，被访谈者可能说到校长某方面的责任，此时校长尽可能不要发表观点推诿自己的责任，以免让被访谈者感觉"提了也没用"而不愿意发言或不发表真实看法。

第二，避免发表自己的主观意见。访谈的目的是了解被访谈者的有关信息，因此校长等学校管理者应该避免在访谈中过多发表自己的观点，以避免无意中"引导"被访谈者。

第三，淡化校长等学校管理者的身份。作为一校之长，校长的身份本来就为其与学校其他教职员工、家长和学生等相关人员之间的沟通竖起了天然的屏障，因而对学生、家长和教师开展调查时，需要淡化校长身份，推倒这一屏障，切忌居高临下、打官腔，从而让接受调查的学生、家长和教师能够说出自己内心的真实想法、自己的实际情况，也让一起参与调查研究的教师在分析调查研究资料时说出自己的真实看法。

第六章
观察法：如何看懂学生

观察法可以帮助教师在"看"的过程中了解学生。一线教师应该说天天都能看到学生，但是否能看懂学生，则不一定。如何通过观察"看懂"学生，是大有学问的。本章专门分析如何运用观察法来"看懂"学生。

一、认识观察法

（一）什么是观察法

观察法是调查研究的一个基本方法。顾名思义，所谓"观"即"看"，"察"即"思考"，通俗地说，观察法即通过"看"来了解研究对象的一种调查研究方法。观察是人们认识世界的一个最基本的方法，也是教师开展学生调查研究的一个最基本的方法。苏霍姆林斯基在《给教师的建议》一书中"谈谈教师的教育素养"部分提出：

教师的教育素养的一个很重要的因素，就是要懂得各种研究儿童的方法。……对儿童的认识首先是由观察构成的。[①]

在观察法的使用中，研究者首先要思考观察的具体目的和具体问题。作为一种研究方法，观察法的观察不同于日常观察，因为研究中的观察是有目的、有计划地进行的。根据研究目的和主题，确定适合使用观察法研究的问题。例如，在有关学生课外班的研究中，可以通过问卷调查法研究全校学生上课外班的总体情况，涉及课外班的具体科目、上课时间、每天或每周用于课外班的时长等；通过访谈法研究学生对上课外班的看法、课外班对学生的影响等；通过

① 苏霍姆林斯基. 给教师的建议 [M]. 2 版. 杜殿坤，编译. 北京：教育科学出版社，1984：428.

观察法来研究上了某一学科课外班的学生在这一学科课堂上的表现，也可以观察没有上这一学科课外班的学生在课堂上的表现，以做对比研究，还可以请家长观察子女在家预习或复习相关内容时的表现。

（二）观察法的分类

观察法有多种分类方式，下面介绍常见的几种分类方式。

1. 非参与式观察与参与式观察

根据研究者是否参与被观察者的活动，可以将观察法分为参与式观察与非参与式观察。

（1）非参与式观察

在非参与式观察中，观察者作为"旁观者"观察研究对象的有关情况，不参与被观察者的活动。其优点是研究者可以全神贯注于观察之中，所观察到的情况比较客观、自然，缺点是所观察的主要是被观察者表现出来的衣着相貌、言行举止、神态表情，对其背后的原因及被观察者内心的想法了解得比较有限，如下例。

上课抢答问题的学生

在一节三年级数学课上，有个学生不是很专注。教师提问后，这个学生总是积极举手，经常抢答；在教师让这个学生给其他同学出题后，他出的题目超出了教师所教授的范围，有些学生答不上来，他非常开心。

上述内容是在课堂上观察到的，"不是很专注""积极举手""经常抢答""出的题目超出了教师所教授的范围""有些学生答不上来""他非常开心"等内容都是通过观察获取的信息。由于是在自然状态下观察的，因而获取的信息比较客观、真实，这是非参与式观察的优势所在。但是，这个学生为什么上课不够专注却又能抢答题目，为什么出了一些超出教师教授范围的题目，这些题目他是如何想到的，别人答不上来时他为什么很开心，这些方面是不能完全通过观察获得的，这就是非参与式观察的局限所在。

（2）参与式观察

参与式观察是指研究者参与被观察者的活动，在参与活动的过程中进行观察。

参与式观察可以被广泛地运用到对学生的调查研究中。如研究者和学生一起听课，同时参与学生的课堂研讨；加入学生的课间活动，与学生一起做课间操、跑步；与学生一起参加社会实践活动等。在上述活动中进行参与式观察，可以获得自然情境下有关学生的更多信息。

参与式观察的优点是可以让研究者切身体验被研究者的经历，从而更客观、全面地了解和分析一些现象，还可以在参与中就想要进一步了解的情况与被研究者进行交流，在观察中自然地融入访谈等其他调查研究方法。例如，通过课堂上的参与，研究者能够了解到有些学生喜欢幽默风趣的老师，体验到有些学生在课间没有充分活动的话上课时就难以安静听课。有些问题，如"为什么有学生喜欢幽默风趣的老师"，拿这些问题问学生，学生可能有时无法回答，或者告诉研究者"不知道""没想过""就是这样"等。如果对这些问题再刨根究底地问下去，学生可能会给出应付的或迎合的回答，对研究意义不大。在这种情况下，参与式观察是一个很好的研究方法。正如著名人类学家林顿在给杨懋春先生的《一个中国村庄：山东台头》写的"序言"中所说的：

社会成员的大多数态度是在无意识层面上运作的，无法通过直接提问的方式来获得。……他们无法告诉调查者许多事情，只因为他们从来就没有想过这些问题。调查者不得不自己去发现。①

在参与式观察中提问学生时，也要注意提问的方式。如何有效提问，可以参考访谈法中有关提问的内容。如果提问不恰当，有可能让学生产生警惕，从而掩饰自己的言行，使得研究者未必能得到真实的信息。即使是小学一年级的

① 杨懋春.一个中国村庄：山东台头[M].张雄，沈炜，秦美珠，译.南京：江苏人民出版社，2001：序言.

学生，有时也能从研究者的提问中揣摩出其提问的意图，或因为把研究者当作"老师"而产生警惕，没有表现出真实的一面。

有位教师作为研究者在听课时研究课堂上学生的表现。她看到坐在自己附近的一个学生经常在上课时做小动作，有时还在书上画画。于是，在老师让学生小组讨论的时候，这位研究者走到这个学生边上问："别人在听课，为什么你不听啊？"她想了解这个学生不听课的原因。学生听到这样的问题后，低头盯着桌面，一直不说话。

研究者看谈话没有办法进行下去，她又问："我看看你画的画可以吗？"学生把他在课堂上画的画给这位研究者看，研究者看了下，又问道："你在书上画的是什么呢？"学生依旧盯着桌面不说话，也不参与其他学生的讨论。

在接下来老师讲授的过程中，这个学生不再做小动作，也不再画画，一直抬头看老师，但也不是认真听课的样子。

从这个例子中教师提问的结果来看，学生的反应是不愿意回答，研究者没有获得关于问题的直接答案。这个学生之后的变化，可能是受到了研究者"提问"的影响，他认为研究者的提问实际上暗含着"应该要听课"的意思，因而他在之后表现出了"认真听课"的样子。

研究者在课堂教学中进行观察的直接目的是观察学生在课堂上的表现，而不是教育学生和帮助他们改进——虽然这是进行教育教学实践研究的一个重要目的。有效的教育教学建立在了解学生的基础上，因此，研究者在观察时主要的工作还是了解学生。如果提问对进一步观察有负面影响的话，那还是不要提问了；如果提问有助于进一步了解学生，则可以进行提问。

2. 结构式观察与非结构式观察

根据观察中是否有明确的观察计划以及做记录的要求，可以将观察法分为结构式观察和非结构式观察。

（1）结构式观察

结构式观察是指有明确的观察目的和观察计划，有清晰的观察提纲或观察记录表来记录观察对象相关情况的观察方法。其观察内容是确定的，在某种程度上与结构式访谈或结构式问卷类似，区别在于研究对象的相关资料是通过观察的方式来获取的。其观察结果也比较容易量化，便于进行统计和分析。

下面是一个使用结构式观察的研究案例。

为什么有孩子"挑食"？

一位幼儿园教师发现班里一些孩子"挑食"，例如，有些孩子不爱吃蔬菜，她便想办法来解决这个问题。在学习了学生调查研究的相关内容之后，她决定先对班里孩子的"挑食"状况做个调查。她通过下面的表格（见表1）做观察记录，并对记录的资料进行整理。

表1　幼儿吃菜情况观察记录

调查时间：__月__日，　星期____

幼儿姓名	菜名一	菜名二	菜名三	菜名四	备注

注：当幼儿吃了某种菜时，就在相应栏里写"√"，如果没有吃某种菜，就在相应栏里写"×"。有需要特别说明的情况，可以写在相应栏里，或者在备注里说明。

观察两星期后，她对观察资料进行了整理，发现：有些她认为孩子们不爱吃的蔬菜在某些情况下孩子们仍是爱吃的，比如原先发现一些孩子不爱吃醋熘白菜，她就认为这些孩子不喜欢吃白菜，但是通过观察她发现白菜粉丝馅包子深受这些孩子喜爱，他们都能吃掉。因此，她认为不能笼统地说这些孩子"挑食"、不爱吃白菜。

那么，为什么孩子们不爱吃醋熘白菜里的白菜而爱吃白菜粉丝馅里的白菜呢？结合访谈以及查找有关资料后这位教师有了一个重要发现：醋熘白菜里的白菜比较硬，对处于幼儿园阶段的幼儿来说不容易咀嚼；而白菜粉丝馅里的白菜被蒸得比较烂，易于咀嚼，所以孩子们爱吃。因此，不能说学生"不爱吃"某些菜，而是学生"吃不了"这些菜。

同样地，教师发现有些孩子不爱吃炒的胡萝卜，但是爱吃炖的胡萝卜和胡萝卜馅包子，原因也是炒的胡萝卜他们"吃不了"。

了解了幼儿"挑食"的现状和具体原因——不是主观"挑剔"，而是受客观因素影响，这个问题便迎刃而解了，即以后要让幼儿爱吃某种蔬菜，需要考虑的一个重要方面是让他们"吃得了"。

通过上述例子可以看出，如果不做调查研究，在解决幼儿不吃某些菜的问题时，教师可能会根据经验或主观推测而采取一些对策，如向幼儿解释均衡饮食的道理等，但是这对解决真正的问题"吃不了"是无效的。通过观察、记录和分析得知"真相"之后，了解了真正的问题所在，采取的措施就具有针对性了。

（2）非结构式观察

非结构式观察是指没有明确的观察内容，也没有清晰的观察记录表进行记录的观察方法。观察者可以根据现场的具体情况来调整观察内容。当然，没有明确的观察内容并不是说观察没有目的，只是不像结构式观察那样有聚焦到某一具体方面的"具体"的观察目的，观察者心中还是有一个大的观察目的和方向的，只是相对比较开放，可以根据现场情况进行调整。

3. 正式观察和非正式观察

根据观察是否是一个专门性的活动，可以将观察分为正式观察和非正式观察。正式观察是专门对被研究者进行的观察，制订专门的观察计划，根据计划进行观察。非正式观察是将观察融入其他活动中，在其他活动进行的同时对被研究者进行观察，如在课堂教学中就学生某一方面进行观察、在日常生活中进行观察。非正式观察不需要研究者安排专门的时间，特别便于教师使用。尤其是课堂教学中的观察，教师可以充分利用自己"就在课堂中"的优势，在开展课堂教学的同时观察学生的课堂表现情况。

（三）观察法的优点与局限性

1. 观察法的优点

观察法有如下优点。

第一，不需要被研究者做出反应，对被研究者的日常学习或工作影响比较小。

问卷调查中要请被研究者填写问卷，访谈中要请被访谈者对访谈问题做出回答，但是，在进行观察时，研究者主要是观察被研究者的言行举止，根据具体情况可以和被研究者进行交流，但这不是必须的。因此，在观察实施中，可以不需要被研究者做出反应，对被研究者的日常学习或工作影响比较小。尤其是在教育领域，学生和教师在学校的时间一般已经被安排好了，通过观察法对他们进行研究，不会打扰他们日常的工作或学习。在我国目前公立学校时间安排比较紧张的情况下，观察法是对学生进行调查研究的一种特别便于操作的方法。

第二，可以在自然状态下观察被研究者的情况，获得的信息比较客观。

和问卷调查法及访谈法相比，观察法是在更为自然的状态下进行的。由于不需要被研究者做出反应，被研究者可以专注于自己的学习或工作，不需要改变自己正在进行的活动。虽然有时当研究者进入到观察现场时，被研究者知道自己是被观察的，但是随着当下活动的进行，被研究者会沉浸在活动中而忘记了自己正在被研究。总体来说，观察法有助于研究者观察自然状态下被研究者的言行活动。

第三，适用于小学低年级学生和不善于用言语表达的学生。

由于观察法不需要被研究者做出反应，因而特别适用于小学低年级学生和不善于言语表达的学生。在问卷调查中，需要被研究者通过书面语言回答相关问题；在访谈中，需要被研究者通过口头语言回答相关问题，但是，小学低年级学生书面语言和口头语言表达能力都有限，这就使得他们在问卷调查和访谈中会遇到一些障碍。另外，有些高年级学生也不善于用言语来表达，使用访谈法和问卷调查法对他们来说也不适合。这时，观察法的优势是显而易见的。

此外，对于小学低年级学生来说，由于其心智发展和社会化发展水平有限，即使他们知道自己处于被观察之中，他们掩饰自己言行的可能性也很小，即使有所掩饰，研究者也比较容易将之"识破"。因此，通过观察法对他们进行调查研究，比较容易获得真实的信息。

2. 观察法的局限性

观察法也有如下一些局限性。

第一，只能观察到学生表现出来的言行，难以察觉学生言行产生的缘由和内心状况。例如，在同一节课上两个学生出现了同样的言行，但其原因却可能不尽相同，并且言行背后的原因是难以观察的。如前文分析的关于学生不认真学习的情况，学生"不认真"可能是由于没有休息好，也可能是因为饿了，还可能是因为听不懂老师讲的内容，诸如此类情况都是难以通过观察发现的。再如，教师通过观察，可以看到有的学生上课时非常专注；有的学生时而认真听讲，时而做小动作；有的学生大部分时间处于游离状态。这些是通过观察可以看出来的，但如下一些问题通过单纯的观察是难以了解的。

为什么不同的学生有不同的上课状态？

同在一个教室里的学生，甚至同桌的两个学生，为什么上课时表现差异很大？

认真听课的学生是如何做到认真听课的？他们为什么不受做小动作的学生的影响？他们从刚入学时就这样吗？如果是，那么是什么原因使得他们有这样的表现呢？

不时做小动作的学生，为什么一会儿听课一会儿不听课？他们平时上课状态是什么样的？这节课上他们为什么做小动作？他们在做什么？有什么吸引他们吗？

上课处于游离状态的学生，他们在想什么？他们平时上课也是这样吗？为什么他们没有认真听课？他们对课上讲的内容的理解情况如何？

分析此类问题，对于进一步了解学生的上课情况及分析学生的学习情况是非常有必要的。但是，通过观察很难得到答案，而通过访谈学生、任课教师或家长则能了解很多相关信息。

第二，被观察者有可能掩饰了自己的言行，导致观察者看到的内容并不都是真实的。对于小学中高年级和初中高中的学生来说，当他们意识到自己被观察时，对自己的言行可能会有所掩饰，给观察带来一些障碍，使观察得到的信息不尽真实。

例如，某研究者在观察学生上课表现时，坐在了教室后排。他的位置旁，恰巧坐了班上一个经常在课堂上做小动作的学生，这个学生还经常利用自己坐在教室后排、老师不易看到的"便利"，在老师专注于讲课时打扰其他学生，被巡课的校领导发现过几次。而研究者坐在他身边观察这个班学生上课情况时，这个学生表现出专注于听课的样子，也没有打扰其他学生。

显然，这个学生在这节课上的表现受到了坐在其旁边的"观察者"的影响。成人也经常有这样的情况，当意识到自己被别人观察时，自然会格外注意自己的言行举止，可能出现"表里不一"的情况。因此，学生对自己的言行有所掩饰时，教师所观察到的内容就不尽真实了，这就给调查研究带来了一些障碍。

第三，观察比较费时。首先，教师通过观察法研究学生时，一次观察的学生有限，要用观察法对比较多的学生进行研究，就需要用更多时间。其次，单位时间里可观察的内容比较有限，如果要充分了解学生有关情况，需要花费较多时间观察。再次，观察中可能遇到学生有意掩饰自己的行为，这时就要花更多时间多次观察。因此，要了解学生的真实情况、经常出现的情况，有时可能需要反复进行观察，需要比较多的时间。

当然，有经验的研究者有时通过一次短时间的观察，就可以洞悉学生的有关情况，但是，这需要教师具有较丰富的阅历和较敏锐的洞察力。

第四，观察法不适合用于对大规模学生的调查研究。受人眼视力范围的限制，观察法只适用于对少量学生进行研究，难以运用这一方法对大规模学生开展调查研究。

二、课堂观察：全方位看懂课堂上的学生

课堂观察是教师用观察法对学生进行调查研究的最主要的一种类型。要在日常的课堂教学中通过观察来"看懂"学生需要先从认识课堂观察开始。

（一）什么是课堂观察

所谓课堂观察，是指在课堂教学的过程中对课堂上发生的情况进行观察和分析。课堂教学是学校教育教学的基本形式，是学校各项工作中最重要的一部分，是教师对学生产生影响最多的一个过程。对课堂上的学生进行观察，能够获得学生在课堂上即时、直观、完整和丰富的信息。比较而言，通过问卷调查法和访谈法了解课堂教学情况，只能在上完课后进行，而且不即时、不直观、不完整，是书面语言或口头语言转述的，截取的是某个点。因此，对课堂上的学生进行观察是进行学生调查研究的一个重要途径。但是，目前的课堂观察普遍着重于观察教师教的情况，相对忽略学生学的情况。如何通过课堂观察来了解学生，是值得关注的一个方面。

前述观察法的分类也适用于课堂观察。此外，根据课堂观察的具体情况，还可以做如下分类。

一是分为在自己的课堂上进行观察和在别人的课堂上进行观察。在自己的课堂上进行观察，是指授课教师在自己上课的同时进行观察，可以直接了解自己课堂教学中学生的情况，并结合自己的教学设计来进行分析。在别人的课堂上进行观察，即通过观察了解所要研究的学生在其他教师课堂上的情况，例如，班主任要了解自己班里的学生在其他任课教师课堂上的表现，校长等学校管理者调查研究优秀的学生或学习困难的学生在课堂上的表现，学科组为了进行某

方面的教研而了解学生在课堂上的表现等。

二是分为现场课堂观察和录像课堂观察。现场课堂观察，即在上课的现场进行观察，而录像课堂观察即先对课堂进行录像，然后通过观察录像来研究学生。这两种课堂观察方式各有优缺点。在现场课堂观察中，现场感强，教师能够全面了解课堂教学情况；而录像课堂观察缺乏现场感，并且只能观察录像所录的内容，对于没有录到的部分则无法进行观察。但是，现场课堂观察只能进行一次，有些没来得及观察清楚的地方无法再进行观察，而录像课堂观察则可以通过回放反复观察某一片段或过程。教师在自己的课堂上进行观察时，因受上课影响，能够用于观察的时间和精力比较有限；而通过录像进行课堂观察，则可以"跳出来"，从他人的角度来看自己课堂上的情况，有充分时间可以观察自己的教学对学生的影响。

（二）课堂观察法的优点

课堂观察法有如下突出优点。

第一，有助于教师在课堂活动中直观了解学生的课堂表现，如课堂发言中的表达情况、课堂小组活动中的沟通与交流情况、课堂练习中的自我管理情况等。上述方面都难以通过访谈或问卷调查进行研究，但是通过课堂观察可以很好地进行研究。

第二，对于教师通过研究学生的学来反思自己的教来说，课堂观察是最直接的一个途径。教师是学校教育中对学生影响最大的一个群体，要研究教师是如何影响学生发展的，课堂观察是非常好的一个途径。

学生为什么不会通分？

有一节数学课，教学内容是"分数加减法"。在教学开始环节，教师安排了"复习旧课"：分数加减法中，分母不同时，要先进行通分。教师通过让学生做

$\frac{1}{2}+\frac{1}{3}$ 之类的题来复习。但是，有学生把分子和分母分别相加，得出其和为 $\frac{2}{5}$。于是，教师带领学生复习通分规则，即先算出两个分母的最小公倍数，然后进行通分，再把两个分数的分子相加。同时，叮嘱学生上课要认真听课："如果上节课没有认真听，那么这节课自然不会。"

在之后的教学过程中，有学生在分数加法中出现了其他错误：①大概在课进行到 15 分钟时，有学生将 $\frac{3}{4}+\frac{1}{6}$ 计算为 $\frac{4}{12}$。此处，学生对分母进行了最小公倍数的正确通分，但是却把分子直接相加。老师给出的"错误原因"是"没有做对通分"，并提出疑问："在计算分数加法之前，需要对分母不同的分数进行通分，为什么你们不能通分呢？"②在课进行到 35 分钟时，又出现类似情况，老师给出的"错误原因"还是"没有做对通分"，并对学生提出批评："有同学上课一直没有认真听课，要认真听课啊，要对分母不同的分数进行通分。"然后又带学生复习了如何进行通分。

通过上述师生互动过程可以看出：①学生上课出现错误的一个根本原因是没有理解分数的概念。如果理解了分数的概念及其性质，就会认为分子和分母是一体的，构成一个数，也就知道分子或分母不是独立的数，就不会把分子或分母直接相加，即不会在计算 $\frac{1}{2}+\frac{1}{3}$ 时把分子和分母分别相加，得出 $\frac{1}{2}+\frac{1}{3}=\frac{2}{5}$。或者说，如果学生没有真正理解 $\frac{1}{2}$ 或 $\frac{1}{3}$ 是个分数，而只看出其中 1、2 之类的数，在头脑中没有建立分数概念，就无法很好地进行所有关于分数的学习。同样，由于没有建立分数概念，没有理解分数是一个数，在计算 $\frac{3}{4}+\frac{1}{6}$ 时，也就会得出其和为 $\frac{4}{12}$。在第二道题中，虽然学生对分母进行了最小公倍数的正确通分，但是却把分子相加，说明学生头脑中的"分数"概念还不牢固。因此，老师认为学生出错的原因是"没有通分"，是不符合学生实际认知情况的。②通过上述内容可以看出，教师认为学生不会分数加法与没有认真听课、不会通分有关，既缺乏对学生是否掌握基本概念的关注，也没有对学生的学习态度进行恰当的评价。

上述例子说明，通过课堂观察及对所得信息的正确分析，能够了解学生课堂练习中出现错误的真正原因是什么。当然，对这些原因的分析离不开学科知识以及有关学生认知发展方面的知识与理论。

（三）课堂观察的内容

关于课堂观察的具体内容，国内外研究已有丰富的论述，对思考如何开展具体的课堂观察具有参考价值。但是，目前国内关于课堂观察的研究主要集中于教师教的层面，站在学生学的角度开展的课堂观察研究相对较少，且主要集中于学生认知层面，对学生的情感态度与价值观、学习习惯、课堂中的人际交往等研究得较少。从了解学生、促进学生发展的角度来说，课堂观察的内容包括学生、教师两个方面，具体分析如下。

1. 学生

如前所述，在当前课堂观察研究中，主要关注的是学生的认知层面。除了认知层面之外，以下几个方面也很值得关注。

（1）身体状况

学生的身体状况本身就是学生发展中的一个重要内容，是学生发展目标的一个重要方面，同时，学生身体状况又影响着学生认知、情绪、人际交往等方面的发展。与学生身体状况相关的内容包括学生的身体素质及锻炼、作息与饮食习惯等。因此，通过观察法来研究学生时，也需要关注学生的身体状况。苏霍姆林斯基在《谈谈教师的教育素养》一文中提出教师观察学生的重要性，他还接着说道：

对儿童的认识首先是由观察构成的。这里应当再说一遍：教师应当了解儿童的健康状况，了解他的智力发展和身体发展的个人特点，了解影响他的智力发展的解剖生理因素。[①]

---

① 苏霍姆林斯基. 给教师的建议 [M]. 2 版. 杜殿坤，编译. 北京：教育科学出版社，1984：428.

就学生身体状况来说，课堂观察中的观察内容涉及学生上课时有无疲惫、困倦、饥饿、生病等身体不舒服的情况。然后，教师可以在此基础上去调查背后的具体原因又是什么，如上课走神或不能专注的情况是否与身体不舒服有关，饥饿是否与早晨没有吃好早饭有关。

【案例1】

小杜是一名初一学生。他的班主任李老师在早晨晨读和自己上课时观察到，小杜经常一边读书或听课一边打着哈欠，有时还闭着眼睛，表现出很困倦的样子。李老师觉察到，小杜犯困的状态十分影响学习。李老师观察了多日都是如此。

李老师又在其他老师上课时观察了小杜的情况，发现他也是经常打哈欠犯困，因此认为他在自己课堂上犯困的原因可能并不是对自己的课缺乏兴趣。那是什么原因呢？于是李老师访谈了小杜。

在访谈中，小杜说他每天5点就要起床，从北京北三环中路边上的家坐公交车到东五环外的学校。李老师问路上要多长时间，他说从出家门到学校，路上总共要一个多小时。李老师问小杜早上谁叫他，小杜说他定闹钟，但每天闹钟响时他都特别困，经常一天都困。

那么小杜家为什么住得那么远呢？经过进一步访谈，李老师了解了他家里的一些情况，发现了他家在家庭教育中的一些问题。

[案例2]

班主任方老师在自己的课堂上观察到小蔻每周一特别容易犯困，周二至周四也有疲倦的时候，但没有周一那么明显。方老师又了解到小蔻在其他学科的课堂上也有类似的情况，周一特别容易犯困。

班主任很纳闷，因为根据常理，经过周末两天休息，周一这天学生的精力应该最好，为什么小蔻在周一犯困最严重呢？

在一次对小蔻的访谈中，班主任得知小蔻每个周六、周日从早上8点到晚上都有课外班。因为时间安排紧凑，有时吃饭都很紧张。除了上课外班，小蔻回家还要完成课外班的作业。因此，小蔻周末两天比周一至周五还要忙、还要累，这导致他周一这天课堂上犯困最严重。

以上两个案例，都是在课堂观察中发现学生困倦的例子。如果学生上课犯困却又不能睡，拖着疲倦的身体坚持上课，这本身就影响身体健康，而且容易导致学生听不好课、做不好作业，学习难有进步。换句话说，学生要想学习好，首先要保证上课能够很好地听课。学生困倦是一种表象，了解学生困倦的情况，分析困倦背后的原因，对解决困倦问题是至关重要的。总之，研究这类学生身体方面的状况很有意义，也很有必要。

（2）情感态度与价值观

在课堂观察中观察学生的情感态度与价值观，是就学习过程而言的，不同于从学习结果角度提到的"三维"目标。如果加以细化的话，情感态度层面涉及学生的学习兴趣和学习态度。再具体分析的话，学生的学习兴趣可以从其眼神、表情、坐姿、手势等方面看出来。从眼神和表情的角度来说，是处于投入状态的微笑、全神贯注、兴奋不已、兴致勃勃、求知若渴，还是处于思考状态的紧皱眉头、若有所思，抑或是处于游离状态的迷茫、飘忽不定、不知所措、懈怠、心不在焉、无精打采，甚至是紧张、傲慢、鄙夷、不屑一顾、无动于衷等，都是课堂观察中可以观察的体现学生情感态度与价值观的重要内容。

（3）人际交往

课堂教学中学生的发展，不仅涉及认知方面，还涉及人际交往方面。课堂中的人际交往包括学生与教师之间的交往以及学生与学生之间的交往，可通过学生的言行具体地呈现出来。课堂上学生的言行即学生在课堂上的发言和行为举止情况，包括对教师教学的回应性点头、举手、回答问题等，也包括东张西望、挠头、接话茬、打哈欠、揉眼睛等。

需要注意的是，言行是学生表现于外的，教师需要根据外在的言行分析背后的原因，例如学生在课堂上打哈欠、揉眼睛，可能是学生休息不够导致的，也可能是教师讲解比较枯燥导致的。

从学生人际交往的角度来说，要观察的一个重要方面是学生在互动与对抗中的言行。互动包括师生互动与生生互动。生生互动包括学生合作学习中的互动，也包括教师请学生发言过程中学生之间的交流与讨论。

关于课堂教学中的对抗行为，教育社会学与人类学领域有一些研究值得关注。阿尔伯特分析了学生对教师教学行为的反抗。他的研究与其他同类研究的不同之处在于，他对隐性的对抗行为进行了分析，这在今天仍有参考意义。他认为，此前对课堂教学中学生对抗行为的研究多关注学生公开表现出来的对抗行为，在很大程度上忽视了学生没有明显表现出来的隐性的对抗行为。阿尔伯特在对不同的课堂教学进行比较后指出，隐性对抗的一种重要形式是有限地参与课堂讨论。学生在课堂上保持沉默、含糊其词地回答教师的提问等可能是显性的对抗行为。而隐性的对抗行为则是指表面上学生是在与教师讨论有关教学方面的问题，而实际上学生是在表达他们对教师课堂教学的不满和抵制。阿尔伯特对课堂教学中学生产生对抗行为的原因进行了较为深入地分析，认为教师的教学方式是导致学生产生对抗行为的一个重要因素，而影响教师教学方式的因素主要有两个：一是教师在课堂上使用的语言和体现出的兴趣具有成人的特征；二是教师的教育教学反映的是社会中上阶层对学校教育的要求，这使教师难以考虑到其他阶层学生的语言与兴趣特征。他通过研究发现，当教师提出与学生经验相关的问题时，就可以促进学生的积极参与，而当教师的提问与学生的经验相去甚远时，则会导致学生出现对抗行为。[①]

（4）学习习惯

课堂上学生的学习习惯包括他们在自主学习（预习、复习）、记笔记、听讲、发言、小组合作、书写、课堂练习等方面的习惯。习惯是一种具有持续性、稳定性、自动性的行为方式，即一个人在较长一段时间内持续存在、稳定出现的行为，习惯一旦形成就会在无意识层面持续出现，对学生的发展产生持久的

---

① ALPERT B. Students' Resistance in the Classroom[J]. Anthropology and Education Quarterly, 1991（4）：350–366.

影响。好习惯对学生产生积极的影响，不好的习惯则会对学生产生持久的负面影响。例如，通过课堂观察可以发现，不正确的书写姿势不仅导致学生字写得不好看，还影响学生骨骼、手部肌肉、视力等方面的发展，并导致有些学生书写速度慢，在时间比较有限的课堂练习等活动中难以完成任务，时间长了，可能会使学生对学习产生畏难与抵触的情绪和行为。因此，教师在课堂教学中通过观察来了解学生的书写习惯是很有意义的：如今在一年级新生中，学生普遍有画画或提前学习写字的经历，不少学生已经形成了较为稳定的书写习惯，教师通过课堂观察及时帮助学生改正不正确的习惯，对学生的发展具有持久的影响；在二年级与中高年级的学生中，教师可以注意观察学生的书写习惯对他们骨骼、手部肌肉和视力等方面发展的影响，还可以观察书写习惯对学生写字规范、书写速度、学习兴趣与主动性、课堂练习的正确率等方面的具体影响。

（5）认知过程

在课堂上，可以对学生的认知过程进行很好的观察。

为什么有学生在两位数加法中出现错误？

在一节数学课上，教学内容是两位数加法。老师讲解了两位数加法的运算规则，然后让学生练习。学生在做练习的过程中，教师在教室里来回走动，看学生运算情况，发现有些学生的计算结果有差错。于是，这位老师提问了几个学生两位数加法的运算规则，学生多是对答如流。老师把这些学生的练习册又快速"看"了一遍，然后，重新花了十分钟时间开展了以下教学：讲解了两位数加法计算中列竖式的方法，并请刚才运算正确的同学分享他们是如何确保列竖式时两个数数位对齐的，然后老师让刚才做错题的学生根据同学分享的"妙招"练习。

课下，这位老师介绍，他对课堂教学内容做了调整，当发现学生练习中出现差错时，就没有按照既定的程序进行，而是临时增加十分钟时间详细地讲解了数位概念以及列竖式的方法，因为，他在观察的过程中发现，学生基本上都是非常认真、专注的，因而可以排除掉学生因不认真和马虎导致出错。通过提问，老师发现学生对两位数运算规则也是知晓的，因而也可以排除掉这一原因。

但是，在"看"学生练习册的过程中，老师发现做错的学生做练习题时基本上都有一个特征：即没有把数的位置对齐，导致不同数位的数进行相加，因此，判断这是他们出错的一个重要原因。另一原因是有些学生对数位概念没有理解透彻。但是，学生对数位概念的理解不是一蹴而就的，因此，在以后教学中将进一步加强学生对这部分内容的掌握。而在有限的课堂时间里，老师重点讲解了数位对齐的内容，并请计算正确的学生分享了数位对齐的操作性"小妙招"。这位教师提出，数的位置对齐可能没有被认为是教学重点，但这一点是很值得关注的。在这部分教学内容中让学生掌握数位对齐的策略，对学生在学习两位数减法以及多位数加法、减法、乘法过程中避免类似错误都有直接的作用，也帮助学生养成了基本的计算习惯。所以，多花点时间是值得的。

通过上述案例可以看出，这位教师通过课堂观察，没有简单地批评学生马虎、不认真，没有影响学生的学习情绪，也没有因看到学生出现错误而认为"说了那么多遍，你怎么还不认真"。教师通过观察学生作业情况，了解到学生错误的直接原因之一是没有对齐数位，准确地把握了学生认知中需要改进的方面，然后有针对性地帮助学生。可见，在课堂上观察学生的认知过程对教师本身的情绪控制以及有效地调整教育教学有着直接的作用。

（6）学习结果

结合课改提出的"三维"目标，对学生学习结果的观察可以从情感态度与价值观、知识与能力，过程与方法这三方面来分析。在观察内容上与前几个方面有重合，但前几个方面是从课堂过程的角度来看学生发展的动态情况，而这里是从静态结果的角度看学生在目标方面的达成情况。

当前需要特别关注的是，有的教师认为情感态度与价值观层面的目标是

"隐形目标","看不见、摸不着",考试也不考,所以不重视。但是,从学生发展的角度来说,情感态度与价值观对学生一生的发展有着重要的意义。以合作学习为例,让学生体验小组合作的重要性与快乐,体验学习本身的愉悦感:数学课上学生之间相互出题目,体验竞争中你追我赶的乐趣;成语课上玩接龙游戏,体验集体游戏的乐趣;音乐课堂上练习多声部,体验和声的美妙与集体演唱的乐趣。

在对学生进行分析的时候,可以将上述几个方面结合起来进行研究。此处之所以专门对这几个方面进行探讨,是因为在目前的课堂教学中,有些情况下教师更重视学习结果,对其他几个方面相对忽略,以致教师对学生的了解不够全面。教师如果主要从学习结果的角度来评价学生,并开展后续的教育教学,可能带来的问题是,有时在学生学习结果没有达到教学目标的情况下,教师可能仅将原因归咎于学生的学习态度与兴趣方面,如"不认真学""不爱学""不专心学""不努力学"等。因此,在实践中将上述几个方面综合起来进行分析是很有必要的。

2. 教师

教师的教学情况是影响学生课堂表现的重要因素,在课堂观察中,即使目的是通过观察来了解学生,也要观察和分析教师的教学情况及其对学生的影响。

例如,学生在课堂上打哈欠、揉眼睛甚至睡觉,可能与学生没有认真听课有关,也可能与学生没有休息好有关,还可能是教师讲解比较枯燥所导致的,或者是几个因素综合导致的。因此,在分析这一问题时,既需要分析学生的因素,也需要分析教师教学的因素。当然,对于每一个个体学生来说,具体情况不尽相同。教师的教学内容与方式对于这个学生来说可能是很有趣的,但是对另一个学生来说可能就是枯燥乏味的。无论如何,首先不能只批评学生或要求学生改进,因为有可能是教师教学的原因,教师要反思自己如何改进教学来吸引更多学生。

再如,有的学生不喜欢上某一门课,一般认为原因是这些学生不喜欢这门课，对这门课缺乏兴趣；有的学生在某门课上容易走神，一般认为原因是这些学生没有养成认真听课的习惯，不好好学习。如果联系教师教学情况来分析的话，就会发现学生上课走神也有可能是因为教师教学的缘故，如教学不够生动有趣，对学生的评价语言不够恰当，引起学生的抵触，不喜欢或不愿意听这位教师的课。下面这个例子，分析了学生在课堂上是如何受教师影响的。

业务能力强的张老师为什么教学效果不是很好？

张老师教六年级数学，在教研组老师们讨论如何改进教学时，她分析起来很有见地，被教研组老师认为业务能力突出。但是，其所带的班级学生总体学习成绩在年级并不突出，最好时居于中上等，班上还有些学生成绩比较差。

研究团队观察张老师的课堂时，重点关注了张老师的教学及其对学生的影响，尤其是对成绩比较差的学生的影响。

观察发现，张老师上课条理清楚，循循善诱，对教学重点和难点把握很好。但是，其在课堂上对有些学生的评价有时欠妥当。例如，在复习旧课环节，张老师请学生小丁回答问题时，小丁回答不完全正确，张老师就用严厉的语气说："这个问题我上节课特别强调了要好好记住，你上节课没来吗？"她在批评另一个学生小艺时甚至说："你上节课是忘记带耳朵了吗？"引起全班学生哄堂大笑。这两个学生听到张老师的批评后，情绪一直比较低落。小艺在受到批评时低下了头，在张老师目光转走继续讲课时，他就撅起嘴，不时瞪张老师一眼。

在讲新课环节，学生小芳的笔掉地上了，笔落地的声音引起前排学生小章回头看了一下；小芳弯腰去捡时，挪动桌子，又引起同桌小亮低头去看小芳捡文具。张老师对小芳说："小芳，你不认真听课，玩什么笔？掉地上还影响其他人。小章，小亮，她的笔与你们有关系吗？"小芳回应说："我没有玩笔，笔自己掉下去的。"张老师语气强硬地说："自己掉下去的？笔有腿吗？你的笔有腿啊？"全班学生一阵哄笑。小芳拿着笔，用力紧攥着，使劲儿戳书桌抽屉柜。

在上完新课后，张老师请学生进行练习。练习过程中，操场上正在上体育课的学生突然发出一片欢呼声，坐在窗户边的学生小威可能被欢呼声吸引了，扭头朝窗外看了看。张老师发现后批评他说："小威，他们不是发现金子，发现金子也没有你的份，你看什么看？做你作业去！"全班学生又一阵大笑，小威低下了头。在张老师目光从他身上转走后，他攥紧拳头，噘起嘴。

从上述例子可以看出，张老师的评价与之后学生的表现息息相关，而学生的表现，如瞪眼、攥笔、攥拳头等实际是对老师评价的不满。张老师的评价影响了学生的听课状态。事实上，结合研究者课后对学生的访谈可以发现，学生对张老师的评价很不满意，"挖苦学生""讽刺学生""伤害学生""不考虑学生在同学面前的面子""不尊重学生"等，是学生的感受。另外，学生反映，张老师上课批评他们时，还"爱指着同学""总爱背着手""不亲切"，而研究者回忆张老师课堂教学中的身体语言，这样的情况确实经常存在。

总体来看，张老师对学生的这种评价不是个别情况。因此，将教师教学情况作为影响学生发展的重要因素来观察和分析，也是课堂观察中需要关注的。

（四）关于课堂观察的两点说明

1. 要和其他调查研究方法配合使用

观察法虽然能够直观地观察到学生在课堂上的情况，但是，由于以下两个原因，需要将之和其他调查研究方法配合使用：一是有时只能观察学生表面的情况，如果要更深入地了解学生，则需要与其他调查研究方法配合使用；二是观察的只是学生在课堂上的情况。如前所述，坐在教室里上课的学生不是孤立的，是带着在课堂之外的发展和各种影响来到课堂上的，因此，了解课堂外学生的经历与成长，从"整体"的角度来分析课堂上观察到的学生的情况是很重要的。

有个学生上课积极踊跃。老师提问后，他经常主动举手发言，并能提出不同的看法。教师对这个学生的评价是"学习认真，课堂听讲专注，思维有独创性"。通过课堂观察研究者发现，这个学生在老师提出问题后，经常不怎么思考就立马举手，反应很快；他的回答常超出老师讲解的范围，有些也超出一般学生的理解水平。这样的课堂观察给研究者带来很多思考。配合进一步访谈发现，这个学生上课回答问题时所说的内容是他从课外班上听来的，在追问之后还发现，他只是"记住"了这些答案，当课堂上老师提出同样的问题时，他立马举手发言，将答案"搬"到课堂上，但实际上有些问题他并没有真正理解。

再来看两个跟学生上课打瞌睡相关的例子。

【案例1】

有一个学生上课总是打瞌睡，老师经常提醒也不起作用。因此，老师对这个学生的评价是"上课不认真听讲"。通过课堂观察发现，这个学生在课堂上经常处于疲倦状态，打不起精神。根据这种情况初步判断，该生上课打瞌睡与其精神状态不好有关系。结合对该生的访谈以及对学生课下所参与的活动及其睡眠状况的调查，发现该生在周一至周五晚上及周末两天的课余时间里，不是在完成学校布置的作业，就是在上课外班或写课外班的作业。他总共上了8个课外班，每周上课9次，每天晚上要到11点甚至更晚入睡，睡眠时间不足，而且白天基本没有休息时间。因此，可以判断，该生上课精神不佳的原因与其课余时间基本上都处于学习之中以及休息和睡眠时间不够有直接的关系，并不是"不认真"的缘故。老师了解到这一情况后，改变了对该生"不认真"的评价，而开始"心疼"起学生来。老师找到学生家长，与其沟通减少孩子的课外班。之后，这个学生上课精神状态好转，也不再像以前那样爱生病。

【案例2】

老师在课堂观察中发现，小同上课经常打瞌睡。但是除了上课打瞌睡，小同在其他方面都表现很好。小同为什么打瞌睡呢？经过访谈家长和小同本人，老师了解到，小同父母经营一家小饭店，他们家也住在饭店里。饭店每天营业到晚上9点，然后小同帮助父母打扫卫生，收拾完时，就已经到十点了，之后才能洗漱睡觉。因此，小同每天都睡得比较晚。

在上述例子中，如果不结合课下的访谈，只根据课堂上对学生的观察来判断，就容易出现归因偏差，不仅"错怪"了学生，也不利于找到有针对性的问题解决方案。

2.不一定是在课堂中进行观察

虽然课堂观察是对学生在课堂上的状态进行观察，但并不要求观察者一定要一直在课堂中，也可以在教室外透过门窗观看学生的课堂表现，或者通过录像进行观察。

为什么有学生上课睡觉？

某校针对学生上课睡觉的情况，教务处组织老师对 31 个班的 4000 节课进行了观察。每节课观察两次，分别在上课后 15 分钟和下课前 15 分钟进行，观察者在教室外观察并记录每个班每节课睡觉人数。调查完后，根据节次（一天中的第几节课）、学科、班级进行分析：发现第一节课睡觉的人最多，第二节课次之，然后是第三节课，第四节睡觉的人却很少，正好依节次的后推睡觉人数递减。下午也是依节次后推睡觉人数递减。这和我们一般认为的第一节课学生精神最好、最后一节课学生最容易犯困正好相反。上午排在靠前节次的学科是英语和数学，也就是说，英语和数学课上睡觉的人最多。而在学生评价的数据中，倒数第一的是英语，数学评价也低，考试中这两科的成绩也较差。

因此，根据这次调查及进一步的分析发现，学生在某一节课中是否睡觉与上课节次关系不大，与上课内容及学生是否听懂有很大关系。学校领导据此提出需要对英语和数学学科的教学进行调整，以改进数学和英语两门课的教学。

这个案例关注了学生在课堂上睡觉这一普遍性问题。通过这个案例研究可以发现，在不同学校，学生上课睡觉的具体原因是不同的。通常人们认为学生在第一节课精神比较好，越往后睡觉的比例越高，实际上并非如此，学生上课睡觉与节次的关系不能一概而论。因此，一些学校把重要的课调至第一、二节，把不重要的课调至后面时段，以求"好钢用在刀刃上"，让学生把最好的精力用于学习最重要的内容，可能并不一定带来好的效果。如何解决学生上课睡觉的问题，需要在了解具体情况后做具体分析，再制定有针对性的解决措施。

上述例子中使用的研究方法是观察法，但研究者并没有进入课堂进行观察，而是在教室外透过窗户或教室前后门上的透明玻璃进行观察。实际上，就这个案例中的情况来说，在教室外观察不需要进出教室，比进到课堂中观察效率更高，也减少了对师生教学可能带来的干扰。

此外，还可以通过分析课堂录像的方式来对课堂上的学生进行观察。教师通过观察师生在课堂上的表现，结合访谈法深入了解学生有某种表现的原因，也有助于教师根据学生的具体情况调整自己的教育教学。

三、课堂外的观察：学生在做什么

如前所述，苏霍姆林斯基认为观察对教师了解学生有重要作用，并指出了对学生课堂外的情况进行观察的重要性：

教育素养在很大程度上取决于，教师是否善于在儿童的脑力劳动和体力劳动过程中，在游戏、参观、课外休息时间内观察儿童，以及怎样把观察的结果转变或体现为对儿童施加个别影响的方式和方法。对儿童的认识首先是由观察构成的。[1]

那么，为什么要在课间活动等课外活动中观察学生？具体要对哪些方面进行观察呢？

（一）为什么要在课外活动中观察学生

目前通过观察法对学生的研究主要集中在课堂上，主要是"课堂观察"。确实，课堂教学是学校教育教学的主要途径，并且占用了学生在校的大部分时间。

---

[1] 苏霍姆林斯基. 给教师的建议 [M]. 2 版. 杜殿坤，编译. 北京：教育科学出版社，1984：428.

但是，除了在课堂上之外——即使把社团活动、兴趣班活动纳入广义的课堂之中，学生在学校里还有其他时间。其他任何时间的学生情况都值得观察，并不能因为学生大部分时间在课堂上而忽略了学生在其他时间的具体情况。而且，通过课堂观察只能观察学生在教师上课时的表现，教师不在场时，或者在不那么"严肃"的非上课场合，学生的情况也是值得关注的，例如，晨跑时、课间操和其他课间活动以及中午休息时学生的情况。实际上，这些也是学校教育教学的重要部分，这些时段是学生人际交往的重要时段，值得教师关注。

当然，是否能将学生在课堂外的情况纳入调查研究范围，是否通过观察的方法进行研究，与"学生发展"这个上位概念紧密联系，即学生的发展是否就发生在课堂上，研究影响学生发展的因素是否仅研究课堂教学就够了。如果答案是"否"，就比较容易理解为什么还需要对学生在课堂外的情况进行研究了。

例如，某校开展的"我型我秀"活动，是学生在每天早上到校与上第一节课之间的那段时间内自编自导自演的活动，目的是给学生提供一个自我展示的平台。对这一活动进行观察，能够了解学生的活动组织、表演和主持情况，能够直观地观察到学生各方面能力的发展情况。这些活动完全是由学生自己组织的，它与课堂教学中教师指导下的学生活动有着根本的区别。学生在活动中的状态，如投入与专注情况、学生之间的互动情况、突发事件的应变与处理情况，都可以作为具体的观察内容。

此外，就全面、深入地研究课堂上的学生来说，课堂外观察也是有必要的。如前所述，学生是带着课堂外的影响来到课堂上的，前后两节课之间的课间活动，就是其中一个影响因素。

（二）制定观察记录表：让观察在纷繁的活动中有序进行

学生在课堂教学之外的活动一般没有固定场所和相对明确的活动内容，该如何进行观察呢？根据研究目的与内容，先制定一个观察记录表，再实施观察，能够帮助教师在纷繁的学生活动中进行有序的观察。

在具体操作方面，陈向明教授提出的观察法的一个基本框架 ① 值得参考。

· 谁?（有谁在场? 他们是什么人?）

· 什么?（发生了什么事情? 在场的人有什么行为表现?）

· 何时?（是什么时候发生的? 持续了多久?）

· 何地?（在哪里发生的? 这个地点有什么特色?）

· 如何?（这件事是如何发生的? 事情的各个方面相互之间存在什么样的关系?）

· 为什么?（为什么这些事情会发生? 促使这些事情发生的原因是什么?）

根据上述框架和具体的观察目的编制观察记录表，既便于在观察时进行清晰的记录，也方便观察后进行整理。为了更完整地记录相关信息，在观察记录表上还可以注明观察的具体时间、地点，并为观察记录编号，还应在计划观察的内容之外留下一定的"空白"。具体研究内容不同，观察计划和观察记录差别也很大。

实践中，有不少教师说，我看到了就记在心里了，不需要这样的记录表。但是"好记性不如烂笔头"，及时将所看、所思记下来，是很必要的。若要比较快速地记下来，并且在记录的同时确保记录下来的信息有条理，编制观察记录表就很重要了。

为什么有学生在课堂上"坐立不安"?

研究者通过课堂观察发现，有个学生总是在课堂教学进行到十来分钟时，就开始出现坐立不安、注意力分散的情况。例如，身体不时扭动；容易被课堂上其他声音吸引注意力，如别的同学挪椅子的声音、咳嗽的声音、文具掉地上的声音都会影响他；手上还爱做一些小动作，如玩文具、扯衣角、翻动书本或

① 陈向明. 质的研究方法与社会科学研究 [M]. 北京：教育科学出版社，2000：238.

练习册等。

如前所述，学生是带着课堂之外的影响来到课堂上的。因此，研究者与教师从这个方面入手分析可能存在的原因：活动量不够，导致该生体力没有释放掉。研究者与教师经过向家长了解还发现，该生体力很好，和爸爸参加过 15 公里野外拉练。根据对该生注意力不集中的现状及其可能原因的分析，研究者对该生早晨到校后的晨练（主要是晨跑）情况进行了观察，观察内容如表 1 所示。

表 1　学生晨跑情况观察记录

学生姓名：	观察日期：
晨跑时间：＿点＿分至＿点＿分，共＿分钟	晨跑圈数：＿＿＿＿圈
晨跑强度：强（　　）　　一般（　　）　　弱（　　）	
其他情况*：	

＊其他情况包括由于学生身体不舒服、天气状况不佳、学校重大活动等原因，影响了该生当天晨跑。

观察记录表上的内容越详细，通过观察获得的信息就越具体。例如，关于晨跑的时间，可以用"＿分钟"来记录，也可以用"＿点＿分至＿点＿分，共＿分钟"来记录，比较而言，后者比前者更具体，不仅呈现了学生晨跑的时长，还表明晨跑开始和结束的时间，这样能帮助教师了解其跑步时间短的时候是迟到还是早退，也可以帮助教师了解其每天到校的时间，获得有关这个学生晨跑的更为丰富的信息。

经过连续一周的观察，研究者发现这个学生晨跑时间比大部分学生少：早上大部分学生可以在 7：10 到校参加晨跑，而这个学生经常在 7：30 左右到校，晨跑时间比大部分学生少 20 分钟左右；他晨跑强度也比大部分学生弱，刚刚热身一下，跑了一圈就到了回教室的时间，这个学生就和其他同学一起回教室了。

针对这种情况，研究者与教师和家长沟通，让这个学生早晨尽可能早点到校，在身体允许的情况下，尽可能增加晨跑时间和强度。家长采纳了建议，改为 7：10 即送孩子到校。之后，研究者在上表的基础上，增加了该生上午在课堂上专注情况的记录（如表 2 所示），以了解增加晨跑强度和晨跑时间对该生上课专注情况的影响。

表 2 学生晨跑及课堂专注情况记录

学生姓名：		观察日期：
晨跑时间：____ 点 ____ 分至 ____ 点 ____ 分，共 ____ 分钟		晨跑圈数： ____ 圈
晨跑强度：强（ ） 一般（ ） 弱（ ）		
其他情况：		
课堂 专注 情况	第一节课：专注 _____ 分钟，备注：	
	第二节课：专注 _____ 分钟，备注：	
	第三节课：专注 _____ 分钟，备注：	
	第四节课：专注 _____ 分钟，备注：	

通过前后对比研究者发现，该生增加晨跑时间和强度后，课堂专注力明显增强，尤其是在前两节课上，能够持续 30 分钟左右专注于听课。

再如，通过观察来研究学生课间活动。从理论上来说，课间是学生身心放松的一段时间，课间得到很好的放松和休息，是学生在下节课拥有良好精神状态的必要条件。课间十分钟也是学生在课堂教学之外进行人际交往、提高人际交往能力、增进同学之间友谊的重要平台，课间玩耍对于学生创造性、自主性、合作意识与能力等的发展也具有积极的作用。因此，课间十分钟是学生学校生活的一个重要组成部分。对于这段时间的活动，可以设计如下观察记录表（见表 6-1 ）。

表 6-1　课间十分钟学生活动观察记录

活动内容	人数	学生姓名 *	备注
喝水、去洗手间			
整理上课用的学具，书本			
运动			
和同学聊天			
看课外书			
看课本、做作业			
下棋、玩魔方等			
睡觉			
其他			

＊如果当时来不及写，可以在观察结束后补充。

关于课堂外学生的情况，教师不仅可以自己观察，还可以借助外力进行观察。以学生生活自理能力的调查研究为例。生活自理能力与自主学习能力是相关的。自主学习能力本身是学生发展目标中的一个重要内容。同时，自主学习能力也影响着学生其他方面的发展。下面这个例子是对一部分自主学习能力弱的学生所做的研究。在观察学生在校自主学习能力的基础上，教师根据前述整体论的思想，分析了学生的生活自理能力对其学习自主能力可能的影响，然后设计了适合低年级学生家长在家观察子女生活自理情况的观察记录表（见表6-2）。

表6-2 学生生活自理能力观察记录

学生姓名：_____ 记录时间：_____月_____日，星期_____

记录人和学生的关系：_____

观察内容	自己独立完成	家人协助完成	家人代替完成	备注
洗漱				
穿衣服				
吃饭				
收拾自己的玩具				
收拾自己的课外书				
整理自己的书桌				
整理自己的床铺				
打扫自己的房间				
洗自己的袜子				
其 他 方 面（请自行填写）				

注：请根据孩子完成情况，在上述表格中的相应位置画"√"；如果当天没有某项活动，请在"备注"一列注明。

家长连续进行了一周的记录。通过这种方式，教师调查了学生在家的生活自理情况，根据所了解的基本情况，对学生上述表格中能够自主完成的方面进行了肯定，对没有自主完成的方面，和家长协商请学生自己去完成。

教师发现，一段时间后，有些学生在生活自理方面有了很大变化，同时他们的自主学习能力也有了提高，形成了一些良好的学习习惯，如按时做作业、检查作业、交作业，自己收拾书包、书桌和抽屉。当然，学生个体差异比较大，具体问题及产生的原因可能并不完全相同，故在上述调查研究的基础上提出的改进措施未必对所有学生都有效，但是在调查研究、充分了解学生的基础上寻找有效的改进措施，是适用于更多学生的问题解决思路。

（三）观察过程中如何进行记录

观察记录表编制好后，就可以在合适的时间实施观察了。在实际的观察中，既可以记录观察记录表上所列的内容，也可以根据具体情况对其他任何有意义的内容进行记录。

特别需要注意的是，在记录时要将所看到的客观事实与主观感受分开来记。

有教师在观察记录中写道："我看到学生 ×× 总是抢答问题，很积极。"这句话中，"总是"和"很积极"是带有主观判断色彩的词语，对应的客观表述可以是这样的："学生 ×× 一节课举手回答问题 × 次，其中 × 次是第一个举手回答"或"学生 ×× 一节课举手回答问题 × 次，其中 × 次是班级前 5 个举手回答的"(见表 1)。

表 1　学生课堂表现观察记录

观察时间：＿＿＿＿＿＿　　　观察地点：＿＿＿＿＿＿　　　记录人：＿＿＿＿＿＿

记录编号：＿＿＿＿＿＿　　　观察对象：＿＿＿＿＿＿　　　研究主题：＿＿＿＿＿＿

具体时间	学生一	学生二	分析	备注
9:10—9:15	（课堂表现）	（课堂表现）	学生 ×× 一节课举手回答问题 × 次，其中 × 次是第一个举手回答	
9:16—9:20	（课堂表现）	（课堂表现）	学生 ×× 一节课举手回答问题 × 次，其中 × 次是班级前 5 个举手回答的	

除了传统的纸笔，我们还可以充分利用现代信息技术手段进行记录，如利用手机的拍照和录像功能记录那些内容丰富，用文字难以精准描述的声音、画面或过程，如学生上课的表情与动作——专注投入的表情、走神的表情、做小

动作的过程等。当然，要注意保护学生的隐私和肖像权，所记录内容仅限于对学生的调查研究，千万不要向外泄露，尤其不要上传到网络上，以免对学生造成伤害。

第七章
实物材料分析法：以作业等为"物证"

一、认识实物材料分析法

（一）什么是实物材料分析法

实物材料分析法是指通过收集和分析与被调查者相关的实物材料对被调查者进行研究的方法。在对学生的调查研究中，实物材料的一个重要部分是学生作品，主要包括学生的书面作品，如作业、日记、作文、信件、绘画作品、试卷、板报等。

学生作品是学生学业的一种直观表征，也是学生自我的一种呈现，直接展现了学生内心的一些想法、学生的学习态度与习惯、学习风格与思维方式、学习结果，为教师了解和研究学生、分析学生具体的学习情况及反思和改进自己的教育教学提供了依据。在日常教育教学实践中，传统意义上的作业是学生作品中最重要的一个部分，但是，学生作品的范围显然比学生作业广得多。二者的理念也不一样：学生作业主要是老师布置的、学生根据老师要求做完的，虽然带有学生个人风格，但也具有一些被动意味；相比而言，学生作业之外的绘画、日记、手工作品等学生作品更能体现学生的主体性和能动性，也更能呈现学生的真实自我。因此，教师去研究学生作业之外的学生作品，能了解更多有关学生的情况。

（二）实物材料分析法的特征

第一，以实物形式直观呈现被研究者的有关情况。不同于访谈法、观察法等研究方法的是，实物材料分析法所分析的研究资料是"实物材料"，实物材料是通过实物的形式直接呈现出来的，因此更为直观。

第二，能够了解一些其他方法难以了解的信息。例如，当说明学习习惯对学业成绩优秀的学生取得好成绩有多么重要时，可以通过问卷调查、访谈来了解不同学生的情况，但是一些学生字迹工整且条理清楚的作业、笔记和错题本等可以更直观地呈现出这些学生在做作业、记笔记和管理错题方面的良好习惯究竟是什么，能够传递出一些通过其他调查方式难以获得的信息。相应地，就一些学习习惯差的学生来说，其作业书写混乱甚至作业本残缺不全或不知去向的情况，则说明了另外一种学习习惯。此外，要了解学生在手工、音乐和美术等方面的发展状况，分析他们在这些方面的作品具有其他调查研究方法难以达到的成效。对于不善于在访谈或问卷调查中表达的学生来说，研究他们的实物作品也具有重要的调查研究意义。

第三，实物材料作为"物"的形式具有物证的特征。这一物证的特征，可以在某些情况下为通过其他研究方法获得的资料提供补充和验证。例如，当调查研究一个学生为什么能取得好的学业成绩时，他说一个重要的原因是上课认真听并记笔记，其家长说原因是回家认真做作业。而通过研究其笔记和作业的情况，发现其笔记字迹工整、条理清楚，那么这些文本材料可以作为证明其具有良好学习习惯的补充材料，并可以证实其本人的话。同样，分析其作业情况，也可以补充和证实他家长的话。相反，当向一个学生了解他在家做作业的情况时，他也说他认真做作业，但是看其作业，不仅字迹潦草，还有一些辨认不清的涂鸦。那么，其作业情况很好地反映了他做作业的实际"认真"程度。

二、实物材料有哪些

在对学生的调查研究中，实物材料一般可以分为以下几类。

（一）课堂笔记

课堂笔记是学生在课堂上对所学所思做的记录，能够直观地呈现学生上课学习情况。不同学习风格的学生，他们的课堂笔记也具有不同的特征。有的学生喜欢把学习内容详细记录下来；有的学生喜欢只记主要内容，一堂课下来课堂笔记就只有几个关键词。但是，无论如何，是否记课堂笔记是学生对课堂教学内容是否有兴趣、上课是否认真学习的一个重要体现。字迹工整、条理清楚是好的课堂笔记的共同特征。因此，学生是否记课堂笔记，课堂笔记记得如何，可以作为学生是否对所学内容感兴趣、是否认真听课的表征，而课堂笔记的书写情况，则能反映学生的学习态度、对课堂学习内容的吸收和消化情况。

（二）作业

从实物材料分析法的角度看，作业是学生学习中最常见的一种实物材料。让学生做作业的目的之一是让学生巩固学习内容，另一目的是检测学生学习情况。因此，可以说让学生做作业的意义之一就是检测学生的学习情况。通俗地说，作业可以帮助教师了解哪些学生掌握了哪些教学内容，掌握到什么程度，哪些学生没有掌握哪些教学内容。教师通过作业这个"点"，还可以了解学生发展的其他方面及其影响因素。如果从学生调查研究的角度看，作业本身即是调查研究学生的工具。因此，教师可以充分利用好作业这一工具。

由于作业在学生学习中非常普遍，而且是影响教师教和学生学的一个重要因素，故将在后文专门进行分析。

（三）错题本与试卷

错题的出现表明学生在知识的掌握和运用方面存在着一些问题，这些问题可能会阻碍其进一步的学习。因此，整理和解决这些错题，对学生扎实掌握知识，提高学习能力具有非常重要的作用。对学生错题本进行研究，也可以发现不同学生的学习情况。一般而言，学习成绩好的学生与学习成绩不好的学生在使用错题本的习惯和方法方面差别很大。反过来，使用错题本的不同习惯和方法也给他们的成绩带来了不同的影响。通常情况下，成绩好的学生其错题本干净整洁，保存完好，其中错题标注清楚，书写工整；而成绩不好的学生错题本上杂乱无章，书写潦草，有的甚至将错题本到处放，有时自己也找不到。反过来也可以说，这两类学生使用错题本的习惯和方法，也是他们成绩出现分化的一个原因。

杭州市学军小学一位老师对学生错题本中的内容进行了分析，提出了一些值得关注的观点。[①]

三（6）班为实验一组，三（7）班为实验二组。三（6）班给予"摘录错题，要求抄题并分析错因"的要求，三（7）班只给予"摘录错题"的要求，统一周一上交。通过两组数据的对比和分析以及之后对学生进行的个别访谈，能够从他们身上发现错题本使用中的诸多问题。

起步的尴尬

"为什么要摘录错题呢？"访谈中许多学生表示他们对错题本一点兴趣都没有，有人认为这是"把做过的题目又做了一遍"，也有人认为"只要我们记住答案，下次就不会错了"。很多学生把它当成任务来完成，错题本变成了抄写本，完全就是照搬照抄，不仅浪费了时间，而且增加了负担。学生对错题本能提升学习效率的作用没有体验，使用错题本的需求便无从谈起，错题本在这次实践中变成了无奈的鸡肋。

源点的迷茫

"错题从哪里摘呀？"当老师布置完这项作业时，许多学生发问，错题本交上来，学生都摘录了练习册上的错题，而数学书、试卷上的错题却鲜有摘录，说明大部分学生将题目的范围划定在日常使用的练习册中。还有一部分学生偷工减料，选一些简单的计算重做一遍应付了事。

思考的空白

"错因怎么分析呢？"老师发现一道题做错后很多孩子会订正并且能一遍过关，但他们不知道错因在哪里。在对学生的访谈中，大部分学生不能根据知识点来进行分析，将错因草草归咎为几个大类，不是算错就是粗心。到底哪里算错了？哪一步算错了？哪一个知识点出错了？难觅踪迹。如此使用错题本，显

---

① 严欢明. 收纳错误　激发思维　聚变智慧：运用"错题本"培养学生数学反思能力的实践研究 [J]. 科教导刊（上旬刊），2011（10）：117.引用时有删改。

然无法对培养学生的反思能力起推动作用。

这位教师就是通过对错题本进行研究，以此分析学生反思和学习能力中存在的问题，并在此基础上提出了有针对性的改进措施。

（四）日记

日记一般是学生对有感触的经历的记录。这种感触，可能是认知方面的，也可能是情感方面的。学生交给老师的日记，有可能反映了真情实感，也有可能只是为了完成"任务"。无论是哪种，哪怕是为了完成任务，日记也能反映学生当天的一些经历及其思考，教师可以从中了解学生的一些真实情况。当然，有些学生交给老师的记录可能"不真实"，教师要注意辨别。

教师还可以请学生撰写某一方面的日记，如动植物观察日记、体育锻炼日记、情绪日记等。通过日记，对学生这个方面进行分析，这是对学生进行调查研究的一个有效途径。

全国模范教师、全国优秀班主任郑丹娜老师的一些工作方法，就是来源于学生的"日记"。

1993年，郑丹娜刚刚参加工作，那时的她满腔热忱，但是对教育也看得比较简单。觉得只要肯下功夫，并且能在学生面前树立尊严，就肯定能管好学生。有时候，她甚至为严格管教学生所取得的成绩洋洋自得。但是，后来发生的一件事情，深深地触动了她的心。

原来，班里有一个淘气的男生没完成作业，她把他留下来，一直看着他补完作业，然后才送他回家。见到学生的父亲，她便一股脑儿地反映了他在学校的表现——不按时完成作业、上课做小动作、课堂上和同学打闹等。郑丹娜回忆说，当时讲这些话的时候，丝毫没有意识到家长和孩子的心理感受。当她从学生家出来后，屋内便传出了家长的怒骂声、斥责声，接着便是学生嘤嘤的哭声。当时她难受极了，她突然对自己的行为感到羞耻，自己沾沾自喜的所谓业绩，原来是以伤害孩子心灵为代价的。

从那以后，郑丹娜开始思考跟学生的交流问题。那时候的小学老师工作比较忙，教的学生又比较多，每天学生围上来跟她反映问题，她有时听不过来也记不住，有的学生就开始变得很失落，不爱说话，觉得老师根本没有重视他们。一次翻阅学生交上去的日记本时，作为语文老师的郑丹娜突然生出一个想法："何不让孩子们用写日记的方式跟老师说说话？一方面，她通过日记能更了解孩子们，化解他们的烦恼；另一方面，以和老师说话的方式代替之前的"流水账"日记，可以锻炼他们的写作能力。"说做就做，郑丹娜开始尝试跟孩子们写悄悄话。

郑丹娜在1998年接手自己的第二批学生时，她特意为每名学生准备了一个名叫"悄悄话"的小本子，让孩子们把心里的悄悄话写在本子上，然后她再一一回复。在本子里，孩子们告诉郑老师各种各样的事情：发现小乌龟下蛋时的新奇，与好朋友争吵后的无奈，被父母误解时的委屈，甚至是对老师的小小不满……渐渐地，"悄悄话"成为郑丹娜和学生之间交流感情的桥梁。郑老师对每一则悄悄话的认真回答、耐心引导，让学生都愿意把心里的悄悄话说给她听。郑丹娜也因此知道了孩子们不少秘密、疑惑以及困难。

从1998年到现在，一届届学生来了又去，郑丹娜的"悄悄话"仍在坚持。师生之间的对话写满了四百多万字，相当于十来部长篇小说的文字量。在小本子上"听到"的悄悄话，使郑老师愈发关注孩子们的情绪变化。她在教室的墙壁上挂了一张"心情晴雨表"，每个孩子都有自己的一栏。每天早上，孩子们在心情晴雨表里画上笑脸或哭脸，表示自己的心情。看看晴雨心情表，郑丹娜就知道今天谁最需要关心。[1]

分析上述做法，其实是教师把对学生的调查研究与要求学生写日记巧妙地结合在了一起。郑丹娜老师在接受记者采访时，反复向记者讲述她跟孩子"说悄悄话"的快乐。她说："孩子们真是挺好的。现在，我经常站在孩子的角度去

---

[1]　刘晓伟.用"悄悄话"走进孩子的心灵：记垂杨柳中心小学老师郑丹娜.工会博览[J].2010（5）：26–27.引用时有删改。

理解他们所说的和所做的每一件事情，换位思考之后你会发现，他们有时候真的不是我们想象的坏孩子。比如一个孩子偷拿了别人的体温计，是因为家里困难，他又不想失信于老师。虽然这样的举动不对，但孩子并没有恶意。知道了这些，我就不会跟孩子真生气。"①

普通教师也可以开展这样的研究工作。下面是一位普通教师关于学生情绪日记的分析。

"情绪日记"是让学生记录自己当天的情绪状况及相关事例，帮助学生了解、控制自己的情绪，留下童年成长的足迹。我倡导学生在"情绪日记"中记录自己在校及在家各方面的优秀表现或不足，公开地、全面地评价自己，然后在周一的班会课上把自己一周的情绪日记在小组内交流，在交流中学会寻找自己的不足和欣赏别人的长处，取长补短，不断反思，在反思中不断完善自己。我在学生交流的基础上给予适当的引导，通过分析，提出改进计划来促进学生的发展，还会给出恰当的评价。通过"学生自我认识"和"他人评价"发展学生的自觉性、自控力，从而推动学生进步。②

（五）绘画涂鸦和各类制作品

从狭义的角度来说，绘画作品是学生在美术课堂上完成的画作，应该是作业范畴。但是，从广义的角度来说，绘画作品还包括学生自己在其他时间画的画以及学生的信手涂鸦，这些都是学生自我的一种呈现。

一个学生上课时，特别喜欢在笔记本上画各类爱心，反映出她可能是内心情感丰富细腻的孩子；有些女生很喜欢公主形象，画的公主均是长发长裙、温柔美丽、粉粉嫩嫩的样子，折射出这类学生心中的公主形象，也在一定程度上

---

① 刘晓伟. 用"悄悄话"走进孩子的心灵：记垂杨柳中心小学老师郑丹娜. 工会博览 [J]. 2010（5）：26–27. 引用时有删改。

② 该案例由北京市密云区第三小学霍光阳老师撰写。

反映出这类女生对自我的期望；而有的女生喜欢画花木兰、黑衣公主[①]之类的公主，身着戎装，头戴盔甲，脸戴面具，策马扬鞭，充满英雄气概，折射出这类女生心目中的公主形象以及对自我的定位和期望。

学生的制作品，既包括学生在科学课、手工课、劳动课等课程或活动中制作的各类作品，如小发明、小制作等，也包括学生在课余时间自己制作的各类作品，如学生自主搭建的机器人、自己做的头饰与摆件等。一位喜欢做手工的学生，其作品反映了他的兴趣爱好及其在手工方面的能力发展情况；一位喜欢做各类机械装置的学生，其作品反映了他对相关学科的兴趣、知识掌握情况及相关能力的发展状况。进一步分析，这些作品也能反映学生的自主学习能力。

这类作品有时不好收集，可以通过拍照片或录像的形式记录下来。

（六）照片与录像

学生调查研究中的照片和录像资料，根据来源可以分为以下三类。

一是教师和学校其他人员拍摄的照片和录像。这又可以分为两种情况，第一种是有目的、有计划地拍摄的，例如，反映学生上课情况的照片和录像，记录学生参加社会实践活动、艺术体育活动等的照片与录像，研究学生学习习惯所拍的笔记和作业等。第二种是在日常生活中临时起意拍下的照片和录像，如课间十分钟看到学生开心游戏、课堂上看到学生热烈讨论而拍摄的照片和录像等。

二是学生自己拍摄的相关照片和录像。在信息技术飞速发展的时代，使用电子产品的学生越来越多，不少学生喜欢摄影摄像，这也是他们以自己的视角和方式记录所见所思的一种途径，是他们自我的一种呈现。因此，对他们拍摄的照片和录像进行分析，也是进行学生调查研究的一个方法。

三是家长拍摄的有关子女的照片和录像。家庭照片和录像是家长记录子女

[①]　黑衣公主是美国绘本作家香农·黑尔的作品《黑衣公主》里的主人公，她本是举止优雅、漂亮温柔的木兰花公主，但是戴上王冠、蒙着黑色眼罩、穿上黑色风衣，就成了不怕困难、乐于助人、敢于冒险的黑衣公主。

成长的重要资料。家长给子女拍的照片，直观地记录了子女的成长历程和家庭教育方面的一些情况。照片数量的多少、照片中家人与子女的神态表情、照片中的活动内容等，反映了学生成长中的一些具体情况。例如，一位爱带孩子去博物馆的家长，在介绍其带孩子去过的博物馆时，展现了每次带孩子去博物馆的照片，照片中孩子专注的表情、开心的笑容，以及在博物馆所见到的展品，能帮助研究者直观地了解学生参观博物馆的收获和受到的影响。

（七）家长做的子女成长记录

有些家长给孩子写成长记录，其中，有些是有目的、有计划地写的，有些是随感而发的，无论哪一种，都是对子女成长的一种记录，对之进行分析可以了解学生成长中的一些情况。例如，有些教师通过对家长发的微信朋友圈的分析，就可以了解学生在家的情况和学生的家庭教育情况。

（八）其他有关学生的实物材料

例如，通过分析学生喜欢的课外读物，可以了解学生的兴趣偏好、知识面、阅读能力等；通过分析学生的体检报告，能够分析学生的身体健康状况，并据此采取有效措施改善学生的体质；通过分析学生给班级做的黑板报、为社会活动做的宣传报等，也能了解学生的一些情况；通过分析学生演出或展示活动的录像，可以动态地分析学生参与活动的情况；等等。

三、如何"以物识生"

在实物材料分析法中，由于每种实物材料所负载的内容及其存在形式差别很大，因此，在具体的研究过程和方法方面有较大差异。但是，无论借助哪种实物材料进行学生研究，都需要考虑以下几方面。

（一）从学生的视角来收集实物材料

运用实物材料分析法来研究学生，要有学生"主位"立场，即从学生的视角来收集充满"意义"的实物材料。因此，具备以下特征的实物材料都可以进行研究。

一是学生喜欢的实物材料。例如，学生的绘画涂鸦作品，即使在成人看来没什么意思，就是胡乱画画而已，但学生就是喜欢，而且"百画不厌"，那么，教师就要放下自己"胡乱画画"的判断，从学生角度分析其"意义"，分析从中反映了学生什么样的"自我"。再如，有些学生喜欢亮晶晶的玩具，谓之宝石，并做成手工制品，有的学生爱好汽车，收集了各类汽车模型，有的学生喜欢动物，收集了有关动物的各类玩具，这些物品是学生内心喜好的一种反映，是学生"自我"的一种投射，教师可以通过对它们进行研究来了解学生。

二是学生认为重要的实物材料。例如，有一个学生认为一些动物羽毛很特别，"说不上喜欢但就是觉得有意思"，因而收集很多羽毛，用盒子珍藏着；有一个学生对各类瓶盖很着迷，收集了很多瓶盖，进行归类收藏；有一个学生认为植物的叶子很有意思，收集了很多种叶子。这些学生认为重要的东西，在成人看来可能不值一提，但是教师要从学生角度来研究，为什么学生认为重要，它们对学生来说意义是什么，这也是了解和研究学生的一种方式。

三是学生自己制作的实物材料。这些实物材料是学生自己制作的，反映了学生的兴趣、知识掌握及应用、思维和能力发展等方面的情况。这类实物材料包括学生在科学、艺术、手工等课程的学习中制作的各类"作品"，或学生自己搭建的积木、机器人等。

当教师能够根据以上标准从学生视角研究各种实物时，会发现研究思路打开了，值得研究的、充满意义的实物更多样了，还能认识到它们对了解学生所具有的重要的甚至是不可替代的研究价值。

（二）根据学生调查研究的主题确定收集什么实物

就同一研究主题而言，教师可以通过多种方法来进行研究，也可以结合自己的时间和精力以及工作安排，在某一时间段重点使用一种方法进行研究。例如，关于学生学习习惯的研究，可以通过课堂观察研究学生的听课状况，可以通过访谈学生和家长来了解他们预习、做作业、复习等方面的具体情况，也可以通过分析他们的作业、错题本、笔记等来进行研究。当确定通过实物材料分析法来研究学生的学习习惯后，可能发现可研究的实物比较多，如作业、错题本、笔记等，每样都研究的话，受时间和精力所限，难以深入下去，因此，选择其中一两类进行专门研究就很有必要。实际上，如果一位教师能够坚持对上述几种实物中的一种进行一个月的持续研究，就能够发现学生学习中的一些具体情况，能对学生有更多、更深入的了解。再如，要研究学生的思想状况，可以通过多种方法来研究，当确定通过实物材料分析法来研究时，就会发现可研究的实物包括学生的绘画涂鸦作品、作文、日记等。根据研究者的时间和精力状况，可选择其中一类物品来深入研究。

（三）有计划地坚持研究

对教师来说，学生的笔记、作业、错题本等实物材料随手可得，教师有很好的机会研究这些实物。但是，要使研究达到一定的质量，起到了解学生、研究学生的效果，则需要教师有"研究"之心，避免仅仅从评价学生的角度来分析作业等实物材料，而要从"了解学生"的角度来制订研究计划，思考如何研究。研究计划涉及研究的时间、地点，如何收集和保存实物等问题。

例如，计划收集学生的作文，就要对每一次作文保持关注。能收集原文就收集原文，如果不能收集原文，则可以考虑拍照。无论是原文还是照片，都需要考虑如何归类和保存，在收集的同时，即进行初步的归类和保存，以方便之后的分析。对于学生作文，可以根据学生人名、时间、语文教学单元、作文主题或体裁等进行分类保存。如果要收集学生的课堂笔记，可以在每次课后进行笔记实物收集或拍照收集。有时学生做的笔记可能课后就带回家了，或者不用时就扔掉了，因此，及时收集是很重要的。

在运用以上方法进行学生研究的过程中，教师还可以寻找适合自己的具体技巧。只要有心，用心去实施，这些方法的运用将变得越来越简单。实际上，在运用实物材料分析法对学生进行研究的过程中，最难的是坚持并形成把调查研究渗透到日常工作中的习惯。就如《卖油翁》一文所说的，"无他，但手熟尔"。一旦坚持下来并形成习惯，将会使教师受益无穷。

四、作业分析：如何通过作业了解学生

（一）从了解学生的角度来分析学生作业

如前所述，从实物材料分析法的角度来说，作业是学生学习中最常见的一种"实物"。从了解学生的角度来说，研究作业可以帮助教师检测和了解学生的学习水平。此外，一般情况下，是否做作业，作业做成什么样子，还能够反映学生的学习态度和学习兴趣。学生需要通过什么作业、多少作业来巩固学习成效也具有个体差异性。因此，对学生作业进行研究，对教师了解学生、寻找有针对性的教育教学措施是非常有帮助的。

教师通过作业还可以了解学生其他方面的发展。如在下面这个例子中，教师通过分析学生的作业了解了其家长辅导情况。

一位教师对一个作业通常没有错误，但是课堂测验总是出错且成绩比较差的学生进行了研究。教师分析了学生的作业情况，访谈了学生及其家长，发现其作业是家长辅导的，家长辅导时没有考虑孩子是否真正理解了知识点，有时是直接告诉孩子答案，使得孩子作业是做对了，但是没有真正掌握知识点，导致其一到测验就出错。针对这种情况，教师和家长沟通如何在家辅导孩子学习。经过半个月，这个学生学习成绩有了明显提高。

有教师对整班学生作业情况进行了研究，有如下发现。

学习成绩好的学生能按时完成各类作业，且完成作业的质量比较高；相反，成绩一般或者较差的学生经常把作业当成任务，做完即可，甚至有完不成的现象。

学生成绩的好坏在其作业上能够很明显地体现出来。成绩好的学生在日记、作文等作业上的认真程度大大高于成绩差的学生：有些成绩好的学生甚至能写到 1000 多字，而成绩差的学生连 400 字都写不到；在内容上，成绩好的学生能够将自己身边真实发生的故事详细地描述出来，而成绩差的学生多数是在记流水账。

　　某教师结合访谈法对学生作业完成情况进行分析，发现成绩优秀的学生回家很快就能完成作业，觉得写完作业再做别的事情心里会更加踏实；而成绩差的学生则表示回家先玩，然后再写作业，有的甚至是边玩边写作业，可见作业质量不会太好。成绩好的学生的家长还注意从子女小时候就培养其良好的完成作业的习惯，杜绝孩子边做边玩，并且要求其做完后把作业从头到尾检查一遍。

　　作业直接反映着学生的学习态度与学习成果。成绩好的学生把作业当作自己一天学习成效的检查，而成绩差的学生把作业当成负担。他们对待作业态度不同，完成作业的质量自然也不同，久而久之，成绩上的差距就显现出来了。[①]

　　从上述分析可以看出，学生学业成绩与作业完成情况互为因果关系。就某一次作业而言，其完成质量受学习成绩影响，而作业完成质量反过来又会影响学生接下来的学习。从入小学一年级开始算起，作业完成情况对学业成绩具有很大的影响，由每天做作业的行为积累而成的做作业的习惯，对学生的学习效果与成绩会产生持久的影响。

　　所以，从学生调查研究的角度说，作业本身就是调查研究的工具。我们是借助这个工具来了解学生的，切忌从评价学生的角度来看待作业，不要因为学生作业出错而批评学生。

（二）学生作业的分类

　　目前，对于学生作业的研究主要是针对校内教师布置的作业，有些研究非常细致和深入，为我们认识校内教师布置的作业提供了重要的参考。但是，关于非校内教师布置的作业的研究比较少，而当前非校内教师布置的作业是影响学生发展的一个重要因素，非常值得教师关注。因此，我们不仅要研究校内教师布置的作业，也要研究非校内教师布置的作业。

1. 校内教师布置的作业

　　校内教师布置的作业，即由学校教师给学生布置的课堂作业和家庭作业。

---

① 北京市密云区第三小学王小蕾老师和廖一平老师参与分析了这部分内容。

在减负的政策背景下，中小学要减轻学生的学习负担。但是，就学习规律来说，在不使作业成为学生负担的前提下，需要通过必要的作业来帮助学生巩固所学内容，帮助教师检测学生的学习情况。因此，从巩固和改进学生学习的角度来说，教师需要布置课堂作业和家庭作业。

2.非校内教师布置的作业

近些年，人们对子女教育的关注越来越多，有些家长不再满足于孩子只接受学校教育，给孩子报了课外班。有些课外班也有作业，尤其是钢琴、书法、声乐等课外班的老师要求学生天天练习，也就是说，有些课外班每天都有作业。

除了课外班的作业之外，有些家长还给子女买教辅材料，如数学计算、英语单词、语文作文等方面的练习册，也有些家长自己在家辅导孩子学习，如语文古诗词、英语范文背诵、数学口算等。对北京市某优质学校一个班的学生进行调查发现，90%以上的家长每天额外给学生布置作业。一项在上海市某小学的研究发现，60%、66%、57%的家长会给孩子额外布置语文、数学、英语作业。[①]

因此，非校内教师布置的作业又可分为两类：课外班的作业和家长布置的作业。如果说目前学生学业负担重，那么，除了学校学业压力之外，另一个重要压力源即校外各种课外班的学习以及这些非校内教师布置的作业。

教师可以根据表7-1，来了解学生一周花在作业上的具体时间分配。

表7-1　学生一周做作业的时间统计表

班级：＿＿＿＿＿＿　　学生：＿＿＿＿＿＿　　调查时间：＿＿＿＿＿＿

作业分类	周一	周二	周三	周四	周五	周六	周日
完成校内教师布置的作业所用时间							
完成非校内教师布置的作业所用时间							

① 方臻，夏雪梅.作业设计：基于学生心理机制的学习反馈[M].北京：教育科学出版社，2014：5.

从整体论的角度来说，如同学生在课堂上的学习受到其课外班学习的影响一样，学生完成校内作业的情况也受到非校内教师布置的作业的影响。要特别注意非校内教师布置的作业对学生校内作业完成情况的影响，进而分析其对学生掌握教学内容的影响。

小艺的作文为什么退步了？

小艺是名五年级学生。语文教师兼班主任赵老师发现他最近一学期作文水平明显下降，与之前相比，用词显得生硬，内容比较平淡，缺乏自己的思考。在课堂练习时，小艺还出现握笔发愣、不知如何下笔的情况。有时，赵老师问他为什么不写作文，他说"不会""不知道怎么写""再想一想"。赵老师觉得比较奇怪：秒随着年级升高、年龄增长，学生写作文时一般越来越有自己独到的见解，词汇量也越来越丰富，可是小艺的作文水平为什么下降了呢？于是，赵老师对他进行了研究。

研究发现，小艺自上学期开始上了一个阅读与写作班，并经常在家背范文。上阅读与写作班和背范文都是妈妈给他安排的。妈妈之所以这样安排，是听说阅读和写作在高考中很重要，想进一步提高小艺的写作水平。于是，妈妈给他报了个班，并买了两本小学生范文，让小艺每天都背一会儿"范文"，每周背会两篇"范文"。

赵老师进一步了解了小艺所上的阅读与写作班的教学内容与教学方式，以及他所背范文的内容。在阅读与写作班上，老师每次上课都是先点评上节课作业，然后讲范文，分析范文的结构，最后请学生仿照范文结构进行课堂练习；有时，会做一个小活动，然后让学生写写活动过程。每节课后要求学生根据教学内容再写一篇作文，下节课进行点评。小艺妈妈让小艺背的范文，特别强调句型和段落模板以及作文结构。

赵老师问小艺上阅读和写作班及背范文对他有什么影响时，小艺说，他学了不少写句子的方法和写作文的思路，有时写作文能用到一些，但是，如果遇到老师出的作文题不在范文所涉及的范围内，他就不知道该怎么写了。

赵老师知道小艺为什么写学校作文退步了：受阅读和写作班教学及背范文的影响，他原先写作的灵感变少，写作中思维受到了限制。仿照范文的“套路”写作文，缺乏对生活的自主观察、思考和表达能力的锻炼，导致小艺面对超出范文的作文时就出现了不会写的情况。

除了写作能力，学生在其他学科的学习以及学习兴趣、学习习惯培养等方面，也容易受到非校内教师布置的作业的影响。这些影响有些是正向的，例如，有的家庭根据孩子的情况，有针对性地布置作业，加强了孩子对学校教学内容的掌握，促进了孩子学习能力的提高；也有些是负面的，如上例中的情况。较为普遍的负面影响是学生作业多了，因而没有时间检查，导致学生难以形成检查作业的学习习惯，甚至形成了匆匆做完作业了事的习惯。总之，关注非校内教师布置的作业，从整体的角度来分析学生的作业，对于全面了解学生上述几个方面是很重要的。

（三）通过作业了解什么

通过学生的作业可以了解什么？可以从如下方面进行分析。

1. 学生发展情况

具体来说，通过了解学生作业是否完成，完成得如何，什么时间完成的，对作业本身的管理情况等，可以了解学生以下方面的发展情况。

（1）自我管理能力

有研究认为，从心理学的角度来说，做作业是一种典型的自我调节学习。在做作业的过程中，学生需要与各种干扰因素抗争。因此，做作业还能锻炼学生的意志品质，即使面对内外部的干扰，学生也需要通过自己的意志控制达到学习目标。[①]通俗地说，学生做作业时是否需要教师或家长督促、作业保管情况

---

① 　方臻，夏雪梅.作业设计：基于学生心理机制的学习反馈[M].北京：教育科学出版社，2014：前言.

如何等，反映了学生自我管理能力的发展状况。

一般来说，学生自我管理能力的提高，有助于学生更好地完成作业。如前所述，从人发展的整体性角度来说，学生在生活中形成的自我管理能力能够迁移到学习中。例如，学生自己收拾玩具、绘本的能力，能够迁移到管理自己的作业上；能管理自己玩耍、洗漱、睡眠时间的学生，在管理作业时间方面也相应地好一点。因此，学生作业完成情况与其自我管理能力息息相关。改进学生对作业的管理能力，可以从提高其生活中的自我管理能力入手。

（2）学习兴趣与学习风格

学生是否愿意做作业，是否喜欢做作业，也反映了他对学习的兴趣。例如，同样是数学计算作业，有的学生觉得很有意思，而有的学生觉得枯燥乏味；有的学生喜欢写作文，有的学生一碰到写作文就"头疼"；有的学生喜欢动手类作业，有的学生看到动手类作业就发怵……这都体现了学生学习兴趣和学习风格的差异。

从这个角度来说，有时学生没有做好作业，或者做作业的过程中出现家长或教师所认为的"拖拉"，甚至被认为"不认真"，实际可能是受学生学习兴趣和学习风格的影响，并非主观上的"拖拉""不认真"。犹如成人在工作中，有的喜欢并擅长做纯技术类工作，而有的喜欢并擅长做营销、公关等与人打交道的工作，如果让前者做后者的工作，显然会比较痛苦，也可能出现退缩或难以完成的情况，反之亦然。因此，如果学生在做作业中有所谓"拖拉""不认真"或做不好的情况，可以尝试从这个角度来分析。

（3）学习习惯

作业完成情况也反映了学生的学习习惯，如当天作业当天完成的习惯，写作业时字迹工整、行文具有条理性、下笔前审题、下笔后检查等习惯。学生作业中反映出的学习习惯与自我管理能力相关，有些习惯是由自我管理能力带来的，而良好的习惯本身又会进一步增强学生的自我管理能力。

（4）教学内容的掌握情况

学生作业还能直接反映其对教学内容的掌握情况。但是，作业是静态的，更多反映的是学习结果，若想从学生作业中了解学生的思维过程等，还需要结合访谈等方法来获得更多信息。

（5）其他方面的发展情况

以对学生作业的调查为切入点，通过研究学生每天完成课后作业的时间，可以了解其还有多少时间用于课外阅读、体育锻炼、自由玩耍等，进而了解这些方面的发展情况。

一个学生课后除了上课外班，就是写作业，基本每天都要到晚上十一点左右才能写完作业，那么，就可以推断这个学生基本没有时间参加体育锻炼、进行课外阅读，更没有时间自由玩耍了。再联系他每天 6：30 起床的情况，也可以知道他的睡眠时间每天不到 8 小时，睡眠不足，对上课时精神状态和身体发展可能有负面影响。

另一个学生，周一至周五没有任何课外班，回家用四五十分钟时间就能迅速完成作业。那么在 9：30 睡觉前他都做些什么？进一步向其本人和家长了解发现，他基本上每天都会读一会儿课外书、看会儿自己喜欢的电视，和父母下楼散会儿步，喜欢篮球的他有时还会花一点时间练习投篮。

如果将上述两个学生课后时间的安排用表 1 呈现的话，可以更直观地发现他们的差异情况。

表1　两个学生课后时间安排情况

学生1		学生2	
7：00—9：00	做校内教师布置的作业	7：00—7：40	做校内教师布置的作业
9：00—11：00	做课外班的作业	7：40—8：10	和父母聊天散步
		8：10—9：00	看电视或玩球
		9：00—9：30	看课外书
11：00	洗漱，准备入睡	9：30	洗漱，准备入睡
次日 6：30	起床	次日 6：30	起床

需要特别指出的是，作文和日记不仅反映了学生对学习内容的掌握情况，还蕴含了学生的思想感情。因此，可以通过作文和日记来了解学生的思想感情状况。

2. 教师的教学情况及对学生发展的影响

学生作业做得如何，一定程度上也反映了教师的教育教学情况，可以通过对作业的研究来分析教师教学对学生的具体影响。例如，可以从学生作业完成情况看出教师教学内容中哪些方面学生掌握了，哪些方面学生还没有掌握；学生因害怕做错作业被老师惩罚而不想做作业的例子说明，有时学生没有做作业是教师对作业的处理态度导致的；有的学生做作业拖拉是因为教师布置的作业对他来说难度过大，进一步分析可能发现教学内容对学生来说有难度。因此，考虑调整教育教学内容，使之落在学生的"最近发展区"，就是教师通过分析学生的作业来了解学生发展情况，进而反思自己教育教学的过程。

有研究者系统地分析了学生的作业，发现了一些值得关注的问题，如教师和学生关于作业量认知的冲突：教师一般会低估作业量，而学生习惯于将作业量夸大。因此，教师需要理解学生眼中比较合适的作业量是多少，因为对学生产生影响的是学生所认为的作业量，而不是教师认为的作业量。[①]

3. 家庭教育情况及其对学生发展的影响

从学生作业中了解的家庭教育情况涉及两个方面：一是家长如何对待学校教师布置的作业；二是对非学校教师布置的作业的安排。即使是课外班教师布置的作业，也在家长可管理的范围内，即上不上某个课外班，做不做课外班的作业，家长是有决定权的。因此，也可以说课外班老师布置的作业和家长给子女布置的作业一样，都反映了家长的教育价值倾向，反映了家长要把子女往什么方向培养。

---

① 方臻，夏雪梅.作业设计：基于学生心理机制的学习反馈 [M].北京：教育科学出版社，2014：46.

同一年级同一个班的学生家长，对课外半小时的时间安排各不相同：有的家长选择让孩子进行课外阅读，培养其阅读兴趣和良好的阅读习惯；有的家长要求孩子每天做50道口算题，反复练习；有的家长要求孩子每天练琴半小时，以提高弹琴水平；有的家长让孩子进行户外锻炼；有的家长不给孩子安排，任由孩子自己选择做什么。

同样是看课外书的半小时里，有的家长给孩子指定课外书；有的家长没给孩子指定课外书，孩子可以根据自己的兴趣选择课外书；有的家长不规定具体看哪些书，但给一些建议。

从上述不同做法中可以看出家长在教育价值倾向、教养方式方面的差异及其给学生发展带来的不同影响。从上述非教师布置的作业中，可以由点及面地分析家庭教育的影响。对于没有给孩子布置过任何作业的家长，也可以具体分析是因为什么而没有布置，从具体原因中也可以看出其家庭教育情况。当然，现实中还有不少家长自己也缺乏相关意识，没有思考过为什么要给孩子布置某类作业，有时只是在"跟风"，这本身就反映出这类家长在家庭教育上可能存在从众的情况。

以上内容是分析如何通过研究作业来了解学生。除了作业之外，还可以对学生的课堂笔记、错题本与试卷、日记、绘画及各类手工作品进行具体的调查分析，了解学生发展情况及影响因素。虽然每种实物材料的分析方法不尽相同，但从总体上来说，要从学生主位的角度出发，以整体论的思维方式思考问题，这些都是共通的。

第八章
问卷调查法：了解超出直接
经验范围的学生

前面讲的几种调查研究方法，教师都是通过直接接触学生的方式来开展调查研究，或者说了解的是直接经验范围内的学生，而问卷调查法则可以帮助教师了解超出直接经验范围的学生。问卷调查法与其他方法结合，可以帮助教师从不同方面来了解学生。

一、认识问卷调查法

（一）什么是问卷调查法

问卷调查法是指研究者以问卷为工具，即把研究内容分解成若干具体问题，用这些问题编制问卷请研究对象作答的调查研究方法。问卷是社会调查中用来收集资料的一种工具，一种类似于体温表、测力器、磅秤、米尺那样的工具，不过，与这些工具不同的是，问卷在形式上是一份精心设计的问题表格，而其用途是用来测量人们的行为、态度和社会特征的，它所收集的是有关社会现象和人们社会行为的各种资料。[①]

问卷有两种形式：一种是自填式问卷，即由调查员发给（或邮寄给）被调查者，由被调查者自己填写的问卷；另一种是访问式问卷，是由调查员按照问卷向被调查者提问，并根据被调查者的回答进行填写的问卷。这两种类型的问卷在设计程序、设计原则、内容与结构等方面都是相同或相似的，只是在设计方法与使用方法上有一定差别。[②] 无论是何种类型的问卷，一份完整的问卷一般应该包括如下部分：问卷名称、问卷编号、问卷说明、被调查者基本资料、问

---

① 风笑天. 现代社会调查方法 [M]. 3 版. 武汉：华中科技大学出版社，2005：107.

② 同①.

题、填写说明、结语。

问卷调查法是教育研究领域常用的一种调查研究方法。著名的 PISA 测试（Program for International Student Assessment，国际学生评估项目），就使用了问卷调查法来了解学生的发展情况。

（二）问卷调查法的优缺点

1. 问卷调查法的优点

问卷调查法一般适用于同时面向较多学生的调查研究，比如面向一所学校的学生开展调查研究，或者面向一个年级的学生开展全年级调查研究。使用这种方法可以同时调查一定规模的学生，使得调查研究的效率大幅提高。如果同时对这么多学生进行调查研究，访谈、观察等方法的可行性比较低，而问卷调查法毫无疑问具有优势。

2. 问卷调查法的缺点

问卷调查法有其他研究方法所不具有的一些优势，但是也有一些问题，需要加以分析，知其长短，才能扬长避短，使其更好地发挥作用。对于教师来说，用问卷调查法对学生开展调查研究，其不足体现在以下几个方面。

第一，如果调查对象数量比较少，有时无法解释一些统计结果。如果对一个班的学生进行调查研究，最多调查几十名学生，有时这么少的调查量缺乏统计学意义，对所得到的一些统计结果也难以进行很好的解释。例如，用问卷调查法去了解学生最喜欢的学科，全班 44 人，有 24 人选择"语文"，有 20 人选择"数学"，虽然有差别，但是样本量太少，难以判断最喜欢语文的学生人数和最喜欢数学的学生人数之间是否存在显著差异。

第二，有时对学生某些方面不能进行深入研究。这有两方面的原因：一是问卷的问题是固定的；二是问卷调查法难以调查需要深入分析的问题。例如，问卷调查中可以调查学生"你最喜欢的课外班是什么"，但是对于"为什么喜欢""喜欢这一课外班的哪些方面"等诸如此类的问题，难以像访谈法中的追问、实物材料分析法中的课外班作业分析等了解得那么深入。

由于通过问卷调查不能对有关问题进行深入分析，使得收集到的关于学生的某些信息可能是表面的，触及不到问题的实质。无法触及学生发展本质的一些表面信息可能与实际情况不符，甚至是完全相反的。

在一次面向学生家长的问卷调查中，关于孩子为什么要上课外班的问题，家长选择最多的是"孩子喜欢"，比例达到55.16%，其次是"对小升初有帮助""周围人都在给孩子报课外班"，但这个结果与之后通过访谈发现的情况不完全一致。

在访谈中，对于学生课外班中占比最高的数学和英语这两个学科的课外班，多数学生说他们不喜欢，之所以报名，是因为父母考虑到对升学有帮助。他们喜欢的科目在其父母看来多数对小升初是没有帮助的，因而父母没给他们报。问学生是否告诉父母自己不喜欢课外班时，学生主要有以下几种回答：

"当然不能和爸爸妈妈说不喜欢，因为如果说不喜欢，他们会说我只想玩，我就会挨批评。"

"说不喜欢也不管用，所以，父母问起时，就直接说喜欢了。"

上述情况是难以通过问卷调查了解的，因为学生在问卷中很难有这样的表述。因此，通过问卷调查有时难以获得深层的信息。

第三，难以判断填写内容的真实性。有关学生的问卷调查，可以面向学生进行，也可以面向家长进行，无论是以哪一个群体为调查研究对象，当问卷是由教师或学校组织填写时，就容易出现问卷填写不真实的情况。例如，在教育部等部委提出整治校外培训机构后，有地方教育行政部门面向中小学生开展了上课外班情况的摸底调查，让学生填写问卷。但是在这之前，一些培训机构已经听说要开展这样的调查，于是就叮嘱学生家长和学生本人不要如实填报，否则"以后就上不成了"。于是，在学校面向学生开展的有关课外班的调查研究中，有的学生在填写问卷时没有完全如实填写，但回收的问卷中究竟哪些是真实情况，哪些不是，并不像使用其他调查研究方法时那样容易区分。

二、问卷调查法的一般使用过程：从常见错误说起

在教师开展的学生调查研究中，关于问卷调查法的使用有如下几个常见错误：一是一说使用问卷调查法，有些教师就直接编问卷，忽视调查研究的目的；二是从自己的角度来设计问题，导致问题不好理解、无法回答或者选项与问题不对应；三是不考虑问卷数据的统计与分析，导致问卷收上来之后无法进行统计分析，不能发挥问卷应有的作用。

因此，在问卷编制过程中，首先要从确定问卷调查的具体目的入手。在编制问卷的过程中自始至终需要把握两个方面。一是从问卷回答者的角度来思考如何编制问卷。在设计具体问题之前，需要注意"理解你的研究参与者：编制有效问卷的关键之处就在于要理解你的研究参与者，请记住，是他们填写你的问卷，而非你自己。当你编制问卷时，一个非常重要的策略是发挥自己的移情理解能力或换位思考能力，即像潜在的研究参与者那样思考问题……你应该使用那些问卷填答者所能理解的语言，尽量避免使用行话或技术术语"[①]。这里的"研究参与者"即被调查者，也就是说，要从被调查者的角度来设计问题。二是考虑问卷数据统计和分析的可行性。

（一）明确问卷调查的目的

编制问卷首先要明确实施问卷调查的目的，这是问卷编制的起点与核心。要思考问卷中的每个问题在调查研究中有什么样的作用，是否有想了解的内容没有编进问卷中。若是在统计和分析阶段才发现所要的资料没有通过问卷调查收集到，则为时已晚；若是与问卷调查目的无关的问题被编进来，则容易导致问卷内容烦冗，也增加了问卷填写者的工作量。例如，在一份关于学生使用手机情况的调查问卷中，内容涉及学生使用手机的时间、费用、目的等，其中包

---

① 约翰逊.教育研究：定量、定性和混合方法 [M]. 马健生，等译.重庆：重庆大学出版社，2015：152.

括学生加入微信群的情况，如加入了哪些微信群，但是却没有关于学生微信好友情况的调查。微信好友是学生通过手机实现交流的重要途径，也是教师了解学生使用手机情况的一项重要内容。关于微信好友的情况包括微信好友是谁、是通过什么渠道加的微信好友、将某人加为好友的目的等，研究中如果没有得到这些方面的信息，则难以对学生使用手机情况进行全面、详细的分析。这份问卷中之所以出现这一情况，就是因为脱离了问卷编制目的来编制问卷。

对于平常使用问卷不多甚至没有使用过问卷的教师来说，这些问题非常普遍。因此，从问卷调查目的出发来编制问卷是很重要的。

（二）选择问卷调查的内容

并不是所有研究内容都适合用问卷调查法。适合用问卷调查法的内容首先要满足的条件是：对被调查者来说，问题的答案是简单、明了、确定的。如上什么课外班，各个课外班分别是什么时间上的，父母的职业、学历，家中只有一个孩子还是有多个孩子等问题。这里需要注意的是，所谓问题的答案简单明了是对被调查者来说的，因此，需要从被调查者的角度来考虑。

如果问题的答案具有如下几个特点，就尽量不用问卷调查法，或者说不能仅使用问卷调查法，还需要结合其他调查研究方法。

一是答案具有模糊性，即问题的答案不明确，比较模糊。答案具有模糊性的问题，不容易统计，不能帮助教师很好地了解学生的具体情况。例如，"你喜欢课外班吗"这类问题，可以给出所谓的五点式答案"很喜欢、比较喜欢、一般、不喜欢、很不喜欢"，但什么是"很喜欢""比较喜欢"，衡量标准不明确，具有模糊性，可能导致被调查者不好选择。而且，被调查者只能在这几个选项中进行选择，如果被调查者的实际情况介于其中两项之间，则不易做出选择。因此，对于这类问题，要么不用，要么使用时结合其他调查研究方法来了解学生的具体情况。

二是答案个性化色彩强烈。如"你觉得奥数难吗"这样的问题，对于"是否难"的回答，不同人有不同的标准。从理论上来说，就一道奥数题来说，喜欢奥数且数学成绩好的学生觉得不难，数学成绩中等的学生可能觉得有点难，成绩不好的学生可能觉得很难，即每个人对于奥数是否难的判断标准不一样，可能导致问卷收上来后的统计失去应有的意义。类似这样答案具有个性化的问题，同样是要么不使用，如果使用了，还需要结合其他调查研究方法来进一步了解学生。

三是需要深入和详细回答的问题。如"你感觉这个课外班对你有哪些方面的影响"这个问题，回答起来不是三两句能说完的，一般人在回答调查问卷中的问题时不会写太多文字，即使问卷留白空间较大，填答问卷的人也不会多写，故难以对这个问题进行深入阐述。因此，通过问卷调查法难以获取有关这一问题的详细信息。可以将这类问题设计成访谈内容。

四是需要进一步追问分析的问题。上述三点中列出的问题都值得进一步追问分析，以获取更为深入与全面的信息。例如，在调查"你觉得奥数难吗"这一问题时，通过访谈研究者发现，有一些成绩中等、学习学校教学内容都有困难的学生，却回答"不难"，但进一步追问"你最近学了什么奥数内容"时，这样的学生有不少就说不清楚了。通过进一步追问发现，这些学生所上的奥数课外班，老师以灌输式教学为主，学生只要"记住"老师所教的公式或方法然后去"套用"就可以了，但是有些学生并不明白其中的原理，"知其然不知其所以然"，因而说"不难"。所以，了解这些学生说"不难"背后的原因是非常有必要的。另外，这也说明如果只通过调查问卷得到一个"不难"的答案，与事实情况是不一致的，没有真正地了解学生的实际学习情况，使调查研究失去了本来的意义。因此，尽量不要用问卷调查法对这些问题进行调查。

（三）编制问卷

一般来说，可以按照以下三个步骤来编制问卷。

第一，分解调查研究内容。要编制问卷，需要将调查研究内容分解成调查问题。对此，我们可以运用前述的分解研究内容的方法。

第二，选择问题类型。问卷中的问题有多种类型：选择题、填空题、排序题、判断题、问答题等。可以将这些问题合并为两大类：一是开放式问题，问题的答案是开放的，如填空题、问答题；二是封闭式问题，问题的答案是封闭的，如选择题、排序题、判断题。根据不同情况，选择不同题型。

实际调查中，被调查者倾向于填写那种不需要"写"太多内容，只需要填写选项编号的题目，如选择题、判断题、排序题，而不太愿意填写开放式问题，如填空题、问答题。对于问答题，有些人可能会简要地写一下，而不会详细填写自己的有关情况。因此，选择题、判断题、排序题可以作为问卷调查的主要题型。

第三，设计具体的问题。

设计具体问题时要把握几个原则，注意几个常见错误。

设计问题要把握以下原则。① 适宜原则：题目要切合研究目的。有的问卷问及教育教学中重要的但是与研究目的无关的活动，会冲淡对主题的关注，这类题目不要放到问卷中，如果需要了解学生这方面的情况，可以另行研究。② 简明原则：问题简单明了，意思清楚即可。③ 整齐原则：编排格式整齐，便于回答和统计。④ 伦理原则：尊重被调查者，不伤害人。⑤ 客观原则：避免从自己"主观"角度编问卷，要从问卷填写者的角度编问卷，尽可能使题目适合问卷填写者的客观情况。

教师设计问题时需要注意的几个常见错误如下。

一是问题本身结构复杂，不好理解。

二是选项内容有缺项或有重合。

请见下面关于一个问题的两种选项：

你一周用于课外阅读的时间有多少？

第一种选项：A.1 小时　B.2 小时　C.3 小时　D.4 小时

第二种选项：A.0—1 小时　B.1—2 小时　C.2—3 小时　D.3 小时以上

对于上述两种选项的第一种，想选择 0 小时、2.5 小时或 5 小时等的被调查

者，都没法选择，这种情况叫问题缺项；对于第二种，想选择 1 小时、2 小时
等的被调查者就有两个选项可以选择，即两个选项中有内容重合，这种情况叫
选项重合。这两种情况都不利于被调查者填写问卷，将上述选项修改如下，请
比较。

A. 1 小时以内（含）　　B. 1 小时以上 2 小时以内（含）

C. 2 小时以上 3 小时以内（含）　　　D. 3 小时以上

再如，在一份面向小学生的问卷调查中，问卷编制者让学生选择学校类型
的问题如下。

你所在学校是：

A. 地级市及以上的城区学校

B. 地级市及以上的农村学校

C. 县城或县级市的城区学校

D. 县城或县级市的农村学校

E. 乡镇学校

F. 村完小

G. 教学点

这道题在问卷编制者看来没有什么问题，但被调查者填写问卷时，可能发
现问题：其学校为"地级市及以上的郊区学校"，不属于上述任何一类。这也属
于问题缺项。

三是问题具有暗示性或诱导性。"暗示性问题 (loaded question) 是指所包含
的词语可能引起强烈情绪反应的问题（词语本身导致一种积极的或者消极的反
应）。诱导性问题 (leading question) 是指其措辞方式暗示了某个答案的问题。"[①] 例
如，学生问卷中出现的一个问题：好朋友被别人打时帮助还手是一种伸张正义

---

① 约翰逊 . 教育研究：定量、定性和混合方法 [M]. 马健生，等译 . 重庆：重庆大学出版社，
2015：152.

的行为，你赞成吗？这一问题的前一半给出了结论性的诱导，可能会影响学生的回答。

四是对被调查者来说，问题表述中有过于抽象的内容，不好理解。例如，在面向家长的问卷调查中有这样一道题：

你觉得你孩子的社会性发展情况如何？

A. 很好

B. 比较好

C. 一般

D. 比较差

E. 很差

在实际调查中，可以发现很多家长不理解"社会性发展"是什么意思。在问卷编制者看来，"社会性发展"是一个很好理解的词，但这是一个专业术语，而家长多为非教育领域的人士，不少人连这个词都没听说过，如何能对孩子这方面的发展情况进行评价呢？而如果进行试调查，可能很容易就发现这个问题，从而将之换为家长能准确理解的词，让家长能够根据自己孩子的实际情况进行选择。

五是问题的双重目的与选项的单一性不匹配。双重目的问题是指在一个题目中包含两个甚至两个以上的子问题或者调查目标。例如下面的问题。

"你是否喜欢西餐并赞成学校午餐中增加西餐？"

该题是判断题，答案只有"是"和"否"两项。但是，在这一问题中，实际上包含了两个问题：一是"你是否喜欢西餐"；二是"你是否赞成在学校午餐中增加西餐"。这两个问题被合在一起，被调查者可能不确定如何回答，即使选择了"是"或"否"中的一项，研究者也无法确定其回答的是上述两个问题中的哪一个。因此，要避免这种双重目的问题。当然，如果选项做出调整，与双重目的一致，也是可以的。即将选项改为喜欢并赞成、喜欢不赞成、不喜欢但赞成、不喜欢不赞成、无所谓或没有考虑过，那么选项中包含了与这两个问题对应的内容，就与问题一致了。

（四）进行试调查和试统计

进行试调查可以帮助研究者进一步从被调查者的角度思考该如何修改和完善问卷。试调查中的被调查者在填写问卷时，也可以看出哪些地方不好填、原因是什么以及如何修改。前述问题设计中出现的有关错误，如选项缺项和选项重合、表述过于抽象等问题，通过试调查，也可以避免。

进行试调查之后，还要进行试统计，以判断根据问卷调查收集到的信息是否能够进行统计分析和处理。如果收集上来的数据难以统计和分析，那么问卷调查的作用便无法发挥。因此，试统计也是有必要做的。

（五）问卷实施

问卷实施是发放问卷进行实际调查的过程。问卷实施方式是影响学生和家长能否真实填写问卷以及问卷回收情况的重要因素。

在问卷实施过程中让学生和家长如实填写问卷是非常重要的。但是在实践中，通常会有被调查者填写不真实信息的情况。如有研究者分析，在中国做问卷调查的最大难题就是频频遇到人们相互冲突的"心理二重区域现象"，或通常说的"说假话"的问题。

所谓"心理二重区域"现象，就是说，人们的心理存在两个区域，一个是可以对外公开的区域，另一个是不对外公开的、保守秘密的区域。这样，就存在两重自我，一重是可以对外公开的自我，另一重是不对外公开的自我。对于喜欢直来直去的民族来说，往往第一个区域比较大，第二个区域比较小。相比较而言，中国人的心理二重区域现象显得更为突出。其突出性在于，两个心理区域常常有重大差异，有时甚至处于完全对立的状态，比如有意识地说假话。此外，中国人不公开的自我部分往往要更大些，而公开的自我部分往往更小些。问卷方法是西方人发明的，这种通过记录下答案来反映社会状况的方法，基本上是以意愿的直来直去的表达为前提的。……比如，问一个人对于某事务同意不同意，该人就选择"同意"或"不同意"，他的回答结果就被直接用来做分析。但是，如上所述，在中国的情况就不同了，由于意愿表达是曲折的，有时候心里明明是"不同意",嘴上却说"同意"。①

要在调查中避免这种"心理二重区域现象"给调查带来的偏差和影响,在确定研究领域、设计研究问题、实地调查记录、数据分析和解释等方面都应该注意一些问题。

因此,在问卷实施过程中,选择合适的实施方式,对于确保被调查者按真实情况填写问卷是很有必要的。在教师所做的问卷调查中,问卷实施方式可以分为如下两种。

第一,填写纸质问卷。填写纸质问卷又分为现场填写和带回家填写两种情况。如针对家长的问卷,现场填写是指学校召开家长会或家长到学校参加其他活动时填写。这种问卷实施方式的优点是家长现场填写,填完即交,一人一份问卷,可及时回收,确保问卷回收率;缺点是有些家长可能会因为是在学校里填而有选择地填写问卷,使得问卷填写内容未必完全真实。另外,通常时间比较紧张,可能导致家长在没有想清楚的情况下即填写问卷,或者只填写部分内容了事,所写内容未必是真实的、全面的。带回家填写是指让学生把问卷带回家请家长填写,填写好后再让学生把问卷带回学校。这种问卷实施方式的优点是,比较容易保证每个学生的家长都填写问卷,填写时间充足,回收率高;缺点是有些家长担心自己填写的内容被学校知道后给孩子带来不好的影响,因而未必填写真实情况。请学生填写的问卷,也分为让学生在校填写和带回家填写两种,优缺点与上述家长填写问卷的优缺点类似。

第二,网上填写问卷。通过网络填写问卷是最近几年随着网络技术的发展而出现的一种新的问卷实施方式。这种实施方式的优点有:可以请家长在第一时间填写并提交问卷;网上无记名填写,家长少了前两种问卷实施方式中的顾虑,可能更愿意填写真实的内容;家长填写问卷时间充裕,可以在充分思考后填写。其缺点是,网上是无记名填写,难以准确判断哪些家长填写了、哪些家

---

① 李强.《"心理二重区域"与中国的问卷调查 [J]. 社会学研究,2000(2):40-43.

长没有填写。此外，还存在一个学生的爸爸妈妈甚至祖辈等多位家长都填写问题的情况，给问卷回收和统计带来困难。例如，有一项针对全班43个学生的家长调查问卷，却回收了58份问卷，显然是有些学生家庭不止一位家长填写了问卷。针对学生的问卷，也可以采用网上填写的方式来实施，不过这一方式不适用于低年级学生。如果学生普遍拥有自己的手机，可以用自己的手机填写；如果没有手机，可以用家长的手机填写；此外，还可以请学生到学校计算机教室填写。

（六）问卷资料的整理和分析

问卷实施完之后，就可以进行问卷整理和分析了。需要注意的是，在第一次问卷整理和分析之后，原始问卷应尽可能一直保存着。有时，统计中难免有误差，如果需要核实某个统计数据，就需要核实原始问卷。如果原始问卷丢失，会给接下来的分析带来麻烦，因此，保留原始问卷很有必要。

总体来说，问卷调查法是调查研究中被普遍使用的一种方法，但是开展学生调查研究时，由于上述诸多情况，会存在一些局限。因此，要注意其优缺点，配合其他调查方法一起使用，达到通过调查研究来准确、全面、深入地了解学生的目的。

三、学生调查研究中的"小数据"与"小问卷"

提到问卷调查，人们一般会想到"大数据"。需要说明的是，结合教师工作的具体情况，"小数据"和"小问卷"在教师开展学生调查研究中具有重要的意义。

（一）"小数据"

所谓"小数据"，是相对于流行的"大数据"而言的，即数据比较少。一般问卷调查中的问卷数量要达到一定规模，甚至有些要达到"大数据"级别，才具有统计学意义。但是，在教师面向学生开展的问卷调查中，一些"小数据"调查也非常有意义。如对一个班几十个学生开展问卷调查，其结果虽然不具有统计学意义，但问卷调查法仍然具有适用性。实际上，这几十个学生正是教师所要了解的一个个具体的研究对象。教师通过对他们进行调查，可以了解学生某方面的发展状况，了解学生的发展受到何种因素影响，了解全班层面学生发展的差异。例如，前文中关于学生上课外班情况与成绩的关系的研究，研究者分析了一个班不同成绩水平的学生上课外班的情况，发现成绩优秀的学生上的语文、数学学科课外班并不是最多的，说明上课外班并不是取得好成绩的必要条件。又如表 8-1、表 8-2 中关于不同成绩水平的学生的学习习惯、家庭教养方式的"小数据"，说明了学习习惯、家庭教养方式对学生的重要影响。

表 8-1 不同成绩水平的学生的学习习惯

成绩	学习习惯（%）				
	很好	好	一般	差	很差
优秀	0.23	0.54	0.23	0	0
中上	0	0.46	0.45	0.09	0
中	0	0	0.5	0.5	0
中下	0	0	0.14	0.72	0.14
差	0	0	0	0	1.00

表 8-2 不同成绩水平的学生的家庭教养方式

成绩	家庭教养方式（%）		
	民主型	控制型	放任型
优秀	1.00	0	0
中上	0.62	0.38	0
中	0.38	0.12	0.50
中下	0.38	0	0.62
差	0	0	1.00

虽然通过平时了解，教师也知道学生的一些情况，但是没有调查数据那么具体、直观和有冲击力，对学生发展及相关因素的分析也难以深入。因此，对一个班学生开展问卷调查，虽然不具有"大数据"的统计学意义，但也具有调查分析的价值。

在对一个班的学生实施问卷调查时，为了让调查研究的效果更好，可以同时对另一个班的学生也实施问卷调查，以便于进行对比分析。这类似于在实验研究中，除了实验组，我们还会设计一个对照组进行比较。

有个班学生普遍爱阅读，一个原因是这个班在一年级时，有一位志愿者家长组织学生开展阅读活动，后来有更多的志愿者家长加入进来，在班级中营造了一种爱读书的氛围，不少学生形成了良好的阅读习惯。那么，这个班学生究竟有多爱阅读呢？可以通过问卷调查来了解学生阅读的具体情况，如阅读习惯、阅读量、词汇量、阅读水平等。如果选择另一个或多个班作为对照组来进行比较研究，对对照组班级的全体学生也开展问卷调查，就可以比较出学生的阅读量等方面的差异，从而分析家长组织学生阅读活动对学生阅读素养发展的影响。

总之，虽然一个班学生的数据不具有统计学意义，但这一个班的学生就是教师天天面对的具体的学生。因此，通过这个班的"小数据"，他们对自己所教的学生有了更为深入的了解。北京市一位获得"紫禁杯"优秀班主任特等奖的教师在开展了这种"小数据"调查后，深有感触地说："原先以为自己对学生挺了解的，经过调查才发现，原来还有那么多不了解的方面。"对一线教师来说，有时这些"小数据"可能比那些具有统计学意义的大数据更能满足其工作需要。

（二）"小问卷"

一般理论研究者开展的问卷调查，问卷都有一定的篇幅，有完整的格式和规范要求。但是，一线教师在日常教育教学中开展的面向学生的问卷调查，问卷就不一定有很多题目，也不一定有严格的格式要求，只要能帮助教师了解学生就行。如果将有完整格式和规范、问题达到一定数量的问卷称为"大问卷"的话，那么教师编制的这种问卷可以称为"小问卷"。它虽然没有完整的格式和规范，问题也没有那么多，但正是由于这些"简单"的特征，使得教师在日常教育教学中开展问卷调查比较容易，便于与日常教育教学结合起来。而"大问卷"有完整的格式和规范，问题要达到一定的数量，在日常教育教学中往往不易操作，难以实现通过问卷调查来了解学生的目的。另外，"大问卷"中的问卷介绍、填写人基本资料等部分，适用于在问卷调查者与被调查者不太熟悉的情况下使用；在教师与家长、学生已经比较熟悉的情况下，有时需要，有时并不需要。打个比方来说，"大问卷"是宴会大餐，"小问卷"是日常简餐或家常菜，宴会大餐可以偶尔吃一下，却不适合经常吃，而家常菜才是平常过日子吃的。通过日常工作中的"小问卷"，教师可以随时了解学生某方面的发展情况，使日常教育教学工作更好地开展。例如，某教师要开展以学生交朋友为主题的班会，在开班会前对学生开展了如下的"小问卷"调查。

---

1. 请写出你最喜欢的朋友的三个特征：＿＿＿＿＿＿＿＿＿＿＿＿＿＿＿ 。

2. 请写出你最不喜欢的同学的三个特征：＿＿＿＿＿＿＿＿＿＿＿＿ 。

3. 你最要好的朋友是（请填写选项前序号）：＿＿＿＿＿＿ 。

（1）同班同学　　　　　　（2）同校不同班的同学

（3）同一小区的伙伴　　　（4）家里的兄弟姐妹

（5）亲戚家的伙伴　　　　（6）课外班的伙伴

（7）网友　　　　　　　　（8）没有最要好的朋友

（9）其他，请填写：＿＿＿＿＿＿＿＿＿＿＿＿＿＿＿＿＿＿ 。

4. 目前你在交朋友方面最主要的两个困惑或有待解决的问题是：

（1）＿＿＿＿＿＿＿＿＿＿＿＿＿＿＿＿＿＿＿＿ 。

（2）＿＿＿＿＿＿＿＿＿＿＿＿＿＿＿＿＿＿＿＿ 。

虽然这份问卷只有四个题目，也没有完整的结构，但是通过这份问卷，教师对全班学生的交朋友情况有了更多了解。

再如，在古诗词教学中，教师要了解学生对某一阶段所学的古诗词的兴趣和掌握情况，可以做下面这种"小问卷"调查。

请写出你最喜欢的两首古诗词的题目与全文，并说说你喜欢的原因。

这些小问卷不仅适用于一个班级，在年级组、学科组甚至全校层面有关工作中，也可以开展这样的小问卷调查。

有些情况下，教师可以就地使用"访谈式小问卷"。例如，在上课前，通过请学生举手来了解有多少学生在课外班上提前学了当天上课的内容，对关键概念了解的学生有多少，对关键概念有模糊认识的学生有多少；在新年联欢前，通过请学生举手来了解有多少学生希望进行某种形式的联欢，有多少人愿意表演节目等；在关于学生课外阅读的调查中，通过请学生举手来了解多少人阅读了某本指定的课外书，多少人喜欢这本书，多少人不喜欢这本书等。通过这样的调查，虽然一次调查内容很少，但是可以帮助教师及时了解学生在日常教育教学中的真实情况。而且，坚持这样的工作方式，日积月累，教师会有很大收获。

表 8–3 展示了一个结合访谈法的访谈式小问卷。

表 8–3　访谈式小问卷

调查主题：	
调查时间：	调查地点：
调查对象：	调查人：
调查目的：	
调查内容：	
调查过程记录：	
调查过程分析：	

教师可以因地制宜地编制自己工作中需要的小问卷。总之，将问卷调查法渗透进日常工作中，并坚持下去，有助于教师形成在了解学生的基础上来开展工作的工作方式，这对教师自身的专业发展和促进学生的发展都是非常有帮助的。

第九章
参与式活动调查法：让学生
在活动中呈现自我

一、认识参与式活动调查法

（一）参与式活动调查法的概念

参与式活动调查法是指通过专门设计的参与式活动来对学生进行调查研究的方法。这种方法要求学生参与到某项活动中，通过学生在活动中的表现与自我表达情况，来调查研究学生。

在参与式活动调查中，一般最少3人参加，如果超过5人，可以进行分组。通常一组以3—5人为限。

为了调查了解全班学生的课外阅读情况，可以通过访谈来进行，也可以通过问卷调查来进行，还可以研究学生的读书笔记、读书感想等。而要运用参与式活动调查法，可以把学生分成3—5人的小组，请他们先在小组中介绍和分享自己的课外阅读情况：对于进行了课外阅读的学生，请他们分享"读了什么""为什么读""有什么感想"之类的内容；对于没有进行课外阅读的学生，请他们分享"为什么没有进行课外阅读""如果可以自己选择，会读什么""听了其他人的课外阅读介绍有什么看法"之类的问题。

学生可以通过对话、画图、表演等方式进行小组内交流和分享，之后再安排小组间的交流和分享。

如上述案例中所描述的，参与式活动调查法的具体形式，是先请学生在小组内发表自己的观点，组员通过口头语言、书面语言、身体语言等进行研讨、交流，然后再组间交流。

前几章介绍的调查研究方法与参与式活动调查法相比，学生在调查研究中的活动是有限的。例如，在运用观察法和实物材料分析法时，学生几乎不需要专门做什么来配合研究者；在运用访谈法和问卷调查法时，学生根据研究者的提问或问卷要求给出自己的答复就可以了。但是，在运用参与式活动调查法时，学生需要充分地参与调查研究活动，也正是在充分参与活动的过程中，学生能够更充分和全面地呈现自我，从而让教师了解学生的有关情况。

（二）参与式活动调查法的优缺点

参与式活动调查法和其他方法一样，既有优点，也有缺点。教师了解其优缺点，便能扬其长避其短，更好地发挥其在学生调查研究中的作用。

1. 参与式活动调查法的优点

第一，通过这种方法来调查学生，能使教师在较短时间内同时了解多个学生的情况。如果把全班学生分为若干小组，那么教师在一次活动中便可以了解全班学生的有关情况。

第二，学生通过研讨和交流，能够相互启发，进行更深入、全面的思考，也能帮助教师在较短时间内比较深入地了解学生的有关情况。

在上述关于学生课外阅读的活动中，学生 A 说了自己的课外阅读状况之后，学生 B 也说了自己的阅读情况与收获。在 B 说完之后，A 说他曾经也看过 B 介绍的一本书，但是刚才自己说时给忘了，对于这本书，他既跟 B 有共鸣，也有一些不一样的观点，另外还有其他方面的思考。A 关于这本书的补充说明反映了他在课外阅读方面的进一步思考。但是，如果没有 B 的发言，A 甚至都想不起来自己读过这本书，更别提关于这本书的看法了。

第三，参与式活动便于不同表达风格的学生呈现自己的情况。有不同个性、特长、爱好的学生，在某一情境中表达自我的方式不尽相同。在参与式活动中，学生可以通过对话、画图、表演等方式来表达自己，这能让更多的学生找到适合自己的表达方式。

2. 参与式活动调查法的缺点

第一，有些学生可能不愿意在交流中表达自己真实的情况或所有的情况。

与分小组访谈相比，在参与式活动中学生信息公开的范围更大，有学生可能有所顾虑，在表达自己的情况时有所保留或掩饰。

第二，有些不擅长在公开场合表达自己的学生，可能表达的内容少，尤其是在小组中有表现活跃的学生"抢镜头"时，这些学生可能倾向于旁观。

第三，需要教师有随机应变的调控能力。由于小组活动主要是学生参与的，可能会出现一些教师意料之外的情况，如跑题或出现有违教育性的内容。对于这些情况，教师要随机应变加以调控。但是，调控的度要把握好，既不能过松，导致活动跑题偏离目的，或者有违教育性的内容对其他学生产生负面影响；也不能过紧，导致学生不再愿意放开地参与，影响了通过活动来了解学生这一目的的实现。

二、保证参与式活动调查有效开展的条件

要保证参与式活动调查有效开展，实现参与式活动调查的目的，需要具备如下几个条件。

（一）请学生参加活动的目的是为了调查了解学生

教师要明确，安排学生参加活动的直接目的是为了调查了解学生，而不是教育或督促学生改进——虽然最终目的是这样的，但活动当时的直接目的并不是。因此，为了实现调查了解学生这个目的，在活动中，教师告知学生活动的主题和主要内容后，要让学生充分地参与，可以提问，但是少进行评价或所谓的"指导"。例如，在此前提及的对学生课外阅读的参与式活动调查中，教师可以就学生分享的内容进行提问或追问，但是如果没有明显有违教育性的内容，当时不要进行指导或评价，否则如同访谈法中提到的一样，学生可能就不愿意交流或掩饰自己的真实情况及内心的真实想法了。对于有违教育性的内容，可以在活动结束后或其他场合以恰当的方式指出来。

这一点也将参与式活动与那些为了提高学生阅读素养进行的交流和分享活动区别开了，在后一种活动中，教师可以进行点评、指导，如果学生提出有违

教育性的观点，教师也可以立马指出来。所以，明确参与式活动调查的目的并在活动中把握教师的角色，是很重要的。

（二）活动需要人为创设

活动是专门为调查研究创设的，因此，需要教师根据研究目的来思考创设什么样的活动，并构思其主要内容。活动的创设性使参与式活动区别于观察法中提到的学生在课堂上的教学活动或学生课间自由活动、上操以及演出等活动。在观察法中，研究者只要观察就可以了，不需要考虑策划、组织具体的活动。但是，在参与式活动调查中，活动是专门为了调查了解学生而开展的，因此，活动是由教师策划、发起和组织的。本章标题中的"让"字也说明了这里的活动是专门为了调查了解学生而安排的。当然，活动的创设性并不表明学生完全是在教师的安排下开展活动，教师只是确定活动的主题和基本流程，具体活动尽可能由学生自己去完成。

（三）全员参与

只有请所有调查研究对象都参与，才能达到在活动中让尽可能多的学生表达其观点，在活动中对每个学生都有所了解的目的。

当然，对每个学生都了解，并不是说要平均了解每个学生，那样容易使活动安排变得僵化、生硬。要了解哪些学生的哪些情况视调查研究的目的而定。还可以根据学生的具体情况，对某些或某个学生给予重点关注，全员参与和重点关注相结合。

在"我的课间十分钟"活动中，主要的调查研究目的是了解学生在课间十分钟的活动安排、遇到的问题和困惑等。恰巧那段时间，老师在重点研究小灵同学的人际交往情况。由于在课堂上老师主要了解的是小灵在课堂教学中的参与情况，无法了解课堂之外小灵与同学的交往情况，在平时课间活动中，老师可以观察小灵与同学的日常交往情况，但缺乏对其深度交往情况的直接了解，因此，在这次活动中，教师有意多关注小灵，在小组讨论时有意到小灵身边，观察他与其他学生如何沟通交流。

在上述案例中，教师对小灵给予了特别关注，既不违背活动的整体目的，又达到了把对小灵同学个人的研究融合进来的目的。

（四）活动不涉及隐私内容

由于是全员参与，因此活动尽量不要涉及对学生而言的隐私。什么算是隐私，对不同年龄段的学生来说不尽相同。例如，对于小学高年级以及初高中学生来说，"我的好朋友"作为活动主题，有些学生在活动中可能不愿多说，原因是他们认为这一主题有些隐私色彩，故而有所回避。但是，对于小学低中年级学生来说，同样的主题，他们则愿意说，因为这个主题对他们来说没有多少隐私性。

（五）创设多种途径让学生得以充分呈现自我

参与式活动调查法的主要目的是调查了解学生，因此，在活动中要让学生充分展现自我，教师通过这个过程来深入了解学生的有关情况。

就学生的具体情况来说，从大的方面来说，不同年龄段的学生、不同文化背景的学生、不同办学层次与风格的学校的学生，在自我呈现方式上存在差异；从小的方面来说，因学生兴趣、性格、特长等方面的差异，学生自我呈现的方式也不尽相同。因此，教师需要根据学生的具体情况引导他们用恰当的方式呈现自己的情况。例如，小学低年级学生口头语言表达能力、抽象思维能力和概括能力有限，但是他们的具体形象思维占优势，因此，在活动中，可以引导他们通过画画、角色扮演、编讲故事等方式表达自己。而对于小学中高年级及年龄更大的学生，可以让他们通过讨论、画思维导图等方式来表达自己。

教师还可以根据活动主题引导学生用合适的方式表达自己。例如，对于"我理想中的班级"这一主题，由于涉及空间布局和装饰，因此，可以通过画画来表达；对于"我的课外阅读"这一主题，可以采用画思维导图的方式来呈现与交流；对于"我的课余时间安排"这一主题，既可以采用画思维导图的方式，也可以采用绘制表格的方式来呈现与交流。总之，要通过适宜的方式，让学生充分地表达自我。

（六）研究者与学生的适度互动

在活动中，为了进一步了解学生，研究者与学生可以进行适度的互动。所谓适度互动，是指作为研究者的教师与学生的互动既不能过多，也不能过少。教师与学生互动过多的话，可能会干扰学生的活动参与情况，将活动变成教师主导的、学生按照教师的意图去表达观点的活动，而不能让学生在活动中充分地表达自己的所思所想，学生之间也难以自由、充分地互动。同时，教师与学生的互动也不能过少。一般来说，在以下几种情况下，教师需要与学生进行互动。

第一，对偏离活动大方向的情况给予适当的提醒和干预。

活动主题是"我的假期生活"，有学生在分享和交流假期生活时，对假期中所玩的一款游戏进行了绘声绘色的讲解，讲得很投入也很深入，使不少学生"陷入"到游戏内容中，活动似乎变成了关于这款游戏的分享。这时，教师可以采取恰当的方式提醒学生，将活动拉回到主题上来。

第二，对有违教育性的内容进行适当干预和引导。

在以"我的零花钱"为主题的活动中，有学生介绍说自己的零花钱花完了，还想买东西，就悄悄地从奶奶钱包里拿了三十块钱。因为奶奶年龄大，记性不好，记不清之前钱包里有多少钱，因此没有发现；而爸爸妈妈在外地打工，也不知道。教师听学生讲完这件事后，可以适当干预和引导。为了避免学生反感教师的"说教"，教师可以请其他学生对这件事发表看法，进行对错与否的分析。

在"我的课外阅读"参与式活动调查中，有学生提到在课外阅读了一些历史书，有一个重大的发现，即"忠臣都没有好下场"，如岳飞这样精忠报国的英雄最后却被陷害了。这一观点得到了其他几个学生的赞同。这时，教师要适当进行干预，可以了解一下这个学生所看的历史书的具体情况，看其内容是否失之偏颇，学生是否只阅读了部分而"以偏概全"来解读历史，是否受到其他人的影响，然后适当纠正一下。

诸如上述有违教育性的情况之所以出现，与在活动中让学生充分表达有关。那么，是否因为有违教育性，就不让学生充分表达自我，或不让那些可能出现这类情况的学生参与活动呢？无论从教育工作本身来说还是从调查研究的目的来说，都不提倡这么处理。因为如果学生没有说出来，教师就不了解，但是并不代表这些问题及其对学生的影响不存在，只是教师不知道而已。另外，这些事情本身也是学生所思所想、所作所为的一部分，也是值得教师了解的。教师只有了解了，才可以针对学生的上述情况进行教育与引导，帮助这些学生更好地成长，也能避免其他学生受到这些学生的负面影响。

第三，在学生介绍某个客观情况或表达某个观点后，如果需要进一步了解相关情况，可以采取追问的方式，适当提一些问题，促进学生深度思考，让学生尽可能深入、充分地表达自己的想法。

在某校关于"我的课外阅读"参与式活动调查中，有学生提出："我不喜欢咱们老师推荐的《四世同堂》，因为特别枯燥，没意思。我喜欢看《查理九世》《三体》，因为很有意思，《三体》我都看好几遍了。"

在这种情况下，教师可以追问：为什么觉得《四世同堂》特别枯燥、没意思？为什么觉得《三体》很有意思？在看好几遍的过程中，每看一遍有不一样的感受和收获吗？其他同学有什么看法？

通过这样的追问，可以深入了解学生的课外阅读情况。如果没有这样的追问，在学生交流分享完成后活动就结束了，教师通过这一活动对学生情况的了解就相对有限。因此，这种情况下的互动是很有必要的。

三、参与式活动调查法的分类

根据参与式活动调查法中的活动是否是一个独立的活动，可将这一方法分为如下两类。

（一）专门调查研究学生的参与式活动调查

专门调查研究学生的参与式活动调查，是指在专门策划、组织和实施的学生参与式活动中来了解学生。例如，为了了解学生在课间十分钟的情况，可以开展"我的课间十分钟"参与式活动。由于活动是专门为了解学生而开展的，因此可以安排较为丰富的内容，以深入、全面地了解学生的有关情况。可以设计如下问题，以帮助教师更好地了解学生。

除了去洗手间，你在课间十分钟一般做什么？为什么做这些事？

有些同学利用课间十分钟做作业，你有没有过同样的情况？如果有这种情况，是经常的还是偶尔的？就最近的一次来说，你当时为什么这样安排？你认为这种安排的利弊是什么？

有些同学利用课间十分钟读课外书，你也有这种情况吗？如果有这种情况，是经常的还是偶尔的？就最近的一次来说，你当时为什么这样安排？你认为这种安排的利弊是什么？

对于有的老师因拖堂占用了一点课间时间，你怎么看？为什么？

除了去洗手间，你觉得课间十分钟最应该做什么？为什么？

你对学校的课间十分钟安排有什么建议吗？为什么提这样的建议？

以下为一次专门的参与式活动调查的记录与分析。

"我理想中的学校"活动记录[①]

活动时间：2016 年 4 月 8 日。

活动地点：××中学初一（5）班教室。

活动主题：我理想中的学校。

活动目的：了解学生对校园改进有什么建议以及他们理想中的校园是什么

---

① 此案例由中国传媒大学附属中学李孝平老师在参与"学生调研与学生发展目标"项目时记录整理。

样子的。

活动主体：初一（5）班全体学生。

活动主持人：研究团队负责人。

活动参与人员：研究团队成员。

活动准备：5张大白纸、5盒彩笔。

活动说明：全班学生分为5个小组，研讨"我理想中的学校"。先请各个小组起个响亮的组名，然后小组成员各自说说自己理想中的学校是什么样的，共同商议后用彩笔在白纸上绘制出"我理想中的学校"，最后各组展示并进行组间交流。

活动规则：①先小组内交流，每位同学都需要发言，总时间为25分钟。②每个小组请自行推选一个组长和一个记录员，组长主持活动，记录员尽量将每位同学发言的主要内容记录下来。③每个小组可以推选一名组员代表小组发言，分享本组交流情况，也可以多名组员一起发言，每个小组展示时间为5分钟。

一、各组研讨内容概述

第一组："勇往直前"组

【组员】

林同学、石同学、王同学、朱同学

【学生组间分享记录】

进校园需要刷校园卡，校园内的一切交易都要刷校园卡。

有教学楼，和现在的差不多，有教室、办公室、图书室。图书室里书的种类很多，旁边有休息的地方。有历史、地理、政治、生物办公室。有排练室，我们上戏剧课、表演课都可以用，并且排练室有表演台和观众席。有植物栽培室，我们可以在里面种植各种植物。教学楼楼顶有天文观测台，我们自愿住校，晚上可以到天文观测台看星星。

有草坪操场，可以踢足球。有宿舍、花园，有读书长廊，长廊边上种有各种花及其他植物。还有室内体育馆，可以打乒乓球、练操，室内还有游泳池和更衣室。

有跳蚤市场，学生可以交易自己不用的物品，还有吃货街。

中间的大路两旁种杨树、柳树等。还有种花的地方，种有玫瑰、郁金香、百合等。

【师生互动节选】

问：为什么要有宿舍？

答：在学校住着要方便一点。

问：学校是学习的地方，为什么要有吃货街？

答：周六日吃东西方便一些。

问：周六日不回家吗？

答：有时候在学校参加活动啊。

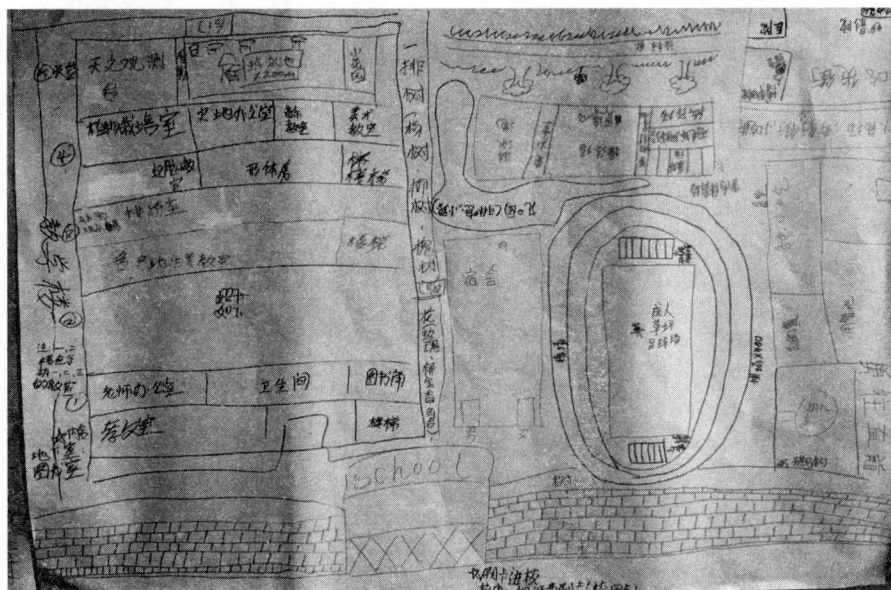

图1 "勇往直前"组绘制的"我的理想中的学校"

第二组："勇士之路"组

【组员】

马同学、陈同学、杨同学、郭同学

【学生组间分享记录】

学校大门和现在的一样，不变。操场很大，可以摆一些运动器材。教学楼和实验楼形状不变，位置可以换一下。教学楼楼顶是露天阳台，可以上去晒晒太阳，晚上住校生还可以在那儿看星星，同时，顶部还有一个通道直达实验楼顶层，通道全是玻璃制的。校园里还有汉堡形的食堂，这三栋楼顶部都有通道相连通。汉堡形食堂屋顶也是露天阳台，天气好时可以在楼顶用餐。另外，校园里有图书馆，与教学楼也有通道相连。

【师生互动节选】

问：为什么食堂要建成汉堡形？

答：看到那样的食堂就会很有食欲。

问：在操场也可以晒太阳，为什么还要到楼顶上晒太阳？

答：站得高看得远啊。

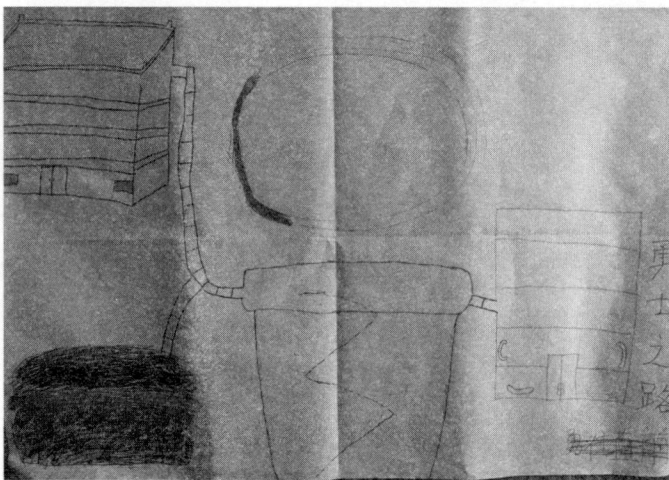

图2 "勇士之路"组绘制的"我理想中的学校"

问：我们可以下楼直接走过去，为什么顶部还要有通道？

答：下楼走过去也可以，但是占时间多，在里面走可以节省时间；另外，通道是透明的，感觉也不一样。同时楼内设有电梯。

第三组："互帮互助"组

【组员】

周同学、杨同学、李同学、赵同学

【学生组间分享记录】

教学楼楼顶是可以种植的，种有蔬菜、水果等。厕所内有带门的隔间，方便大家使用。图书馆里有很多桌椅，方便看书，也有可以让人边走边看书的走道。校园里还有个大食堂，内有很多餐桌，墙上有"节约粮食""想吃什么自己拿"等提示语，食堂屋顶种植植物，包括蔬菜。操场有足球场、羽毛球场和篮球场。

食堂里是刷卡取餐的。

房顶上种菜，采光好，还可以直接利用雨水浇灌。

【师生互动节选】（略）

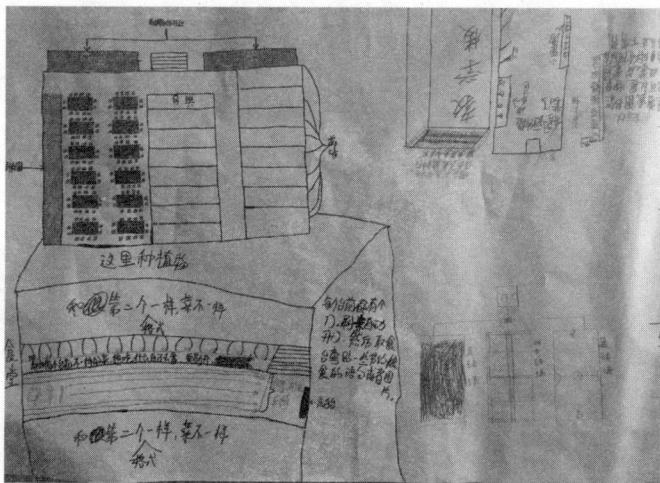

图3 "互帮互助"组绘制的"我理想中的学校"

第四组："花开的声音"组

【组员】

黄同学、刘同学、余同学、李同学

【学生组间分享记录】

进校门后有一个通道，通道两边有池塘，池塘里有鱼，池塘边上种有植物，经通道可到达教学楼。教学楼楼顶有类似世博会的一些建筑，人可以站在上面瞭望。有操场、沙坑、射击场。教学楼旁有湖，还有小树林。在进门的左边还可以进行植物栽培。

【师生互动节选】

问：为什么要有池塘，还有鱼？

答：感觉特别有诗意。

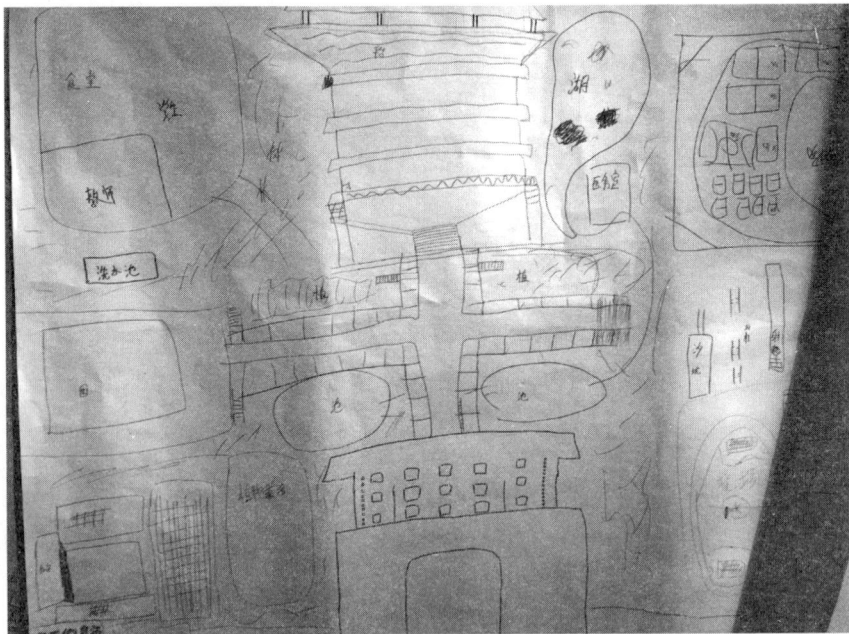

图4 "花开的声音"组绘制的"我理想中的学校"

第五组：“绘画天才”组

【组员】

杜同学、安同学、马同学、刘同学

【学生组间分享记录】

我们希望的学校是一本书的样子，学生在里面上课。我们希望上午学生自习，中午进行考核，通过后，下午自行安排。教学楼楼顶是一座天文台，晚上可以看星星。图书馆是铅笔的形状，学生在里面读书。食堂是绿色的，窗台上放一些花和鱼。餐是自助餐。学校里有许多体育场所，如室内体育馆、游泳池、多功能操场。有宿舍，分为学生宿舍和老师宿舍。实验楼设计成树的样子，一到四层是各种教室，顶楼外围设计成大叶子的形状，中间是花园。

【师生互动节选】（略）

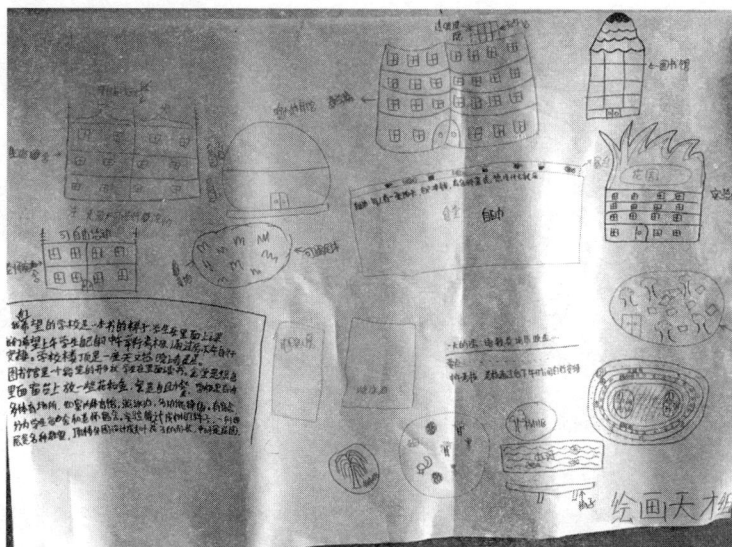

图 5　“绘画天才”组绘制的“我理想中的学校”

二、关于学生讨论内容的分析

学生理想中的学校是什么样的？概括分析，学生理想中的学校有以下几个特点，反映了学生对学校的一些期待。

第一，是一个美丽的学校。如可以在学校里种花、种树，学生还提出了许多具体的建议。这一点反映出学生期望在一个更加美丽的学校里学习和生活。

第二，是一个方便活动的学校。例如，设置一些方便取阅的图书架，修建方便使用的图书馆和食堂，把教学楼和实验楼的顶层用一个空中走廊连起来，以便于在两幢楼之间行走。这反映出学生期望在学校的学习和生活更加舒适、便捷。

第三，是一个与同学相处的地方。例如，有三组学生提到住校、建宿舍，一是解决离家远的同学的通勤问题，二是认为住在学校里有更多与同学相处的时间，比在家有意思。这反映了学生与同龄人交流的需求。虽然建宿舍这一要求实现起来有困难，但是需要考虑如何让学生在学校里与同学有更多、更充分的交流。

人以群居，在社会学中，"群"的一个重要特征是同质性，"年龄"本身是学生的一个共同特征，他们因处于同一年龄而具有一些共同的人生经历，这使得他们更愿意与同龄人交往。

学生人际交往的能力是在交往实践中形成的，如果没有足够的与同龄人交往的机会，如何培养学生的人际交往能力？所以，给学生提供足够的与同龄人交往的机会是培养学生人际交往能力的前提。

如同一位教育者提过的，很多学生喜欢到学校，是因为这里有很多他们的同龄人。学校不仅是学生获得知识技能的地方，也是他们进行人际交往的场所。学校如果满足了学生人际交往的需求，对学生就会有更大的吸引力。

第四，是一个能够满足求知欲的地方。学生提出了建立观测台以及实验楼、图书馆等，反映了学生对探索世界的需求，这符合处于青少年阶段的学生的认知发展需要。学生的求知欲没有得到满足的话，可能如同饿了没有吃饱一样，也是比较难受的。

当然，学生难以考虑到可行性。从交流中可以看出，他们有些观点还带有童真的色彩（用"童真"比认为他们的看法"不切实际"更为妥当），并不是学生的所有需求都要满足，但是在可能的情况下，尽可能满足他们的需求对促进他们的成长是非常有帮助的。

三、班主任关于活动的感受

能够感觉到同学们在本次活动中处于兴奋、享受的状态，他们一起商讨，共同描绘理想中的学校，与老师互动，与同学交流，无不尽兴。

在活动的第一阶段，各组在商讨之后共同绘制"我理想中的学校"蓝图，有整体构思，更有局部的精细描绘，有的是一人负责绘制，有的是四人分工合作。在活动的第二阶段，各组展示并解说"我理想中的学校"，之后接受老师和同学的提问。各组同学或者集体上阵，或者派代表解说，不管哪种方式，都能体现团队合作。

学生在这次活动中大多很放松，能够自由表达，把自己的真实状态展现出来，教师从中也可以了解学生多方面的情况。在解说过程中，学生很自由地介绍他们小组的成果，虽然缺乏条理性、逻辑性，但是表达了他们内心的真实想法。这次活动也为后续的活动提供了一些经验。

四、校长关于活动的感受

研究团队将活动情况和校长进行了交流。校长表示，他从这次活动中了解到学生有很多需求，有些需求从学生角度来说是有合理性的，学校在今后的改进工作中会逐步落实。另外，这样的活动很有意思，学生有兴趣，如果有可能，还可以开展"我理想中的校长"交流活动。

事实上，学校在之后的改建工作中，采纳了这次活动中学生提出的一些建议。参与这个活动的学生已经毕业了，据班主任老师说，他们中不少人特别期望能回学校看看，原因之一就是学校改建中采纳了他们的建议，这足以说明这件事对他们的影响。

上述活动对其他学校也有启示。通过对上述记录的分析，发现有以下几点可供其他学校在今后的工作中借鉴：①在校园里尽可能多种些花和树，可充分利用学校的空地甚至屋顶（有学校把教学楼的屋顶建成美丽的花园，种花草树木和蔬菜）；②建起连接不同教学楼、实验楼等的走廊，方便学生在不同楼宇间走动；③建设更便于学生阅读的图书馆和图书室等；④给学生洗手间安装隔间，给每个隔间安装门。

也许这些事情很小，但这些改进能让学生更舒适、愉悦和方便。更重要的是，重视和采纳学生的意见能够激发他们对学校的归属感、对学校的热爱和对学习的热情。

（二）渗透于其他活动中的参与式活动调查

渗透于其他活动中的参与式活动调查是指在其他活动中设置一个活动来对学生进行调查。其他活动既可以是日常的教育教学活动，也可以是使用其他方法进行的调查研究活动。无论是哪种类型，都需要将参与式活动调查有机、自然地融合在其中，避免显得突兀。

在日常教育教学中开展的参与式活动调查可见下例。

在主题为"有效的时间管理法"的班会中，教师让学生交流和分享自己管理时间的好方法。恰巧教师在研究学生学习效率问题，时间管理是与学习效率相关的一个重要内容。因此，在这个主题班会中，教师设计先进行一个调查学生时间管理情况的活动，这个活动既可以作为学生认识和掌握有效的时间管理方法的基础，也可以帮助教师了解学生既有的时间管理情况。

下面这个例子是在使用其他方法进行调查研究的活动中开展的参与式活动调查。

在一次访谈中，研究者访谈了四个学生，其中要重点研究的是两个被教师称为"问题学生"的学生。学科教师对这两个学生的共同评价是"注意力不集中、学习不主动、缺乏学习兴趣、学习成绩差"。他们虽然已经升到三年级了，但是识字量少，无法自主阅读相应水平的读物。其中一个学生口语表达能力明显比同龄学生弱，因其掌握的词汇量少，不能恰当地表达自己的意思，所以与教师和同学的日常交往经常出问题。研究者考虑，在访谈过程中如果一直和这几个学生进行口头交流，要重点研究的两个学生未必能投入进去，于是，利用访谈地点放置了很多图书这一条件，在他们注意力分散的时候，让他们去看看自己喜欢的书，然后请他们就自己看的书进行分享和交流，在这个过程中进一步了解他们的阅读能力、口头表达能力、专注力等方面的情况。

在分享中，研究者发现他们非常专注，表现出极大的兴趣，那位被认为口头表达有问题的学生在介绍自己看的书时表达流利，词汇量也挺丰富。由此，研究者分析这个学生有自己的学习兴趣点，在自己感兴趣的方面并不存在老师认为的一些问题。显然，了解他的兴趣点对改变教师之前对他的评价是很重要的。

通过上述例子可以看出，渗透于其他活动中的参与式活动调查不是独立的，教师要注意不能为了开展参与式活动而导致原活动本身受到影响，需要将参与式活动作为原活动的一部分，使两者有机融合在一起。

四、如何运用参与式活动调查法

（一）确定活动的主题、具体内容与形式

一个活动有一个主题，选择什么主题，取决于研究目的。例如，为了了解学生对学校和班级空间环境的需求与建议，可以开展"我理想中的校园""我理想中的班级"活动；为了充分了解学生对图书馆或操场的需求，可以开展"我理想中的图书馆""我理想中的操场"活动；为了了解学生在家学习和生活的情况，可以开展"我理想中的房间"活动。[①] 在班级活动中，为了了解学生零花钱使用情况和周末、假期安排情况，可以开展以"我的零花钱""我的周末""我的暑假"为主题的参与式活动。

要让学生在活动中充分地表达自我，就需要学生自主地、充分地参与活动，因此，活动主题应该是学生可以理解的、与他们直接相关的、他们感兴趣的。

如同前文所提到的，为了让每一个学生都能充分地参与进来，需要考虑活动

①　此处提了多个"我理想中的……"主题，是因为"理想"反映了内心需求。如果只谈现实需求，有的人可能因现实中的有关因素而不敞开来说，隐藏自己内心的部分想法；谈"理想"中的内容，人们可能更容易畅所欲言。

的具体内容。要让每个学生都有话可说，能够与小组成员进行分享和交流。例如，关于学生课外阅读的活动，既要了解进行了课外阅读的学生的课外阅读情况，也要考虑没有进行课外阅读的学生如何参与进来，了解他们没有进行课外阅读的原因以及他们对课外阅读的思考。因此，既要针对前者设计"读了什么""有什么感想"之类的问题，也要针对后者设计"为什么没有进行课外阅读""为什么没有读学校推荐的课外书""如果让自己选择，会读什么""听了其他人的课外阅读介绍有什么看法"之类的问题。根据同样的思路，如果要调查了解学生上课外班的情况，也要针对上课外班的学生和没有上课外班的学生分别设计不同的问题。在分组时，可以将两类学生打乱，每一组中两类学生的比例大致相当。

确定了活动内容后，就需要做必要的准备，包括思考活动的形式以及准备必要的材料。例如，将上述"我的课间十分钟"活动的内容制成下表（见表9-1），便于学生进行记录、分享和交流，同时要准备学生分组活动中会用到的纸、笔等材料。

表9-1 "我的课间十分钟"活动记录表

内容		学生一	学生二	学生三
除了去洗手间，你在课间十分钟一般做什么？为什么做这些事？				
课间做作业	有些同学利用课间十分钟做作业，你有没有过同样的情况？			
	如果有这种情况，是经常的还是偶尔的？			
	就最近的一次来说，你当时为什么这样安排？			
	你认为这种安排的利弊是什么？			
对于有的老师因拖堂占用了一点课间时间，你怎么看？为什么？				
除了去洗手间，你觉得课间十分钟应该做什么？为什么？				
你对学校的课间十分钟安排有什么建议吗？为什么提这样的建议？				

当然，这样的表格仅供学生参考，教师应该允许并鼓励学生创造适合自己的呈现方式。因为，呈现方式本身也是学生自我的一种体现。

从上述"我理想中的学校"这一活动可以看出，画画是参与式调查活动中的一种重要呈现形式。但是，有些不爱画画或不会画画的学生可能不愿意参与这样的活动。此时，教师应该鼓励他们参加，告诉他们画得好不好并不重要，重要的是他们可以通过画画表达自己的想法。关于画画，有一个可以使所有人都积极参与的办法：要大家都用自己不常用的那只手来画画——右撇子用左手，左撇子用右手——这么做会使大家感到比较平等，而且很好玩。[①]

此外，根据活动形式和小组人数，选择合适的活动地点。教室、图书馆、心理咨询室等都是不错的活动地点，切忌选择会议室。

（二）实施活动

1.活动说明

在开始活动的时候，根据是专门的参与式活动调查还是渗透于其他活动中的参与式活动调查，来考虑是否需要及如何向学生说明活动目的。对于专门的参与式活动调查，需要向学生说明：活动目的主要是了解学生，与学业评价无关，也不会告知家长，请学生放下顾虑，真实表达自己的看法。对于渗透于其他活动中的参与式活动调查，可以介绍一下，但如果觉得介绍这个活动会让学生感觉突兀，也可以不做专门的介绍。但是，无论是哪种类型，都需要明确说明活动的主要内容和规则，以确保活动总体上能够有序进行并实现既定目的。因为渗透于其他活动中的参与式活动调查不是独立的，所以对活动内容和规则的介绍可以随着活动进程适时地说明。

前述访谈中，当学生注意力分散时，研究者让学生去看书，对活动内容和规则的介绍如下："你们喜欢看课外书吗？如果觉得坐着不舒服的话，可以去看看那边的书，给你们约五分钟时间。"在学生看完后，研究者又询问学生："你

---

① 　陈向明.如何在参与式学习中使用直观手段[J].开放教育研究，2003（3）：7.

们觉得刚才看的书怎么样？最喜欢哪本书？为什么？你们能轮流分享最喜欢的书的内容吗？"

在上例中，活动内容和规则是分两次告诉学生的。可以比较一下，如若一次把这些内容和规则都告诉学生，效果会是怎样的。

在专门的参与式活动调查中，当说明了活动目的后，就可以一次告诉学生活动内容和规则。

关于课外班的参与式活动调查，对活动内容和规则的说明如下。

关于活动内容：请大家先在小组内介绍自己所上课外班情况，需要介绍的内容，请大家看黑板上的提示。小组分享后，我们再进行组间交流。

活动规则：①先小组内交流，每位同学都需要发言，时间为 20 分钟；②每个小组请自行推选一位组长和一位记录员，组长主持活动，记录员将每位组员发言的主要内容记录下来；③每个小组可以推选一名组员代表小组发言，分享本组交流情况，也可以请多名组员一起发言，每个小组发言时间为 5 分钟。

这样一次性告诉学生活动中要做什么、怎么做，便于整个活动更有序地按照既定目的进行。

2. 学生分组

如果参与活动的学生达到一定规模，就需要将学生分为几个小组。在分组方面，可以考虑将学生自由组合和教师宏观调配结合起来。不要轻易完全让学生自由组合，因为完全让学生自由组合可能出现如下问题：一是平时兴趣爱好、成绩水平一致的学生组成一组，或平时是小团体的学生组成一组，导致这一组同质化程度过高；二是人际关系不好的学生可能落单；三是当需要根据调查研究的目的将学生分组时，学生难以按要求组合。例如，在有关学生上课外班的活动中，需要每一组中上过课外班的学生与没有上过课外班的学生比例大致相当，学生很难像教师那样清楚活动目的，因此，需要教师进行宏观调配。对于这种要考虑人员构成比例的问题，教师可以在分组前把学生先分成几大组，然后提出比例要求，将学生自由组合与教师调配结合起来。

此外，如同访谈法中对一组学生进行访谈时需要考虑的情况一样，分组时需要注意的原则之一，是要让每一组学生不会因在一组感觉不舒服而不愿意投入到活动中。

3.活动正式实施

在活动过程中，教师要适度调控。如果是多个小组的话，教师要不时在各小组中间来回走动，观察活动中学生的表现。教师如果计划重点了解某个学生的情况，可以有意地走到该学生跟前，仔细听和观察他在小组内交流的情况。

4.教师总结

在学生组内分享和组间交流结束后，教师根据其是专门的参与式活动调查还是渗透于其他活动中的参与式活动调查，来确定是否需要总结。在专门的参与式活动调查中，需要对活动做一个简单的总结，例如，"通过这个活动，我对同学们……方面的情况有了进一步了解，今后将根据同学们提出的需求、困惑与建议来调整教育教学"。

如果是渗透于其他活动中的参与式活动调查，教师可以视情况来总结，也可以不总结。

教师如果做总结，切忌对学生进行"教育"。如前所述，除了在活动中出现明显的跑题或有违教育性的情况，需要适时加以控制之外，其他方面不要给予学生评价甚至批评，否则，既与活动目的相矛盾，学生也会认为这并不是教师"了解情况"的活动，不再相信教师关于活动目的的介绍，还可能影响学生对教师的信任，影响今后教育教学活动中的师生关系，使得学生以后在类似的活动中可能有所顾忌而不愿意真实表达。

（三）教师对活动的分析

整个活动结束后，教师将在活动中得到的资料（如学生画的画、绘制的表格等）进行归类保存，如果有录像或录音，要下载保存，之后，根据活动目的做进一步的分析。

第十章
不让资料堆积在一起：研究
资料的分析与应用

把对学生调查研究中获得的资料的分析与应用放在一起讨论，是因为对于教师来说，分析与应用是紧密结合在一起的。分析的最终目的是为了应用，为了改进教育教学。作为教育实践工作者的一线教师在分析资料的过程中，会很自然地联想到应用。应用是在对研究资料进行分析的基础上进行的，如果没有对资料进行分析就考虑"应用"，那调查研究就失去了意义，就又回到了之前那种主要根据经验开展教育教学的情况。因此，做好资料分析对于发挥调查研究的作用来说很重要。

一、调查研究资料的整理分析

（一）将对资料的整理和分析建立在有条理的记录之上

要使资料分析更高效、更有条理，就需要从分析的角度来考虑研究过程中的信息记录和资料收集。现实中经常见到的情况是，有些教师收集了很多宝贵的一手资料，但是不知如何整理和分析，或者因整理和分析的工作量大而放弃，就让资料堆积在一起，使得研究工作不得不停止，非常可惜。为了保证后期能够顺利进行资料整理和分析，需要"以终为始"，从整理和分析的角度来考虑在调查研究中如何有条理地进行记录。为了保证记录的条理性，提高工作效率，我们可以采用以下办法。

1.编制既有共性也有个性的记录表

编制具有共性的记录表，方便在研究过程中把研究资料即时进行分类，即在记录的同时就进行了分类。同时，在记录表中有充分的"留白"空间，以记录个性方面的内容。之所以要有"留白"空间，是因为从"主位"的角度来说，在调查研究过程中，可能出现研究者没有预料到的情况。另外，从研究学生的角度来说，它是学生一种重要的自我呈现，将这些资料也记录下来是很重要的。

在以学生课外阅读为主题的面向学生进行的访谈中，研究者编制了如下格式的访谈记录分析表（见表 10-1）。

表 10-1 ××中学学生课外阅读访谈记录分析表

记录编号：

一、访谈基本情况

访谈对象： 访谈内容：

访谈目的：

访谈时间： 访谈地点：

参加人员： 记录人员：

二、访谈具体内容记录

访谈问题	学生一	学生二	学生三	备注（留白空间）
问题 1				
问题 2				
问题 3				
问题 4				

三、关于访谈情况的分析

发现的问题	分析可能的原因	有关解决措施的思考[①]
问题 1		
问题 2		
问题 3		

---

① 这里写的不是"解决措施"而是"有关解决措施的思考"，是因为前者更多指比较成熟的、经过系统和深入思考的措施，而后者指一切有关解决措施的想法。在进行访谈的过程中，研究者难以系统和深入地思考解决措施，但是可能闪现出不少有关解决措施的"火花"，有的很有意义，随时将之记录下来很有必要，也可以只记关键词，防止时间长了就忘记了或者没有那么深的感触了。

使用以上记录表将调查研究中获得的资料记录下来后，研究者进行后续的分析整理就更加高效了。

2. 调查过程中和调查之后的即时分析

在一般的研究过程中，资料分析是在调查研究之后进行的。但是，在对学生进行调查研究的过程中，可以边调查边进行初步的资料分析，调查后再进行全面和深入的分析。由前面有关访谈法、观察法等调查研究方法的介绍以及上述案例中访谈记录分析表的设计可以看出，在使用访谈法、观察法等进行研究的过程中，边调查边分析是可行的，尤其是在使用访谈法的过程中。杨善华教授指出："从意义的角度来看待'深度访谈'的实质，我们可以得出这样的结论：它是对被访者在访谈时赋予自己的话语的意义以及被访者赋予访谈场景（包括被访者当时的衣着、神情、行动和居家环境）的意义的探究。一旦研究者明确了这一点，便可以一种积极能动的态度和立场去实现这样的探究；而这种态度和立场的标志就是在访谈当时和现场就开始这样的认知。在这个意义上，深度访谈既是收集资料的过程，也是研究的过程。"[①] 因此，在调查的过程中进行分析，可以使调查研究更为深入。简言之，在调查的过程中有研究，使调查与研究成为一个有机的整体。

另外，在调查之后要及时补上至少两个方面的内容。

第一，调查中没有来得及记下的资料。

如果不及时记录，随着调查内容逐渐增多，再想要补记时，会有无从下手之感，也容易放弃。可以通过写调查研究日记的方式确保每天把调查研究内容记录下来。苏霍姆林斯基在《和青年校长的谈话》中指出了写教育日记的重要性："积累事实，善于从一些具体事物中看出共性的东西——这是一种智力的基础，有了这个智力基础，你就必然会有那么一个顿然领悟的时刻，那长久躲闪着你的真理，

---

① 杨善华，孙飞宇. 作为意义探究的深度访谈 [J]. 社会学研究，2005（5）：56–57.

会突然在你面前出现。"①

因此，教师如果每天写调查研究日记，日积月累，达到一定程度，就会使自己分析和研究学生的能力获得质的提升。

第二，调查中有感触但是没有记录下来的方面。

如果不及时进行记录，时间长了，有些当时深有感触的方面就忘记了，或者没有那么深的感触了，这样一来，通过调查获得的信息以及对自己的触动、影响将大打折扣。如果及时记录的话，因为时间短，记得清楚，感触是发自内心的，也很容易记录下来。一些教师在谈到调查之后及时写下自己的感想时，说：

"第一次体会到写东西如'行云流水'的感觉，有很多话就是想说出来，想记下来，所以写起来一点儿不费力，很容易。原因是心里有很多感触吧，真是有感而发啊！"

"脑子里有很多想法蹦出来，特别想记下来。晚上陪孩子睡，等孩子睡着后，我就爬起来写，不知不觉就写到十一二点了，也不觉得累！"

但是时间长了，写起来就容易"磕磕巴巴"，原因是遗忘了不少，内心没有多少感触，只能努力去思考如何写，自然就难写了。因此，调查研究的过程中及时进行记录，是做好整理和分析工作的前提。

（二）分析调查研究资料的具体方法

在分析调查研究资料时，总的原则是要从儿童主位以及儿童发展的整体角度进行分析，避免从成人的角度进行分析，也要避免就事论事。具体的分析可以这样来做。

1. 抓住关键词和关键概念

对于反复出现的、被调查者经常提到的或者带有强烈感情色彩的词或句子，要特别注意。陈向明教授将这些能够表达被调查者自己观点和情绪感受的语言、

---

① 苏霍姆林斯基. 和青年校长的谈话 [M]. 赵玮，等译. 上海：上海教育出版社，1983：240.

用来表达他们自己看世界的方式的概念称为"本土概念"。[1] 例如，一位家长说起自己对孩子的教育时，多次提到"不能犯浑""要明事理"，从这两个词出现的频率，可以看出这位家长在子女教育中特别注重什么。教师反映，这家的孩子比较理性，处理事情有分寸，在班级几次出现突发事件时能够做到不紧张、不害怕，能够迅速确定先做什么，大概与家长在教育中注重"明事理"而让孩子形成了比较理性的思维有关。一个学生在回答"如果不上课外班，如何安排自己的时间"时，颇为惊讶和无奈地说："不上课外班，那怎么行？成绩不就要下降了吗？""怎么行"是这个学生话语中出现的一个关键词，具有特别的研究意义，反映了这个学生对课外班的依赖，而他的观点和这种依赖心态可能来自他的家庭教育。

2. 归类分析

归类分析是指把调查研究中得来的资料进行归类统计，分析各方面的情况。例如，在关于学生忘记带东西的调查中，可以把忘记带东西的学生根据年级、性别、忘记带的物品进行分类，统计各类人数，以得出有关结论。根据学生性别和忘记带的物品，可以进行如下归类记录和分析（见表 10-2）。

表 10-2　"学生忘带东西"的归类统计

忘记带的物品		水杯	红领巾	作业本、课本	学具	其他东西
人数	男生					
	女生					
	合计					

还可以把表中"忘记带的物品"换为"年级"，从学生年级和性别的角度进行分析。在一项调查研究中，使用归类分析时究竟如何做，首先要把握的是应

---

[1]　陈向明. 教师如何作质的研究 [M]. 北京：教育科学出版社，2001：168–169.

该怎样分类，然后考虑用什么统计分析方法。

3."由点及面"分析

"由点及面"分析，是指教师对调查研究中的点状问题进行更深入的分析，发现"面"上的一些情况。例如，在对学生的访谈中，问到他们对现在报的课外班有没有想退掉的，有一个学生以非常坚定的语气摇着头说："那（退掉课外班）是绝对不可能的！因为都是我妈妈说了算！"从这个"点"可以看出一个面，即这个学生在报课外班方面是由妈妈主导的。再推及更大的"面"：这个学生的妈妈在其孩子教育中可能是"控制型"的，可能对孩子的意愿与兴趣缺乏尊重，对孩子的自主发展缺乏关注。而孩子说话的语气和表情，也透露出对妈妈的一些不满和无奈。概括一下，分析的思路是：由学生自己是否想过退掉课外班这个问题，推及一个面——其课外班的选择是妈妈主导的，然后再推及一个更大的面——其妈妈在孩子教育中的行事风格（见图10-1）。

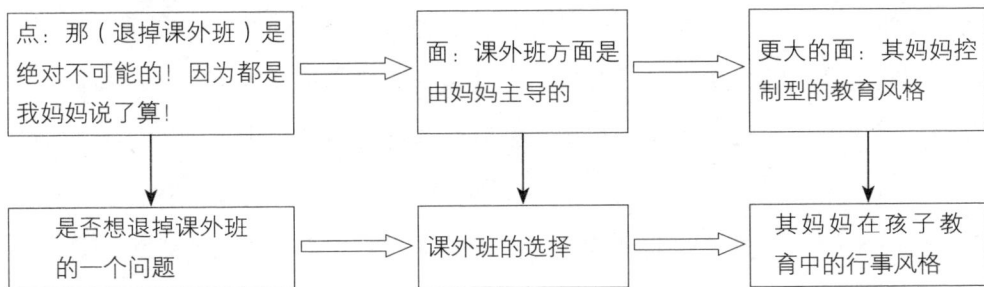

图10-1 "由点及面"分析举例

就这个孩子的进一步发展而言，需要与其家长沟通这种做法的利弊及其背后"面"上的问题。由此可见，抓住一些重要的点进行深入分析很重要。这样"由点及面"的分析，不仅有助于教师发现问题背后的深层次原因，还有助于教师形成研究性思维，对日常教育教学中出现的一些"点"保持敏感，能够准确、及时地捕捉学生发展中的一些重要问题。

4.比较分析

比较分析是在归类分析的基础上进行的，即将调查研究中的资料进行分类后再来进行比较分析。例如，将上述忘记带东西的学生按班级进行分类后，可能发现有些班级忘记带东西的学生多，有些班级忘记带东西的学生少，通过这样的比较可以初步分析，忘记带东西的学生多的班级可能与班里老师的教育情况有关。也可能发现，一年级忘记带东西的学生明显多，那么可以初步判断学生忘记带东西可能与学生的年龄小及还没有形成良好的学习习惯相关。如果三年级忘记带东西的学生比一、二年级忘记带东西的学生还多，则可以排除年龄因素的影响。此外，还可以对忘记带东西的学生及其家长进行访谈，与其他学生进行对比，分析相关的家庭原因，比如可能是家庭教育中给孩子包办代替得多，导致孩子自我管理能力比较弱。通过这样的比较分析，可以帮助教师找到学生忘记带东西这一事件背后更深层的原因，发现孩子发展中更关键的问题。

再如，本书其他部分提及的课外班对学生的影响，通常不少家长认为上课外班对提高学生的成绩来说是有用的，甚至是必要条件，因为有些成绩优秀的学生上了课外班。家长的这种观点是以对成绩优秀的学生中上过课外班的学生这个单一群体进行分析为基础的。如果进行比较分析，即将成绩优秀的学生中上过课外班的学生与没有上过课外班的学生进行对比分析，就可能发现优秀学生中也有没上过课外班的，要想达到学业优秀并不都要上课外班。或者将上过课外班的不同成绩的学生进行对比分析，就可以发现上过课外班的学生中有成绩好的，也有成绩差的，并不是上了课外班学生就能取得好成绩。

5.关系分析

这一分析方法以前两种分析方法为基础，但是更着重于从关系的角度进行分析。画"问题树"或思维导图是关系分析的一种有效方式，其主要功能就是帮助调查研究者拓宽思路，打破就事论事的思维局限。以分析某个学生厌学的原因为例，学生厌学可能会有多个方面的原因：对教学内容没有兴趣，对教师的讲解方式没有兴趣，一直处于学习中以致身体和精神状态比较疲惫等。了解这些原因后，可进一步分析导致每种原因出现的更深层的原因，如学生对教学内容没有兴趣是因为相关教学内容他在课外班已经学过；对教师讲解方式没有兴趣，是因为与课外班教师相比，学校教师教学语言没有那么幽默，也缺乏一些课堂奖励；身体和精神状态比较疲惫，是因为学生周末也在上课外班，长年累月处于学习之中，没有得到很好的休息。经过这样的分析，教师获得的关于学生为什么会厌学的认识是不一样的。

在关系分析中，要特别注意避免以下几个方面的错误。

第一，把先后关系当作因果关系。因果推断已经成为国际教育科学研究的主题，只有基于因果推断的研究，才能剥离教育现象之间的复杂干扰因素，揭示教育现象之间的本质联系。[①] 通过调查研究分析出各因素之间的因果关系是非常重要的，如此才能了解学生发展的前因后果，知晓促进或阻碍学生发展的真正原因是什么，然后才能"对症下药"，采取有针对性的措施，有针对性地进行教育教学改进。否则，如同生病，看了医生，做了检查，但是诊断出错，开的是不对症的药，那么后果是很可怕的，不但不能治疗疾病，还可能耽误了身体的恢复，导致病情更加严重。

而先后关系是指两个因素在时间上的前后关系。有时，两个因素之间有因果关系，而有时，两个因素之间的关系只是时间上的先后关系，没有实质性的因果关系。把先后关系当作因果关系是调查研究中经常见到的情况。出现这种情况可能是受日常生活中分析问题的思维方式的影响。例如，在我国，一些人相信"烧香拜佛就有好报"，之所以相信，是因为某次烧香拜佛之后，出现了所谓的"好报"。类似这样的情况使人们形成了把先后关系当作因果关系的思维方式。又如前文提过的，有家长认为学生报了课外班就能提高成绩，这样的观点就是以表面的先后关系代替了因果关系。

---

① 曹浩文，杜育红. 教育研究中的因果推断方法探析：以班级规模与学业成绩的关系研究为例 [J]. 上海教育科研，2015（6）：40.

第二，把表面关系当作实质性关系。有些人只看到表面关系，没有了解实质性关系，然后把表面关系当作实质性关系。例如，有家长认为孩子上课外班就能取得好成绩，或要想取得好成绩就需要上课外班。做出这一判断的一个原因，就是看到有些学生上课外班后考试分数提高了，但是没有分析这种提高是表面的还是实质性的，有时可能以表面的分数提高替代实质性的学习能力的提高。如果有学生上课外班后分数的提高是表面的，那么据此认为上课外班可以提高学生成绩的分析，就是只看到了两者的表面关系，而没有看到实质性的关系。

第三，把个别关系当作整体关系。有家长看到部分上了课外班的学生取得好成绩，就认为学生取得好成绩需要上课外班，这样的分析思路实际上就是把个别关系当作整体关系。在学校教育教学中，教师以这种思路分析有关学生发展问题的情况也不少见。例如，有位教师了解到有学生不做作业是因为"懒"，便认为班里另一个不做作业的学生不做作业的原因也是"懒"，但实际上每个学生不做作业的原因不尽相同，后一个学生可能是因为基础薄弱感觉作业难度大而没有做作业。因此，在分析调查研究资料时，不能简单地以个别情况来代替整体情况，而应充分地调查和分析学生的具体情况，以便对学生进行个性化教育。

第四，把相关关系当作因果关系。两个因素相关，但是不一定具有因果关系。把相关关系当作因果关系，分析中的归因就出现了偏差。例如，家庭经济背景与学生学业成绩之间具有相关关系，家庭经济条件好的学生更有可能上好的学校，接受更好的学校教育。但是，家庭经济条件好并不必然带来学生的好成绩，即二者之间不具有因果关系。将二者之间当作因果关系，容易简单地得出"寒门难出贵子"的观点。实际上，学生成绩的好坏不仅与家庭经济条件相关，与家庭教养方式的关系更为紧密，家庭教养方式与学生成绩之间具有明显的因果关系。

为避免上述错误，在分析各因素之间的关系时，除了对调查得来的资料进行深入分析之外，借助理论研究成果进行分析也是非常重要的。例如，运用有关学生发展特征的理论来分析与学生学习成绩具有因果关系的因素：学习成绩与学习习惯、学习兴趣、学习方法、学习动力、家长关注度和学业辅导方式等之间具有直接的因果关系。可以根据以上研究，来分析学生学习成绩与上述几个因素之间的具体关系。学习成绩与课堂注意力之间的因果关系：学习成绩好的学生上课注意力普遍很集中，学习很投入，这是他们学习成绩保持优秀的一个重要原因。学习成绩与学习习惯之间的因果关系：学习成绩好的学生普遍具有良好的学习习惯，良好的学习习惯有助于学生提高学习效率和学习成绩。运用这些理论研究成果，可以分析下面这位家长的观点和做法与其子女成绩之间的关系。

"孩子上课不好好听讲，报（课外）班管啥用。我家孩子回家啥都不干，先写作业。写完作业踏实了再玩。写作业最慢 40 分钟完成，最快 10 分钟。……刚上一年级时，她想玩，正高兴呢，叫她写作业，她也不愿意。有的家长在孩子写作业时给吃个水果，写个作业一个小时也写不完。与其在写作业的过程中打断她，还不如让她先写作业。如果磨蹭，啥时候磨蹭完啥时候吃饭。这些习惯要从小培养。"

以上列举了对调查研究资料进行分析的几种方法。在实践中，有两个方面需要说明：第一，上述分析方法并不是孤立的或相互排斥的，在一项研究中可以把多种方法结合起来使用；第二，对调查研究资料的分析不是一劳永逸的，一是因为在研究后续阶段可能需要核实有关资料，二是根据研究者的思考和实践工作的需要，可能要不断地从新的角度进行分析。因此，尽可能一直保存研究资料是很有必要的。

二、如何应用调查研究资料

在研究成果的呈现方面，常见的呈现方式是教育教学反思、研究论文和报告等书面形式的文稿。但是，在教师对学生的调查研究中，不应该局限于此。

教师的研究成果不一定要公开发表，犹如斯滕豪斯指出的，教师的研究不是必须都要公开的。苏霍姆林斯基在领导帕夫雷什中学时，有教师以论文形式发表了研究报告，他虽然为教师感到高兴，但也认为发表从来不是主要目的。"一个教师可能在创造性地进行工作，但他并不从事那种从研究事实中引出科学结论的意义上所说的研究。"[①]由于教师工作的特点，也许有些教师不会写"规范"的反思或论文，但是通过调查研究使其对教育教学实践有了更好的了解和认识，在此基础上开展的相关工作都应该得到肯定。例如，关于自己工作的新见解或体现在新的学期或学年工作计划中的一些设想，逻辑清楚、层次分明、巧妙恰当的教学设计，制作精良、使用方便的教具，以学生发展为本、促进学生自我发展的一堂课，对"问题学生"的成功转变，对教学案例和故事的完整分析，基于研究而编写的一份教案或一本教材，等等。在此需要注意的是，教师将调查研究成果转化为教育教学的改进，可能需要一定的时间，因此，学校管理者不能因为没有看到直接的或立竿见影的效果就否定教师的调查研究，应该着眼于长远来评价。教师评价自己对学生开展调查研究的成效时，也要从长远来看。

总之，有效应用调查研究的成果是对教育实践工作者开展研究的基本要求。在应用上，首先是将有关学生的调查研究分析作为开展学校教育教学工作的基础。学生调查研究的成果可以应用于以下几个层面。

（一）在学校层面工作中的应用

学校层面的工作涉及学校发展规划的制定，学校管理制度的制定与实施，学校办学理念与学生发展目标的确定等。在此以学生发展目标为例来进行详细分析。

第一，学生发展目标的确定。

如前所述，学生发展目标的确定需要基于学生的具体情况来考虑。可以将

① 苏霍姆林斯基. 给教师的建议 [M]. 2 版. 杜殿坤，编译. 北京：教育科学出版社，1984：507–508.

学生调查研究成果应用到学生发展目标的确定中。

北京市平谷区第二小学在确定学生发展目标之前，先对学生进行了问卷调研，从而在学生发展目标中加入了"爱干净，有条理"的内容，这非常契合学生的实际情况。具体调查研究情况如下。

学生卫生习惯差：39%的学生居住在周边环境脏乱的老旧小区民房里，18%的学生家里没有洗澡设备，20%的学生家里使用的是旱厕。绝大多数家长从事的是繁重的体力劳动，没有经常整理家务的良好习惯。

……

环境恶劣、条件艰苦、家庭影响是好多学生没有养成基本的卫生习惯的客观原因；不具备打理日常生活的能力，没有将整洁作为自我的重要品质是导致学生卫生差的主观原因。……家长和学校在这些方面都有引导和教育学生的责任，这些状况得到一定程度的改善是有希望的。"爱干净，有条理"理应成为学生发展的最基本的目标。[①]

如果没有对学生进行这样的调查研究，可能就难以发现如此契合学生发展需求的目标。也就是说，将对学生的调查研究应用于学生发展目标的确立中，可以帮助学校确立更符合学生实际发展需求的学生发展目标，发挥学生发展目标在学校教育教学工作中应有的意义。

第二，学生发展目标的具体化。

学生发展目标一般比较精炼、概括，为了落实学生发展目标，需要将其内容进一步细化。根据学生调查研究资料的分析，在充分了解学生的基础上，可以将学生发展目标加以具体化。例如，某校提出学校的学生发展目标为"尚学、爱国、健体、乐群"，使学校教育教学工作有了更明确的方向。但是，更为具体的内容尚不明确，相关方面的工作开展得较少，离学生发展目标的实际落实还

---

① 贾全旺 . 自我理论指导下的生命教育学生培养目标 [M]// 李烈，季苹 . 从健康自我出发：八位校长对学生培养目标的再思考 . 北京：教育科学出版社，2013：108–109.

有一些距离。于是，该校研究团队开展了一系列调查研究工作，通过对学生的调查研究，来将学生发展目标具体化。

就"尚学"目标而言，该校研究团队在面向该校学生的调查研究中发现如下相关情况：该校学生的兴趣呈现比较明显的学段特征，在问学生如果让他们根据自己的喜好安排课外生活他们将如何考虑时，低年级学生普遍眉飞色舞、兴高采烈地表达自己的想法；而中高年级学生则呈现另一番景象，明显比低年级"沉闷"，年级越高越"沉闷"，回答"不知道喜欢什么""就在家里看电视""就在家里玩手机""在家里睡觉"等的比例越高。当然，可能也有部分学生因年龄增长不会像低年级学生那样容易欢呼雀跃，但是他们明显缺乏这个年龄段学生应有的朝气。更值得关注的是，有些学生会说"不知道喜欢什么"。当然，也有少部分优秀的学生能清楚地说出自己对什么有兴趣，想做什么，但是这类学生的比例较小。

经过进一步调查，该校研究团队发现，在学校里以教师讲授为主的课堂教育教学方式和以教师为主导的一些活动安排，在家里家长主导或完全由家长决定的课外班选择及其他课外时间安排，导致学生越来越习惯于"被安排"，不主动思考自己的喜好，逐渐不再坚持并最终失去了自己的兴趣。

根据上述从调查研究中获得的信息，该校研究团队将学生发展目标中的"尚学"加以具体化，其中关于兴趣的部分是"有广泛的兴趣并能坚持自己的兴趣"。在具体内容方面，专门增加了"能在生活中发现和发展自己的兴趣"。

上述关于"尚学"目标的具体化内容更贴近学生的实际情况，尤其是"能坚持自己的兴趣""能在生活中发现和发展自己的兴趣"这样的目标，是针对很多学生不知道自己喜欢什么的现状提出的，从而使得学生发展目标落在学生的"最近发展区"内，能够有效地发挥目标对学生发展的指引作用，为解决学生现实发展问题指明方向。

另外，在"乐群"目标的具体化过程中，学校研究团队对学生调查研究的情况进行分析发现，不少学生在课余时间经常一个人学习，学生和好朋友在一起时活动的内容比较单一，多是在一起学习，缺乏深入的人际关系层面的沟通和交流。可以说，学生的生活中缺乏"群"，那又如何能"乐群"呢？导致上述情况的一个原因是不少家长认为学习是孩子在学校和家里的主要活动，认为孩子的玩耍是"浪费时间"，受家长影响，有些学生自己也有类似的观点。根据上述情况，"乐群"目标的具体化内容包含"对群体及其成员有恰当的认识；积极参与群体活动；具备一定的领导、组织、沟通、协调的能力"等。

第三，学生发展目标的落实。

例如，刚刚提及的某校在关于学生发展目标落实的分析中，针对"尚学"的相关问题，提出了问题解决的方向和具体的实施策略。

问题解决方向：

① 学校和家庭教育都要从包办代替式转变为给学生更多自主学习的空间。

② 学校进行教育教学改革，推进国家课程的校本化实施，给学生发现和发展自己兴趣的时间和空间。

③ 构建校本课程体系，设置丰富多样的课程，给学生更多尝试和体验的机会。

④ 对家长进行相关的引导。

⑤ 尽可能丰富学生的家庭生活和社会生活，让学生在体验中发现和发展自己的兴趣。

具体的实施策略：

① 学校设置丰富的课程，让学生有多样的校内外生活体验，发现并发展自己的兴趣。

② 在家庭生活中，在确保健康、安全的条件下，允许、鼓励学生开展感兴趣的活动。

③ 让学生养成正确的成败观，能理性看待失败。

④ 家校相互理解，教育观念和方法相互融合，学校要对部分家庭进行引领，引导家长从单纯重视子女学习转变为关注子女全面发展。发挥优秀家长的示范

作用，保护学生多方面的兴趣。

⑤持续开展活动，激发学生兴趣，逐渐将活动中的外在要求转化为学生的内在需求，促进学生不断坚持并发展兴趣。

⑥在家庭中，家长要寻找合适的方法帮助学生坚持其兴趣发展。在这个过程中，家长要帮助学生认清自己对某事是不是真的有兴趣，如果不是，要果断放弃。

（二）在班级工作中的应用

关于学生的调查研究成果可以应用到班级工作中，尤其是有关整班学生的调查研究成果。其在班级工作中的应用，举例如下。

第一，应用到班级工作方案的制订中。根据对本班学生的调查研究，可以找到班级中存在的问题及改进班级工作的思路，制订有针对性的班级工作方案。如有的教师在对本班学生"自主"情况开展调查研究的基础上，制订了促进学生自主发展的班级工作方案。

第二，应用到班会活动中。教师可以在班会活动中将某方面学生调查研究的情况反馈给学生，请学生参与讨论。例如，针对学生课堂笔记、作业情况的对比分析召开相关主题班会。这样的班会活动还很贴近学生的实际。

第三，应用到家校合作中。教师根据自己对学生个人及其家庭教育等相关情况的调查，能够更有针对性地与家长交流。教师还可以与家长沟通调查研究的结果，帮助家长深入了解子女的有关情况，采取有针对性的措施，使家校合作更加紧密。

让学生向父母吐吐槽

通过这一年对本班学生和其他班级学生进行访谈，我有不少发现。例如，我班参与访谈的八名学生中，两名学生学习习惯好，成绩优异，也有自己的爱好，他们的家庭教养方式属于民主型；三名学生学习习惯较好，成绩处于中上等水平，其中一名学生家庭教养方式是民主型的，其余两名学生的家庭教养方式是控制型的；另三名学生学习习惯较差，需要老师或父母的监督才能完成作业或改错，书写比较潦草，成绩不太理想，其中一名学生父母工作很忙，基本放任孩子，另两名学生的家里都是控制型的教养方式。经过对八名学生的深入分析我发现，家庭教养方式在一定程度上影响着孩子的学习习惯、学习能力以及学习成绩，或者说，控制型教养方式下的学生学习过于被动，而民主型教养方式更有助于培养学生的自主能力。

例如，小竹在低年级时成绩在班里名列前茅，还是学校舞蹈队的成员，性格开朗、阳光。随着年级升高，她的性格慢慢变得内向了很多，也不像小时候那样自信了，成绩逐渐下滑到班里的中上等水平。在访谈中，她多次强调父母太强势了，每天都要无条件听从父母的安排，比如作文班、奥数班、英语班和舞蹈班这些课外班都是她爸爸决定要报的，从不征求她的意见，更不管她有没有兴趣。有一天晚上，她妈妈让她去背英语单词，她刚背了几个，妈妈又让她去洗漱，小竹想继续把单词背完，就没有起身。这时，妈妈大发雷霆，质问她："我让你去洗漱你听到了吗？"小竹委屈地说："你不是让我背单词吗？到底要先做什么啊？"小竹的父母每天都要在她耳边碎碎念："看××家的孩子，上了十二中，多争气啊！你也得考上，要不然多没面子。"父母不仅从来没有让孩子规划过自己的未来，还给了她这样一个很短期的目标，导致孩子压力倍增，对学习越来越失去兴趣和信心了。

访谈过后，我感到十分困惑，这样强势的父母不在少数，我应该如何与他们沟通，如何改变他们的教育理念呢？于是，我在班里开展了"和父母吐吐槽"的活动，就是让学生回到家后，和自己的爸爸妈妈好好谈一谈，说一说爸爸妈妈的哪些行为让他有压力，爸爸妈妈的哪些语言伤害过他的自尊心……

活动开展后的第三天，然然的妈妈就来到学校和我沟通，说自从孩子跟她吐槽以后，她才发现原来自己在孩子眼中是一个又絮叨又强势的妈妈。她开始反思自己的行为：每次教育孩子的时候，她总是从回家路上就开始碎碎念，一直持续到做饭、吃饭甚至到孩子睡觉，有时还会迁怒于孩子的父亲，孩子早就听得不耐烦了，有时候家庭气氛也变得有些压抑。另外，然然以前对古筝很感兴趣，最近突然不喜欢了，她妈妈一直找不到原因，通过听孩子吐槽，她才意识到原来是因为自己每晚用命令式的口吻要求孩子练习，让孩子产生了逆反心理。说到激动时，然然妈妈哭了，她说："我一直以为自己是个称职的妈妈，但现在才意识到自己忽略了孩子的心理和情绪问题。"她也感动于老师比一个母亲还要了解孩子，还要懂她的孩子。

最后，我们也达成了共识：在教育孩子时，只说一遍，而且要多说正面的话，少些指责和唠叨。另外，还要多给孩子空间，让孩子自己规划课余时间。妈妈做出改变后，孩子在期末阶段的学习状态有了很大的改变，学习热情高涨。[①]

上述案例中，教师在对学生开展调查研究时发现了问题，然后用巧妙的方式告知了家长，使得家校形成合力，促进学生更好地成长。此外，如果教师在家校交流中，就调查研究中一些内容与家长沟通，如什么样的学生容易取得好成绩，然后展示成绩优秀的学生的笔记与作业，也能有效地促进家校合作。

（三）在学生个体教育中的应用

显然，当教师对学生个体有了更多了解后，就能够更有针对性地对这一学生开展教育，前文已给出了很多例子，在此不再赘述。

（四）在教师日常教育教学中的应用

开展了学生调查研究的教师坦言，从学生立场来了解学生、分析学生问题使其在教育教学工作中的思维方式有了很大转变，形成了在尽可能充分了解学生的基础上改进教育教学实践的工作方式。

1. 教师形成了以学生发展为本的教育观念和在了解学生的基础上去分析问题的思维方式和工作方式

教师形成了以学生发展为本的理念，并将之切实落实到工作中。以学生发展为本这一理念，对教师而言并不陌生，但很多老师坦言工作中并没有太深入

---

① 此案例由北京市丰台区第五小学卞婧老师提供。

地加以落实。在开展学生调查研究的过程中，由于是"直面"学生，发现了学生发展中存在的具体问题，所以，教师很快就能够真正站在学生的角度来分析问题，思考如何改进教学，如何促进学生更好地发展，这恰恰很好地落实了以学生发展为本的理念。

在开展学生调查研究之后，教师分析问题的思维方式有了根本性的转变。有很多教师说，在开展学生调查研究后，面对问题，他们不再是直接就去解决，而是先去了解现状、分析原因，然后针对原因来寻找解决策略，这样找到的解决策略更具有针对性、更有效。学生出现了错误，教师不再是直接批评学生，而是先去了解学生为什么出现这样的错误，学生的想法是什么，为什么要这样做，从而找到更有针对性的问题解决方案。

教师的这种以学生发展为本的理念与学生立场，学生也是能感受到的，并因而更加信任和喜欢教师，这带来了师生关系的改善，学生也更愿意学习了，师生在教育教学中都感到更加幸福。可谓"亲其师，信其道"，这可能是因为教师站在了学生的立场，走进了学生的心里，学生自然也就走进了教师的心里吧。

有一位教师在文章中写道：自从做过学生访谈后，当学生之间发生矛盾时，我更多的是倾听学生的心声，倾听过后再进行引导，即使发生矛盾的总是那些调皮捣蛋的孩子，我也不会像已往那样急于下结论，而是静静地倾听他们的叙述。我们班有一个男孩子，总是背着我惹事，影响周围同学，我把他叫到身边问情况，他怎么都不张嘴，每一次跟他过招，我都会特别生气，和他不欢而散。虽然我找他当时有效，但没过几天他又会重蹈覆辙。记得他在参加访谈时比较紧张，因为他如此近距离与我靠近多半都是犯了错误之后。但是那次聊天结束后，他给我写了一张小纸条："邓老师，我以前总惹您生气，对不起。"就是这样一次访谈，感动了他，更感动了我，此后再与同学发生矛盾，他会主动跟我说他的想法，我也变得柔和许多，静静地倾听他的讲述，帮助他正确认识问题，及时处理问题。[①]

2. 教师对学生有了充分的了解，找到了改进教育教学的有效措施

在开展学生调查研究的过程中，教师对学生有了充分的了解，找到了解决教育教学实践问题的针对性措施。有教师说，这些经验比从优秀教师那里借鉴的方法有效多了，也不再感到学生那么难教或难管了。

学生调查研究结果的应用，对于教师的专业发展来说，具有持续的促进作用。它让教师能够从学生的立场来思考问题，更深入地理解什么是以学生发展为本，什么是尊重学生，有从学生发展角度来分析问题的思维方式和工作方式。教师在上述方面有了改进，学校教育教学就会有持续的改进，就能促进更多学生更好地发展。教师在调查研究学生的实践中，研究能力也有了很大的提升，有些教师在实践一次学生调查之后，就能够很好地开展第二次调查，这也体现了教师专业发展的持续性。因为即使教师所带的一届学生毕业了，还有新一届学生，教师具有研究能力，就能对下届新生开展调查研究，根据新生的具体情况进行教育教学。因此，教师开展学生调查研究这方面的素养有了提升，他就可以持续不断地让更多的学生从中获益，促进更多学生的发展。

---

① 邓艳芳. 研究学生，从访谈学生开始 [J]. 中小学管理，2016（7）: 49.